新文科·普通高等教育电子商务专业系列规划教材

西安交通大学 "十四五"规划教材

总主编 李琪

市场营销学
理论与实务

SHICHANG YINGXIAOXUE LILUN YU SHIWU

主编 崔振魁 李雅莉 李杏丽

西安交通大学出版社
国家一级出版社
全国百佳图书出版单位

内容提要

"现代市场营销学"是电子商务类专业必修的专业基础课程,通过本课程的学习,一方面使学生掌握电子商务市场营销的基本理论、基本概念和基本方法,为进一步学习电子商务其他专业课程及将来从事电子商务工作奠定基础,另一方面使学生能够结合所学知识分析和解决实际运营中的一些情况和问题。

本书可作为高等院校工商管理、金融、市场营销、电子商务等专业相关课程的教材,也可以作为从事营销、管理等工作的人员编制营销策划方案,进行营销决策的参考用书。

图书在版编目(CIP)数据

市场营销学理论与实务 / 崔振魁,李雅莉,李杏丽主编. — 西安 :西安交通大学出版社,2022.7
ISBN 978-7-5693-2674-1

Ⅰ.①市… Ⅱ.①崔… ②李… ③李… Ⅲ.①市场营销学-高等学校-教材 Ⅳ.①F713.50

中国版本图书馆 CIP 数据核字(2022)第 113901 号

书　　名	市场营销学理论与实务
	SHICHANG YINGXIAOXUE LILUN YU SHIWU
主　　编	崔振魁　李雅莉　李杏丽
责任编辑	韦鸽鸽
责任校对	祝翠华
封面设计	任加盟
出版发行	西安交通大学出版社
	(西安市兴庆南路 1 号　邮政编码 710048)
网　　址	http://www.xjtupress.com
电　　话	(029)82668357　82667874(市场营销中心)
	(029)82668315(总编办)
传　　真	(029)82668280
印　　刷	西安明瑞印务有限公司
开　　本	787mm×1092mm　1/16　印张 15.75　字数 375 千字
版次印次	2022 年 7 月第 1 版　2022 年 7 月第 1 次
书　　号	ISBN 978-7-5693-2674-1
定　　价	49.80 元

如发现印装质量问题,请与本社市场营销中心联系。
订购热线:(029)82665248　(029)82667874
投稿热线:(029)82665249
读者信箱:xjdcbs_zhsyb@163.com

版权所有　侵权必究

新文科·普通高等教育电子商务专业系列规划教材

编委会

编委会主任：李　琪

编委会副主任：彭丽芳　章剑林

顾　问　专　家：汪应洛　闵宗陶

审　定　专　家（按姓氏笔画排序）：

　　　　王玉江　王丽芳　左　敏　帅青红
　　　　汤兵勇　孙细明　张李义　张荣刚
　　　　张淑琴　段　建　倪　明　潘　勇

编委会成员（按姓氏笔画排序）：

　　　　王　俊　王　静　许德武　孙林辉
　　　　孙德林　李立威　李杏丽　吴敬花
　　　　张仙锋　张爱莉　陈　静　陈瑞义
　　　　宓　翠　胡一波　袁晓芳　徐　雷
　　　　常利伟　崔振魁　崔敬东　麻见阳
　　　　彭　玲　彭敏晶　董林峰　裴一蕾
　　　　熊于宁　魏修建

前　言

市场营销学是以经济学、行为科学、现代管理理论为基础的综合性应用学科，是一门应用性和实践性很强的学科。

"现代市场营销学"是电子商务类专业必修的专业基础课，通过学习掌握本学科的基本知识和分析方法，能使学生对基于电子商务的市场营销的基本内容有一个全面、系统的了解，并能结合实际分析与应用，为后续"网络营销"课程的学习奠定一个坚实的基础。

本书具有以下特色：

(1)打破传统。将"互联网＋"营销融入教材中。

(2)以学生为主体。本书加入了市场营销职业认知内容。

(3)高度站位。激发"课程思政"活力，使传统优势同信息技术融合，增强时代感、说服力和感召力，增强课程思政立德树人的效果。

(4)理论和实践一体化。对市场营销职业能力的分析，以项目为依托、以任务为载体，力求理论和实践相结合，注重针对性、可操作性。

(5)目标明晰。将知识目标、技能目标、素质目标和能力目标融入每一章节中。

(6)资源丰富。二维码＋丰富配套资源(微课、动画等)。

本书的编写主要由石家庄理工学院相关专业老师完成。其中，崔振魁负责书稿总体架构设计与书稿的统筹工作，李雅莉负责书稿的撰写执行。本册书课程思政部分由崔振魁编写，前四个项目由李雅莉编写，项目五、项目六由宁静编写，项目七、项目八由王香玉编写，项目九、项目十由孙梅、刘宏炜共同编写，项目十一、项目十二由申冰编写。中铁二十一局集团有限公司翟翌晨负责本书的案例整理。

本书在编写过程中得到了教育部高等学校电子商务类专业教学指导委员会副主任委员、西安交通大学经济与金融学院教授、博士生导师李琪的悉心指导，并得到多位专家与教师的支持与帮助，在此表示衷心感谢。由于时间仓促，书中难免有不足之处，望各位读者批评指正。

编　者

2021 年 12 月

目 录

项目一　市场营销认知 ……………………………………………………………… (1)
　　任务一　认识市场与市场营销 ………………………………………………… (2)
　　任务二　认识市场营销职业 …………………………………………………… (11)
　　任务三　树立正确的营销职业道德 …………………………………………… (14)

项目二　市场营销环境 ……………………………………………………………… (19)
　　任务一　宏观环境 ……………………………………………………………… (20)
　　任务二　微观环境 ……………………………………………………………… (25)
　　任务三　SWOT 分析 …………………………………………………………… (29)

项目三　市场购买行为分析 ………………………………………………………… (35)
　　任务一　消费者购买行为分析 ………………………………………………… (36)
　　任务二　生产者购买行为分析 ………………………………………………… (43)
　　任务三　中间商购买行为分析 ………………………………………………… (48)

项目四　市场营销调研与预测 ……………………………………………………… (53)
　　任务一　市场营销调研策略 …………………………………………………… (54)
　　任务二　市场营销预测 ………………………………………………………… (62)

项目五　认知目标市场营销策略 …………………………………………………… (68)
　　任务一　认识市场细分 ………………………………………………………… (69)
　　任务二　选择目标市场 ………………………………………………………… (76)
　　任务三　进行市场定位 ………………………………………………………… (81)

项目六　市场营销战略规划 ………………………………………………………… (88)
　　任务一　探知市场营销战略 …………………………………………………… (89)
　　任务二　感受市场竞争战略 …………………………………………………… (93)
　　任务三　认知企业成长战略 …………………………………………………… (103)

项目七　产品策略 …………………………………………………………………… (113)
　　任务一　认知产品与产品组合 ………………………………………………… (114)

  任务二 了解产品的生命周期…………………………………………………(122)
  任务三 制定新产品开发策略…………………………………………………(128)
  任务四 制定品牌与包装策略…………………………………………………(136)

项目八 价格策略……………………………………………………………………(146)
  任务一 认知产品定价的内涵…………………………………………………(147)
  任务二 了解企业定价的方法…………………………………………………(157)
  任务三 制定定价策略…………………………………………………………(160)

项目九 分销渠道策略……………………………………………………………(168)
  任务一 认识分销渠道…………………………………………………………(169)
  任务二 了解分销渠道成员…………………………………………………(172)
  任务三 把握分销渠道的选择与管理………………………………………(177)

项目十 促销策略……………………………………………………………………(185)
  任务一 认识促销与促销组合…………………………………………………(186)
  任务二 了解广告促销…………………………………………………………(190)
  任务三 掌握营业推广促销……………………………………………………(197)
  任务四 分析人员推销…………………………………………………………(203)
  任务五 把握公共关系促销……………………………………………………(207)

项目十一 营销新视野……………………………………………………………(212)
  任务一 认识绿色营销观念……………………………………………………(213)
  任务二 了解微营销观念………………………………………………………(216)
  任务三 学习文化营销观念……………………………………………………(218)
  任务四 分析新媒体营销观念…………………………………………………(220)

项目十二 营销技能综合训练……………………………………………………(227)
  任务一 营销文书写作训练……………………………………………………(228)
  任务二 撰写创业计划书………………………………………………………(234)

参考文献……………………………………………………………………………………(244)

项目一　市场营销认知

项目导入

李学是一名即将毕业的大学生,他学的是网络工程专业,为了找到一份与自己专业相关的工作,他在众多招聘网站上搜索招聘信息。但是,他发现与自己专业对口的岗位很少,部分岗位要求要有3年相关工作经验,这让他非常苦恼。在搜索过程中他发现营销岗位比较多,且部分岗位不需要相关工作经验。他不明白为什么企业在营销部门要招聘那么多人,投入那么多人力。

对自己是否能够应聘到营销工作岗位,李学内心有一些茫然。到底营销工作应如何入手?怎样才能干好营销工作?

项目分析

市场营销是一份什么样的工作?基层营销人员应该掌握哪些有关营销的基本知识?怎样才能胜任营销工作?

带着职场新人的种种困惑,我们开始本项目的学习与训练。本项目主要包括3个具体任务,分别是认识市场与市场营销,认识市场营销职业,树立正确的营销职业道德。

学习目标

知识目标:

(1)正确理解市场、市场营销的内涵。

(2)掌握市场营销观念的演变过程和各种观念的含义要点。

(3)明确市场营销各个岗位的工作任务、职业能力要求及职业生涯发展路径。

技能目标:

(1)能够举例解释说明市场营销的核心概念。

(2)能够应用市场营销观念,理解分析企业的市场行为。

(3)能够结合企业营销岗位及其职责,对自己未来的职业生涯进行初步规划。

知识框架

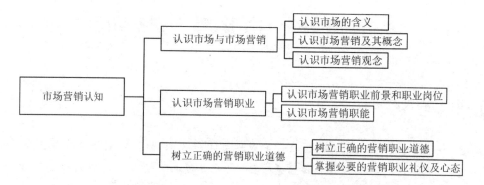

任务一　认识市场与市场营销

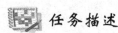 **任务描述**

认识市场，特别是从经济的角度认识市场的运行及其特征，在此基础上进一步认识市场营销，并理解规范的市场营销活动的职业术语。通过完成本任务，学生能够正确理解市场营销的本质与内涵，能够树立现代营销观念。

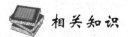 **相关知识**

一、认识市场的含义

众所周知，市场是商品经济的产物，哪里有社会分工和商品生产，哪里就有市场，市场的概念不是一成不变的，而是随着商品经济的发展而变化的，在不同的历史时期、不同的场合，它具有不同的含义。

最初的市场是指劳动产品交换的场所，即做买卖的地方。我国古代文献《易经》中写道："神农氏日中为市，致天下之民，聚天下之货，交易而退，各得其所。"神农发明的以日中为市，以物易物的市场是我国货币商业发展的起源和基石。

经济学家将市场解释为在一定时空条件下商品交换关系的总和。

市场营销学立足于卖方角度，研究卖方的营销活动。市场在这里是指某种商品的现实消费者和潜在消费者需求的总和。

1. 市场的构成要素

从市场构成的角度来讲，市场是由人口、购买力和购买欲望三个主要因素构成的，如图1-1所示。

人口：它是构成市场的基本要素。消费者人口的多少决定着市场的规模和容量，而人口的构成及其变化则影响着市场需求的构成和变化。

购买力:它是指消费者支付货币以购买商品或劳务的能力,是构成现实市场的物质基础。购买力的高低是由消费者的收入水平决定的。

购买欲望:它是指消费者购买商品或劳务的动机、愿望和要求,是使消费者的潜在购买力转化为现实购买力的必要条件。

三要素相互制约、缺一不可,只有三者结合起来才能构成现实的市场,才能决定市场的规模和容量。市场可以分为三种类型,即现实市场、潜在市场和未来市场。

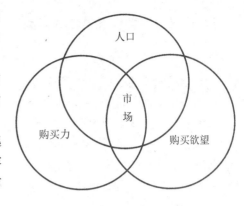

图1-1 市场的构成

现实市场是指对企业经营的某种商品有需要、有支付能力、又有购买欲望的现实顾客所组成的市场。潜在市场是指由于构成市场的三个要素中的购买力和购买欲望产生问题而形成的未来可能转化为现实市场的市场。未来市场是指暂时尚未形成或只处于萌芽状态,但在一定条件下必将形成并发展为现实市场的市场。

2. 市场与企业的关系

市场是企业营销活动的出发点和归宿点,正确分析市场是合理制定企业营销策略的前提。有人形象地把市场与企业的关系比喻为企业生产产品的"惊险跳跃",这个"跳跃"如果不成功,"摔死"的不是商品,而是商品的所有者。因此,拥有一个市场比拥有一个工厂更重要。所以,企业要善于分析市场、把握市场、适应市场、创造市场。

 同步案例

背景资料:

美国一家制鞋公司想开拓国外市场,公司总裁派一名业务员到非洲一个国家,让他了解一下能否向该国卖鞋,这个业务员到非洲后发回一封电报:"这里的人不穿鞋,没有市场。"总裁又派去另外一名业务员,第二个业务员在非洲待了一个星期,然后发回一封电报:"这里的人不穿鞋,是一个巨大的市场。"

总裁还是不满意,又派了第三名业务员。这个业务员在非洲待了三个星期后发回一封电报:"这里的人不穿鞋,但有脚疾,需要鞋,不过不需要我们生产的鞋,因为我们生产的鞋太瘦,我们应该生产肥一些的鞋。我们必须在教育他们懂得穿鞋有益方面花费一些钱,而且我们在开始之前必须寻求与这里部落首领的合作,这里的人没有什么钱,但他们生产我未曾尝过的最甜的菠萝,我估计鞋的潜在销售应该在三年后,我们的一切费用,包括推销菠萝给一家欧洲超级市场的费用都将得到补偿。总算起来,我们可以赚得20%的利润,我认为,我们应该毫不迟疑地去行动。"

结合案例思考:

假设你是总裁,根据所学市场定义,分析这三名业务员对市场的职业敏感性及其差异。假设你是第四名业务员,你有什么更好的策略?

二、认识市场营销及其相关概念

(一)市场营销的含义

美国市场营销协会定义委员会在1985年把市场营销定义为:市场营销是通过创造和实现交换,对创意、产品和服务的观念、价格、促销和分销进行计划和实施,以实现个人和组织目标。

从上述市场营销的定义中可以看出,市场营销有以下两个明显的特点。

市场营销是一种活动,是有目的、有意识的行为。一方面,市场营销活动的出发点和中心在于满足和引导消费者需求,这是一种行为。另一方面,市场营销活动的目的是要实现目标。目标是多种多样的,利润、产值、销售额、市场份额、生产增长率、社会责任等均可能成为目标。但不管目标是什么,其实现的途径都离不开有效的市场营销活动,并在营销活动过程中与顾客达成交易。

市场营销活动的主要内容是分析环境,选择目标市场,开发产品,确定产品定价和分销、促销方式,提供服务,并将它们协调配合,进行最佳组合等。如上所述,市场营销中有4个可以人为控制的基本因素,即产品、价格、渠道和推广(Product、Price、Place、Promotion,简称"4P")。一个企业经营管理能否成功,关键要看企业在市场营销活动中是否能够密切注视不可控制的外部环境变化,恰当地组合4P,并千方百计地使企业可控制的因素与外部环境中不可控制的因素迅速地相适应。

市场营销实际上是一种管理过程,是一种从市场需要出发的管理过程,它的核心思想是交换,是一种买卖双方互利的交换,即所谓的双赢游戏。

市场营销包含以下要点:

(1)市场营销的最终目标是"满足需求和欲望"。

(2)"交换"是市场营销的核心,交换过程是一个主动、积极寻找机会,满足双方需求和欲望的社会过程和管理过程。

(3)营销的范围包罗万象:商品(Goods),服务(Service),经历(Experiences),事件(Events),个人(Persons),地点(Places),财产权(Properties),组织(Organization)。与4P相对应的4C理论(The Marketing Theory of 4C),由美国营销专家劳特朋(Lauterborn)教授在1990年提出的,它以消费者需求为导向,重新设定了市场营销组合的四个基本要素:消费者(Customer)、成本(Cost)、便利(Convenience)和沟通(Communication)。它强调企业首先应该把追求顾客满意放在第一位,其次是努力降低顾客的购买成本,然后要充分注意顾客购买过程中的便利性,而不是从企业的角度来决定销售渠道策略,最后还应以消费者为中心实施有效的营销沟通。

1. 消费者

Customer(消费者)主要指顾客的需求。企业必须首先了解和研究顾客,根据顾客的需求来提供产品。同时,企业提供的不仅仅是产品和服务,更重要的是由此产生的客户价值(Customer Value)。

2. 成本

Cost(成本)不单是企业的生产成本,或者说4P中的Price(价格),它还包括顾客的购买成本,同时也意味着产品定价的理想情况,应该是既低于顾客的心理价格,亦能够让企业有所盈利。此外,这中间的顾客购买成本不仅包括其货币支出,还包括其为此耗费的时间、体力和精力,以及购买风险。

3. 便利

Convenience(便利),即为顾客提供最大的购物和使用便利。4C 营销理论强调企业在制定分销策略时,要更多地考虑顾客的方便,而不是企业自己的方便。要通过好的售前、售中和售后服务来让顾客在购物的同时,也享受到便利。便利是客户价值不可或缺的一部分。

4. 沟通

Communication(沟通)则被用以取代 4P 中对应的 Promotion(促销)。4C 营销理论认为,企业应通过同顾客进行积极有效的双向沟通,建立基于共同利益的新型企业/顾客关系。这不再是企业单向的促销和劝导顾客,而是在双方的沟通中找到能同时实现各自目标的通途。

(二)市场营销与推销的关系

现实中许多人把"市场营销(Marketing)"同"推销(Selling)"混为一谈。

针对这种情况,菲利普·科特勒指出:"市场营销最重要的部分不是推销!推销仅仅是市场营销冰山的顶端,推销仅仅是市场营销几个职能中的一个,并且往往不是最重要的一个。因为,如果营销人员做好识别消费者需要的工作,发展适销对路的产品,并且搞好定价、分销和实行有效的促销,这些货物会很容易地被销售出去。"他还引用美国管理学权威彼得·德鲁克的话说:"市场营销的目标就是使得推销成为多余。"市场营销是一种极为复杂的综合性过程,它贯穿于企业经营管理过程的始终。推销是市场营销活动的一部分,但不是最重要的一部分,是营销的职能之一,但不是最重要的职能。两者的区别如表 1-1 所示。

表1-1 市场营销与推销的差异

项目	目标	活动中心	手段	活动过程
市场营销	实现企业目标	企业目标与顾客需求	产品、定价、分销、促销	产品从生产前到售后全过程
推销	拓宽销售 增加利润	企业现有产品或服务	人员、广告、公关、营业	产品生产后

(三)与市场营销相关的基础概念

市场营销的核心概念是交换,并有一组相关的概念,如图 1-2 所示。这些概念反映着有关交换的各种问题及实质,只有准确把握市场营销的核心概念及其相互之间的关系,才能深刻认识市场营销的本质。

图 1-2 市场营销相关概念

1. 需要、欲望和需求

需要和欲望是市场营销的起点。需要是指没有得到某些基本满足的感受状态,是人类与生俱来的。如人们为了生存对食物、衣服、住房、安全、归属、尊重等的需要。这些需要存在于人类自身生理和心理需要之中,市场营销者可以用不同的方式去满足,但不能凭空创造。

欲望是指想得到某种需要的具体满足物的愿望,它是用可满足需要的实物来描述的。欲望一旦有购买力作为后盾,人们便会去搜寻并选择一些产品,这时,欲望就又变成了对某种产品的需求。需求是指人们对某种产品有购买能力且有购买的欲望。

2. 产品

产品是指能够满足人的需要和欲望的任何事物,包括有形物品、服务、事件、体验、人物、场所、信息、想法等。产品的价值不在于拥有它,而在于它给我们带来的对欲望的满足。人们购买轿车不仅是为了观赏,更多是为了得到它所提供的交通服务。产品实际上只是获得服务的载体。这种载体可以是物,也可以是"服务",如人员、地点、活动、组织和观念。

3. 价值、成本和满意

产品价值是由产品的功能、特性、品质、品种与式样等所产生的价值。它是消费者需要的中心内容,也是消费者选购产品的首要因素。产品价值并不是指产品本身所拥有的客观价值的大小,而是消费者的一种主观感受。

成本是指消费者在购买产品时考虑的购买和使用产品过程中可能花费的各种资金、时间、体力和精力的总和。在某种程度上,它也是主观的。人们收集信息,通过比较,最后做出对某产品的判断,即为取得某产品的价值而愿意付出的代价。

满意本意是指意愿得到满足,感情上充足。消费者满意取决于消费者所理解的效用与其期望进行的比较。如果产品效用低于期望,他们便不会感到满意;如果效用符合或高于期望,他们便会满意或非常满意。

满意的消费者是最好的广告。如果消费者购买并使用某种产品后是满意的,那么他就会继续购买这种产品,并说这种产品的好话,影响别的消费者也来购买;相反,如果消费者不满意,不仅他自己不会再购买这种产品,还会影响别的消费者也不来购买这种产品。企业要解决的关键问题是使消费者的期望与企业的活动相匹配。

 营销视野

"250 定律"——每个客户身后都有 250 个潜在客户

美国推销员乔·吉拉德在漫长的推销生涯中总结出了一套"250 定律",内容是每一位客户身后都站着 250 名亲朋好友,这些亲朋好友都是你的潜在客户。如果你赢得了一位客户的好感,也就意味着赢得了 250 个人的好感;如果你得罪了一名客户,也就意味着你得罪了 250 名潜在客户。

4. 交换和交易

交换是指从他人处取得所需之物,并以某种东西作为回报的行为。交换的发生,必须具备 5 个条件,即至少有交换双方;每一方都有对方需要的有价值的东西;每一方都有沟通和运送货品的能力;每一方都可以自由地接受或拒绝;每一方都认为与对方交易是适合或称心的。

交易是交换的基本组成单位,是交换双方之间的价值。交易的方式有两种:一是货币交易;二是非货币交易(易货贸易)。交易发生的基本条件是:双方互为满意的有价值的物品(事物);双方满意的交换条件(价格、地点、时间、结算方式等);有法律制度来维护和迫使交易双方履行承诺。

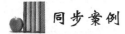
同步案例

背景资料：

能源危机引发了各种各样严肃而又有趣的发明，这些发明都是为了节省矿物燃料或开辟新的能源。比如用廉价原料制成液化气，利用太阳能和风能，采用可使用多种能源的机器以提高原料的利用率等。

有位发明家研制了一种小汽车，他将汽油箱改为一个高效能的快速甲烷发生器，该发生器可把有机物（如杂草等）随时转化为燃料；汽车棚顶上装有太阳能电池板，当甲烷用完时可由电池驱动，而在平时电池板给蓄电池充电；车上还装有一对风翼，以便在风向和风速适宜的条件下使用。这种汽车采用最先进的设计、材料和工艺技术，不仅质量轻，而且装有十分理想的气动装置。

这位发明家认定这是一个成功的创造，因此便回到老家——墨西哥的一处深山里。他自信世界上所有的厂商都会蜂拥而至，即使坐等在家也会有人踏出一条通向他家的路来，可是最后他什么人也没等到，那项杰出的发明放在那里生了锈，布满了尘埃。

为什么没人来买这位发明家的小汽车呢？就是因为他没有进行营销，他没让需要购买汽车的顾客知道他的产品，也没有把这种汽车的优点和情况告诉顾客，即使有人远道而来购买汽车，恐怕这位发明家也不知道给汽车定多高的价格。

这位发明家没有对其产品进行分配，没有进行广告宣传和定位，最糟的是他没有考虑市场，更没有考虑到影响市场的环境。首先，由于近年来墨西哥发现了大量的石油和天然气，不存在能源危机问题，因此对他那种汽车的需求量不大；其次，这种车最多只能乘坐四个人，而墨西哥人的家庭人口较多；最后，他也没有考虑到环境保护者的干预，因为甲烷发生器会产生污染。他认为这种汽车在美国会有可观的市场，因为那里汽油短缺且价格高，可是他没料到墨西哥政府和某些官员会反对向美国出口这种汽车，因为向美国出口这种汽车，会减少美国对墨西哥石油的潜在需求量。

结合案例思考：

由于没做任何营销方面的工作，没有国内市场，又遇到环境困难，发明家这种"奇妙"的小汽车没能给他带来一个比索。针对你对市场营销的理解，分析该发明家研制的小汽车为何无人问津。这个案例给我们什么启示？

三、认识市场营销观念

(一) 市场营销观念的演变

所谓营销观念，就是指企业开拓市场、实现营销目标的根本指导思想，其核心是以什么样的营销哲学或理念来指导企业开展生产经营活动。

市场营销观念是在一定基础和条件下形成的，随着自身的发展和市场的变化也在不断发生着变化。市场营销观念的演变大致经历了以下几个阶段。

1. 生产观念

产生背景：卖方市场，供不应求。企业的一切生产经营活动以生产为中心，企业围绕生产来安排一切业务。

生产观念可以概括为："我们会做什么，就生产什么。"

2. 产品观念

产品观念认为：消费者喜欢那些质量高、性能好、价格合理并有特色的产品，因此企业的主要任务就是提高产品质量。只要产品好，不怕卖不掉；只要产品有特色，自然会顾客盈门。"酒香不怕巷子深""一招鲜，吃遍天"等都是产品观念的生动写照。

这种观念可以概括为："我们会做什么，就努力做好什么。"

3. 推销观念

推销观念强调：消费者一般不会主动选择和购买商品，企业只能通过推销产生刺激，诱导消费者产生购买行为。这样，推销部门的任务就是采用各种可能的手段和方法，去说服和诱导消费者购买商品。至于商品是否符合消费者的需要，是否能让消费者满意，消费者是否会重复购买等问题，都无关紧要。

推销观念可以概括为："我们会做什么，就努力去推销什么。"

4. 市场营销观念

市场营销观念的原则是："消费者需要什么，我们就生产和销售什么"或者"能销售什么，我们就生产什么"。在这种观念指导下，企业的中心工作不再是单纯追求销售量的短期增长，而是着眼于长久地占领市场。因而提出了"哪里有消费者的需要，哪里就有我们的机会"和"一切为了消费者的需要"等口号。

市场营销观念的产生是现代企业营销观念的重要变革。西方市场学家对这一变革给予了很高的评价，称之为商业哲学的一次革命。

5. 社会营销观念

社会营销观念的基本论点是：企业在生产和提供任何产品或服务时，不仅要满足消费者的需要和欲望，符合企业所擅长的领域，还要符合消费者和社会发展的长远利益，实现企业、消费者和社会利益三者的协调。社会营销观念是对市场营销观念的补充与完善。

 做中学

试分析新旧营销观念的差异，并填入表1-2中。

表1-2 新旧营销观念的差异

观念	差异1	差异2	差异3
生产观念			
产品观念			
推销观念			
市场营销观念			
社会营销观念			

上述5种营销管理观念归纳起来可以分为两类：一类是传统经营观念，包括生产观念、产品观念和推销观念。其共同特点是以生产者为导向，以产定销，产生于卖方市场。另一类是现代经营观念，包括市场营销观念和社会营销观念。其共同特点是以市场(消费者)为导向，以销定产，产生于买方市场。这两类经营观念无论在考虑工作的出发点上，还是在实现目的的方法和途径方面都是有根本区别的。传统经营观念主要从企业擅长生产的产品出发，通过大量生产或加强推销工作，获得企业利润；而现代经营观念则是从消费者的需求出发，通过企业的整体营销活动，在满足消费者需求的基础上获取企业利润。

(二)市场营销观念的创新与发展

1. 大市场营销

所谓大市场营销，就是指企业为了成功地进入特定市场，并在那里从事经营活动，需要在策略上协调地采用经济、心理、政治和公共关系等手段，以博得各方面合作的活动过程。

在目前的市场环境中，由于贸易保护主义回潮，政府干预加强，企业营销中所面临的问题，已不仅仅是如何满足现有目标市场的需求，企业面临的首要问题是如何进入壁垒森严的特定市场。因此，大市场营销观念认为，企业在市场营销中，首先是运用政治权力(Political Power)和公共关系(Public Relationship)，设法取得具有影响力的部门、企业高层决策者等方面的合作与支持，启发和引导特定市场的需求，通过在该市场的消费者中树立良好的企业信誉和产品形象，以打开市场、进入市场。然后，运用传统的市场营销组合去满足该市场的需求，达到占领该目标市场的营销目的。

2. 关系营销

关系营销是从菲利普·科特勒的"大市场营销"概念衍生发展而来的一种新的市场营销思想，它把营销活动看成是一个企业与消费者、供应商、分销商、竞争者、政府机构及其他公众发生互动作用的过程。所以关系营销是指为了建立、发展、保持长期的、成功的交易关系而进行的市场营销活动的一种营销观念。

关系市场营销的核心是正确处理企业与消费者、竞争对手、供应商、分销商、政府机构和社会组织的关系，以追求各方面关系利益最大化。这种从追求每笔交易利润最大化转化为追求同各方面关系利益最大化是关系市场营销的特征，也是当今市场营销发展的新趋势。

3. 整合营销

20世纪90年代以来，随着产品同质化的日益增强和消费者个性化、多样化的发展，市场想要掀起某种消费热潮越来越难。但传播媒体却在迅猛发展，传播渠道种类繁多，消费者主体地位大大提高。营销者不得不先将企业产品搁置一边，认真研究顾客的需求与欲望(consumer wants and needs)，了解满足顾客需求与欲望需支付的总成本(cost)，考虑顾客购买的便利性(convenience)，并注意与顾客的沟通(communication)。于是，一种称之为"4C"的营销观念日渐兴起。美国西北大学教授唐·舒尔茨对这种"4C"的营销观念做了整理，并进一步提出整合营销的思想。

整合营销是以市场为调节方式，以价值为联系方式，以互动为行为方式，根据环境进行即时性动态修正，以使交换双方在交互中实现价值增值的营销理论与营销方法。它是对各种营销工具和手段的系统化结合，是现代企业面对动态复杂环境的有效选择。舒尔茨教授曾用一句非常生动的话表述传统营销与整合营销的区别：前者是"消费者请注意"，后者是"请注意消费者"。"4C"营销观念是整合营销的支撑点和核心理念,是强化以消费者需求为中心的营销组合。整合营销强调与消费者进行平等的双向沟通。清楚消费者需要什么,把自己的真实信息如实传达给消费者,并且根据消费者的信息反馈调整自身,如此循环,实现"双赢",彻底摒弃那种强加于人的促销行为。

4. 新媒体营销

随着新媒体各应用平台的丰富以及各个新媒体平台用户量的不断增加,新媒体除了其自身提供的服务外,对于企业和个人推广而言,新媒体平台也是一个营销的渠道,因此产生了新媒体营销。

从字面上来理解,可以把新媒体营销拆分成"新媒体"和"营销"。新媒体营销是随着新媒体的出现而出现的,在营销的范畴内增加了在新媒体上做营销这一环节。新媒体营销并不是一个陌生的行业或专业,传统的市场营销策略并未在新媒体营销上完全失效。只是在传播的媒介层面,因传统营销平台与新媒体营销平台的传播媒介不同,将传统营销理论在新媒体营销平台实施时,需要根据新媒体平台的媒介特点进行优化改进。

现今较为热门的新媒体平台包括微博、微信、直播、短视频、知乎、今日头条等,其特点是用户基数大,信息具有及时性,内容形式丰富,互动性强等。由于平台之间的技术差异及运营方式的不同,在各个平台做新媒体营销的技巧和策略也是不同的。但新媒体营销并非仅仅根据平台规则开展营销活动,更不是简单地在新媒体平台投放广告资源。新媒体营销是一个系统工程,需要多个工作岗位共同配合来完成。企业在策划新媒体营销活动时,需要对各平台进行分析,找到适合企业自身的新媒体平台,根据平台运营机制和规则,基于产品或品牌的推广需求和目标受众的喜好,策划满足推广目标的营销活动。

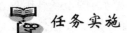 任务实施

组建营销团队

实训目标:

通过实训,学生明确一个优秀的团队应该具备哪些特征,体验团队化运作的过程,培养团队意识与团队管理的能力。

实训要求:

教师组建营销团队,根据学生的个人需求、素质特征和擅长方向,进行岗位分工,并让学生担任相应的角色,行使角色职责,有组织、高效率、高质量地将实训任务推进完成。

(1)学生按 4~6 人进行分组,组成市场营销团队。

(2)每个团队按照工作任务进行目标管理。

(3)每个团队民主选举队长,由队长组织团队成员进行团队建设。

操作步骤:

(1)学生组建团队,选举团队负责人,进行团队分工。

(2)学生讨论团队建设方案,包括团队组织机构建设、团队文化建设。

(3)学生修改并确定营销团队建设方案,制作演示文稿(PPT)。

(4)学生以演讲的方式发布团队建设方案。

(5)教师对团队建设方案进行考核评比。

实训报告：

实训结束后，学生以小组为单位撰写实训报告，主要内容如下：

(1)实训名称、实训日期、班级、实训组别。

(2)实训目的。学生应简明概述本实训通过何种方法，训练了哪些技能，达到了什么目的。

(3)实训心得。学生总结分析实训中的收获及存在的问题，提出改进建议。

任务二　认识市场营销职业

 任务描述

不同的职业意味着不同的人生，不同的职业意味着不同的发展空间。通过完成本任务，学生应对市场营销职业前景、职业成长规律有个清晰的认识，同时要理解市场营销职业工作的内容、过程和方法，以便在后面的学习与工作中积极高效地完成各项任务，掌握职业能力。

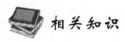 相关知识

一、认识市场营销职业前景和职业岗位

(一)市场营销职业前景

与国外相比，市场营销职业在我国还是一个新兴的职业门类。但是随着我国市场经济体制的日臻完善和经济全球化的推进，这一职业在我国已经焕发出勃勃生机。据国家有关人才市场数据统计，市场营销职业人才的需求量连续多年名列前茅。随着市场竞争的日益加剧，社会急需大量的市场营销人才，尤其是高级市场营销管理人才缺口越来越大。

作为市场经济大潮中各行业获取利润的关键环节，营销的地位毋庸置疑。与此相对应，作为市场营销职业人才的主要来源地——高校也广泛开设了市场营销专业，可谓经济越发展，营销越重要。在我国，市场营销职业人才正处于供需两旺阶段。

(二)市场营销职业岗位

市场营销职业遍及国内外各类工商企事业单位以及房地产、医药、汽车等多个行业。市场营销专业就业岗位群主要包括市场类、销售类、客服类等。市场类岗位包括策划助理、市场调研助理、市场活动专员、调查项目督导等；销售类岗位包括营业员、收银员、销售代表等；客服类岗位包括客户回访专员、客户服务专员、客服代表等；其他岗位包括网络营销员、销售物流员、销售培训专员等。

市场营销岗位千差万别，既有营销总监、大区经理、区域经理、销售经理等中高层人员，也有业务员、导购员、促销员、维护员、客服等基层营销人员，还有广告设计、网络营销、物流等专业营销人员。

 做中学

请结合表1-3三类对应的岗位,填写各个岗位的晋升岗位。

表1-3 市场营销具体职业岗位

职业岗位类型	对应岗位	晋升岗位
市场类	市场策划	
	市场督导	
	市场部经理	
	市场总监	
销售类	业务代表	
	高级业务代表	
	业务主管	
	销售经理	
	销售总监	
客服类	客服代表	
	客服主管	
	客服经理	

二、认识市场营销职能

(一)市场营销职能在企业管理中地位的演变

市场营销职能在企业管理中的地位不断发生变化,大致可以分为5个阶段,如图1-3所示。

图1-3 市场营销职能在企业管理中地位的演变

最初,市场营销职能与其他部门职能同等重要,两者处于平等的地位。在需求不足的情况下,企业高层管理人员意识到市场营销职能要比其他部门的职能重要。高度重视市场营销的企业高层管理人员提出,没有顾客也就意味着企业的消亡,所以市场营销应是企业的主要职能。他们将市场营销置于中心位置,而将其他职能当作市场营销的辅助职能。这种创新引起了其他职能部门经理的不满,他们不甘心充当市场营销部门的配角。一些热心于顾客服务的企业高层管理人员则主张,公司的中心应当是顾客,而不是市场营销。因此有人提出必须采取顾客导向,而且所有职能部门都必须协同配合,以便更好地为顾客服务,使顾客得到满足。随

着营销实践的发展和市场竞争的加剧,越来越多的企业高层管理人员终于达成共识:市场营销部门与其他职能部门不同,它是连接市场需求与企业反应的桥梁、纽带,要想有效地满足客户需要,就必须将市场营销置于企业的中心地位。

(二)市场营销的职能定位

销售部门和市场部门是企业市场营销的两大基本职能部门。

关于市场部和销售部的功能和职责问题,许多企业混淆不清。现代营销组织是由过去的企业销售部门发展起来的,正因为如此,市场营销部门的职责就是如何有效地推销产品。实际上,从过去企业的销售部门到现代的营销管理部门,企业的营销组织所从事的是综合的营销活动,所发挥的是综合的营销管理职能。它通过产品、价格、渠道、促销等可控因素的运用,制订整个企业的市场营销活动计划,并负责市场营销活动计划的贯彻和实施。

现在很多企业都设立了营销部、销售部、市场推广部等,其实叫这些名称的部门不应该并列,正确的应该是营销部门下设市场部和销售部,而策划、市场推广、品牌推广都应该属于市场部的职能。市场营销部门的典型组织机构如图1-4所示。

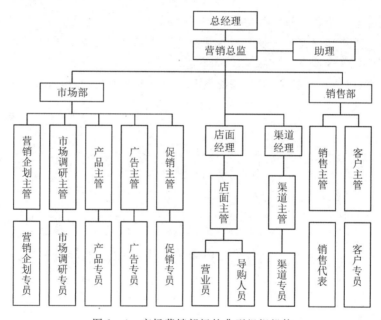

图1-4 市场营销部门的典型组织机构

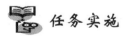 **任务实施**

营销职业生涯规划

背景资料:

21世纪人类进入全营销时代,产品的高度同质化、市场趋于细分化常常使企业在冰与火的对决中难以找到希望的窗口;而产品的卖点、个性和差异化,以及围绕它们的演变过程所形成的品牌理念常常考验着众多风雨兼程、激情四溢的营销人员。营销人员只有通过科学合理的职业生涯规划,知道自己适合做什么,应该做什么,不同的阶段我们自身的目标是什么以及如何结合自身的优势和劣势,才能成功实现人生各个阶段的职场目标。

实训目标:

通过实训,让学生理解明确人生目标、职业目标和岗位目标的意义,能正确选择适合自己的目标,制订一个完整的营销职业生涯规划并将其付诸行动,为创业、从业打下基础。

实训要求:

(1)学生能确立正确的人生目标、职业目标和岗位目标。

(2)学生能正确分析个人的优势、劣势和兴趣。

(3)学生能确定自己成功的起点,列出实现目标所需要的知识与技能。

(4)学生能制定实现目标的理由、期限和明确的标准。

操作步骤:

(1)学生以营销团队为单位进行讨论与交流,每个团队成员按照培训目的和要求进行个人目标定位,并与其他成员进行交流,互相发现优势与劣势。

(2)学生认真思考个人的人生目标、职业目标和岗位目标,发掘个人兴趣特长,总结自己的优势和劣势,撰写职业生涯规划报告。

(3)各团队成员上交职业生涯报告。指导教师从中选择若干具有代表性的职业生涯报告进行分析,并邀请其作者上台进行陈述。

(4)评价效果:各小组代表陈述后,指导教师点评该次实训的情况,并由全体学生进行无记名投票,评选出该次实训的获奖小组和个人,给予表扬与奖励。

实训报告:

每个学生在本次实训后应独立撰写实训报告。实训报告的主要内容如下。

(1)实训名称、实训日期,班级、姓名,实训组别,同组同学姓名。

(2)实训目的:学生应简明地概述本实训通过何种方法,训练了哪些技能,达到了什么目的。

(3)实训心得:学生总结分析实训中的收获及存在的问题,提出改进建议。

任务三 树立正确的营销职业道德

 任务描述

市场营销职业道德是市场营销专业学生必备的职业素养,随着市场经济的规范化,市场营销道德建设越来越重要。通过对本任务的学习,可培养学生正确的营销道德观,这也是市场营销实务类课程的核心培养目标。

 相关知识

一、树立正确的营销职业道德

市场营销职业道德是企业及营销人员在市场营销活动中所应遵循的道德规范的总和。

（一）常见的不道德的市场营销行为

市场调研方面：不尊重被调查者，泄密，通过欺骗、贿赂、监视等不正当手段窃取竞争对手的商业秘密。

产品生产方面：假冒伪劣产品、不安全的产品、对环境有害的产品、过度包装的产品、强制淘汰的产品。

渠道分销方面：设置文字陷阱误导分销商、操纵渠道或硬性搭售、以次充好、灰色市场等。

价格确定方面：串谋定价、价格歧视、暴利价格、价格欺诈与误导定价。

促销传播方面：欺诈性或误导性广告、不健康广告、利用消费者和厂家间的信息不对称性，操纵和强迫顾客购买产品、滥用有奖销售或虚设有奖销售欺骗顾客、行贿等。

（二）市场营销道德的基本原则

市场营销道德的基本原则包括以下几个方面：

（1）守信。守信历来是人类道德的重要组成部分。俗话说，一言既出，驷马难追。在现代营销中，守信处于举足轻重的地位。守信就是要求营销人员在市场营销活动中讲究信用。在当今竞争日益激烈的市场条件下，信誉已经成为竞争的一种重要手段。谁赢得了信誉，谁就会在竞争中立于不败之地；谁损害了信誉，谁就终将会被市场所淘汰。

（2）负责。负责即要求企业及营销人员在营销过程中对自己的一切经济行为及其后果承担政治、法律、经济和道义上的责任。任何逃避责任的行为都是不道德的，并且是非常愚蠢的。营销人员在营销过程中的一言一行都代表着企业，不仅要对企业和社会负责，而且要对顾客负责。营销人员要如实为顾客介绍产品，为顾客排忧解难，赢得顾客的信赖，提高企业的声誉和社会效益。

（3）公平。公平是社会生活中一种普遍的道德要求。在营销过程中，坚持公平的原则主要有以下两方面的含义：①对待顾客必须公平。顾客不论男女老幼、贫富尊卑，都有充分的权利享受他们应得到的服务。各种以次充好、缺斤短两、弄虚作假的行为都是违反公平原则的，因而也是不道德的。②对待竞争对手应坚持公平。有些营销人员为了在竞争中战胜对手，不择手段，诋毁甚至无中生有地诽谤竞争对手的产品甚至人格，千方百计置对方于死地，这种营销行为是十分不道德的。

总之，守信、负责、公平是现代营销最主要也是最基本的道德要求。为实现企业健康发展，维护市场经济秩序稳定，企业及营销人员必须严格遵守职业道德规范，协调并处理好道德和利益的关系，遵循诚信原则，公平竞争，实现互利共赢。

二、掌握必要的营销职业礼仪

要做好营销，除了遵守营销职业道德外，还必须懂得营销职业礼仪。营销职业礼仪内容丰富、涉及范围广。

注意仪表和仪容是践行个人礼仪的第一步。

仪表是指人的外表，包括容貌、姿态、风度，以及个人卫生等方面。仪容在某种程度上也是仪表所包括的内容，泛指人的外观、外貌。由于仪表与仪容在日常交往中最直观地呈现在交往对象的面前，可以直接反映出个体的心理健康状况，因此，仪表与仪容如何，不仅引起交往对象的特别关注，而且可以影响到交往对象对行为主体的评价。

仪表与仪容的礼仪关键就是要符合"美"的要求,具体要做到美观、清洁、卫生、得体等。

1. 介绍、握手等见面礼仪

(1)介绍礼仪。

介绍是人际交往中互相了解的基本方式,介绍分为自我介绍和他人介绍。

①自我介绍。自我介绍的基本程序是:先向对方点头致意,得到回应后再向对方介绍自己的姓名、身份和工作单位,同时递上准备好的名片。自我介绍时,表情要坦然、亲切,注视对方,举止庄重大方、态度镇定而充满信心,表现出渴望认识对方的热情。如果见到陌生人就紧张、畏怯、语无伦次,不仅说不清自己的身份和来意,还会造成难堪的场面。

②他人介绍。他人介绍是经第三者为彼此不相识的双方引见、介绍的一种介绍方式。他人介绍通常是双向的,即将被介绍者双方各自均做一番介绍。做介绍的人一般是主人、朋友或公关人员。为他人做介绍时必须遵守"尊者优先"的规则。把年轻者介绍给年长者;把职务低者介绍给职务高者;如果双方年龄、职务相当,则把家人介绍给同事、朋友;把未婚者介绍给已婚者;把后来者介绍给先到者。

(2)握手礼仪。

握手是一种沟通思想、交流感情、增进友谊的重要方式。与他人握手时,目光要注视对方、微笑致意,不可心不在焉、左顾右盼,不可戴着帽子和手套与人握手。在正常情况下,握手的时间不宜超过3秒,必须站立握手,以示对他人的尊重、礼貌。

握手也讲究一定的顺序:一般讲究"尊者决定",即待女士、长辈、已婚者、职位高者伸出手来之后,男士、晚辈、未婚者、职位低者方可伸出手去呼应。若一个人要与许多人握手,那么有礼貌的顺序是:先长辈后晚辈,先主人后客人,先上级后下级,先女士后男士。

(3)名片礼仪。

销售人员与客户初次见面,往往会相互交换名片,那么,怎样使用名片呢?

客户递上名片时,销售人员应伸出双手接名片,接过来后,还应认真看一下名片的内容,以表对对方的重视,然后再仔细收好。

销售人员递给客户名片时,切忌单手递名片,应当是将名片置于掌上,双手递送。应优先递给社会地位较高的人,地位同等时,女士优先。如果一次要递给多个客户名片,可按照由近及远的次序进行。

2. 通信与电话礼仪

(1)通信礼仪。

营销信函从内容到写法及语言都要体现真诚,最好用亲笔信,至少应有公司经理的签名,以显示营销方的认真和郑重,也表明对顾客的诚意和尊敬。对收到的来信和回函,营销人员一定要及时回信和复函,不能拖延。营销信函要自己邮寄,不可由他人携带或转交。

(2)电话礼仪。

①接听电话要注意的问题。电话铃响时要及时接听,电话铃响一般不超过三声,先道您好,再根据对方的要求,报出公司或部门名称。杜绝使用"喂,说话"之类的不文明用语。要留心听,并记下讲话内容要点;未听清时,及时询问并判断对方所提问题自己能否处理,决定是否需要将电话转交给别人。在转交前,应先把对方所谈内容简明扼要地进行总结;结束时要有所提示,如再见、我们下次再谈等,要礼貌地道别,待对方挂断电话后再放下听筒。

②拨打电话时要注意的问题。因为不知道接电话的人正在忙什么、是否有时间接听,所以要先

打一个腹稿,做到心里有数,以便提高沟通的效率。电话接通后应进行简单的寒暄,然后直奔主题,不要偏离要表达的主要意思。拨打电话的时间最好控制在3分钟以内,最长不超过5分钟。

3. 营销拜访礼仪

(1)拜访前的相邀礼仪。

不论是因公还是因私拜访,都要事先与被访者进行联系。联系的内容主要有4点:①自报家门(姓名、单位、职务)。②询问被访者是否在单位(家),是否有时间或何时有时间。③提出访问的内容以便对方有所准备。④在对方同意的情况下定下具体拜访的时间、地点。注意要避开吃饭和休息,特别是午睡的时间。最后,向对方表示感谢。

(2)拜访中的举止礼仪。

①要守时守约。②讲究敲门的艺术。要用食指敲门,力度适中,间隔有序地敲三下,等待回音。如无应声,可稍加力度,再敲三下。如有应答声,应侧身立于右门框一侧,待门开时再向前迈半步,与主人相对。③主人不让座不能随便坐下。如果主人是年长者或上级,主人不坐,自己不能先坐。主人让座之后,要称"谢谢",然后采用规矩的礼仪坐姿坐下。主人递烟要双手接过并表示谢意。如果主人没有吸烟的习惯,要克制自己的烟瘾,尽量不吸,以示对主人习惯的尊重。主人献上果品,要等年长者或其他客人动手后自己再取用。④与主人谈话,语言要客气。⑤谈话时间不宜过长。起身告辞时,要向主人表示"打扰"之歉意。出门后,回身主动伸手与主人握别,说:"请留步。"待主人留步后,走几步,再回首挥手致意说"再见"。

三、培养良好的营销职业心态

市场营销职业道德是企业及营销人员在市场营销活动中所要遵循的道德规范的总和。总之,道德是一个人的素质体现,而职业道德是企业及营销人员的素质体现。为实现企业的健康发展,维护市场经济秩序的稳定,企业及营销人员必须严格遵守职业道德规范,协调并处理好道德和利益的关系,遵循诚信原则,公平竞争,实现互利共赢。

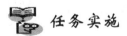任务实施

1分钟自我推销演练

实训目标:

通过1分钟自我推销演练,一是授课教师可以快速了解全班学生情况,以便以后有针对性地组织开展营销活动;二是学生可以加强相互了解;三是学生可以锻炼上台发言的胆量和口头表达能力,而这种胆量和说话能力是他们今后从事推销工作所必不可少的。

实训要求:

教师请学生们精心写好1分钟自我推销介绍词,然后让学生利用课余时间反复演练,达到内容熟练、神情自然后,再安排课堂时间让学生登上讲台进行1分钟自我推销演练。

(1)学生登上讲台自我推销介绍神态、举止。(55分)

(其中声音大小10分、热情展现7分、面带微笑10分、站姿8分、肢体语言5分、语言表达10分、服装得体5分)

(2)自我推销介绍词内容新颖、独特,顺序自然。(35分)

(3)时间掌控。(10分)

操作步骤:

(1)学生上台问候。跑步上台站稳后先对所有人问好,然后再介绍。注意展现热情,面带微笑。

(2)学生正式开始内容演练,即自我推销介绍。注意音量、站姿、介绍顺序、肢体动作等。

(3)学生致谢回座。对所有人说谢谢后才能按老师的示意回到座位。

实训报告:

每个学生在本次实训后应独立撰写实训报告。实训报告的主要内容如下:

(1)实训名称、实训日期,班级、姓名,实训组别,同组同学姓名。

(2)实训目的:学生应简明概述本实训通过何种方法,训练了哪些技能,达到了什么目的。

(3)实训心得:学生总结分析实训中的收获及存在的问题,提出改进建议。

 项目小结

(1)市场营销的核心思想是一种买卖双方互利的交换。市场营销包含需要欲望、需求、产品、价值、交换、交易关系等核心概念。

(2)市场营销观念是指导企业营销活动的基本思想、基本态度,是随着社会生产力水平的提高而发生变化的。从其演变来看,市场营销观念经历了生产观念、产品观念、推销观念、市场营销观念、社会营销观念的演变过程。市场营销创新集中体现于市场营销观念的创新,目前,整合营销、关系营销、新媒体营销是市场营销观念创新的重要组成部分。

(3)市场营销是21世纪的热门职业之一,经济越发展,营销越重要。目前我国市场营销职业人才正处于供需两旺阶段。市场营销职业领域遍及各行各业,市场营销专业学生的就业岗位群主要包括市场类、销售类、客服类等。

(4)市场营销活动必须讲求道德、承担责任。这是现代社会对企业的要求。所谓市场营销道德是指企业营销活动中所要遵循的道德规范的总和。其中守信、负责、公平是现代营销最主要的也是最基本的道德要求。

自我检测

项目二　市场营销环境

项目导入

李学应聘成功后进入到公司的营销工作岗位。部门经理为了让李学尽快熟悉工作,交给他一项任务:公司打算研发一款新产品,李学需要写一份针对新产品的市场营销环境分析报告。那么,市场营销环境分析工作应包括哪些内容?到底该怎样进行市场营销环境分析呢?

项目分析

市场营销环境是企业生存和发展的基础,一个成功的企业一定要善于洞悉市场环境的变化。市场营销环境分析包括两个方面:一是宏观环境;二是微观环境。这两类环境要素中,有些是企业不能控制的,企业可以能动地适应营销局面;有些是企业可以控制的,企业可以采取积极主动的态度,能动地改变营销局面。本项目主要介绍市场营销环境及其内容,以及SWOT分析法的运用。

学习目标

知识目标:
(1)了解市场营销环境分析的内容。
(2)熟悉宏观环境要素的含义及其包含的内容。
(3)熟悉微观环境要素的含义及其包含的内容。
(4)掌握SWOT分析法及实施步骤。

技能目标:
(1)能够结合具体企业,运用所学知识分析其所面临的市场宏观环境。
(2)能够结合具体企业,运用所学知识分析其所面临的市场微观环境。
(3)能够运用SWOT分析法,科学地进行市场营销环境分析,分析企业所面临的机会与威胁。

知识框架

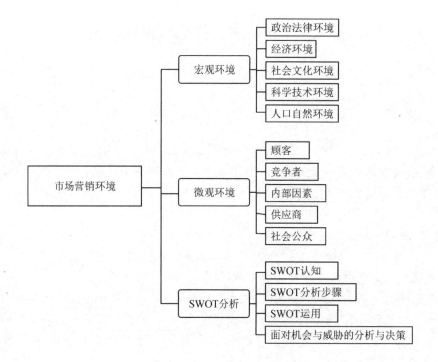

任务一 宏观环境

 任务描述

把握宏观环境的现状和变化趋势,充分利用有利于企业发展的机会,预先避开不利因素,这对于企业谋求生存和发展具有重要的意义。通过完成本任务,学生能够理解宏观环境各要素的含义,结合企业的实际情况进行分析判断,发现机会、减少风险,对企业的经营活动提出意见和建议。

 相关知识

一、政治法律环境

政治法律环境是对企业经营活动起着间接影响作用的宏观影响因素之一。各国政府都会运用政府权力,采取某种措施限制、约束或鼓励企业,所以企业总是在一定的政治和法律环境下运营的。政治环境是指国家的政治制度、政治倾向、政府的方针政策等。政治环境包括国内政治环境和国外政治环境两个方面。对于国内市场来说,国家政策的调整变化会引起人们价值观、生活方式的变化,进而直接影响到消费需求的变化。在国际市场上,从事营销工作必须

研究东道国的社会性质、政治体制、经济政策,了解它们颁布的贸易法令、条例规章,分析研究进入该国市场的可能性和前景。同时还要考虑到各国的政治事件及政治稳定性,为在国际市场上取得营销成功提供保障。

法律环境是指国家或地方政府所颁布的各种法规、法令和条例,它是企业经营活动的准则。企业必须遵守这些法律法规,在其允许的范围内开展经营活动。从事跨境业务的企业不仅要遵守本国的法律法规,还要遵守国外的法律法规和国际条约、惯例和准则。

二、经济环境

(一)消费者可支配收入

消费者的购买力受消费者的可支配收入及家庭收入的影响。消费者的收入并非全部用于购买商品。

1. 个人可支配收入

个人可支配收入指个人收入减去直接缴纳的各项税费后的余额。

2. 可任意支配收入

可任意支配收入指个人在可支配收入中扣除生活必需品开支后的剩余部分。可任意支配收入与同期的生活必需品的物价变化相关。大多数产品的市场需求是由可任意支配收入形成的。

3. 家庭收入

家庭收入的高低会影响很多产品的市场需求。家庭收入越高,对消费品需求越大,购买力越大;收入越低,需求越小,购买力越小。

(二)消费支出模式

消费支出模式是消费者各种消费支出的比例关系。在收入一定的情况下,消费者会根据消费的急需程度,对消费项目进行排序,先满足排序在前的消费,比如衣、食、医疗是排在前面的消费;其次是住、行、教育类消费;最后是舒适型、提高型的消费,如保健、娱乐类消费等。

家庭收入增加时,用于购买食物的支出比例下降,而用于服装、交通保健、娱乐教育的支出比例上升,这一研究结论被称为恩格尔定律。恩格尔定律的具体运用,主要是计算恩格尔系数。恩格尔系数是食物支出总额占个人消费支出总额的比重。

$$恩格尔系数 = 食物支出/总支出 \times 100\%$$

19世纪德国统计学家恩格尔参照统计资料,根据消费结构的变化得出一个规律:一个家庭收入越少,家庭收入中(或总支出中)用来购买食物的支出所占的比例就越大;随着家庭收入的增加,家庭收入中(或总支出中)用来购买食物的支出比例则会下降。推而广之,一个国家越穷,每个国民的平均收入中(或平均支出中)用于购买食物的支出所占比例就越大;随着国家的富裕,这个比例呈下降趋势。恩格尔系数是衡量一个国家(或地区)生活水平高低的重要参数。恩格尔系数越大,生活水平越低;恩格尔系数越小,生活水平越高。运用恩格尔系数评估国家、地区或家庭贫富状况的标准见表2-1。

表 2-1　恩格尔系数与贫富标准

恩格尔系数	贫富标准
＞60%	贫穷
50%～60%	温饱
40%～50%	小康
30%～40%	相对富裕
20%～30%	富裕
＜20%	极其富裕

除上述以外,我们还要考虑消费者储蓄意识和消费的关系,储蓄额、储蓄增长率越大,消费总规模增长越缓慢。

(三)社会经济发展水平

在不同的经济发展阶段,居民的收入水平不同,消费者对产品的需求也不同。经济水平比较高的地区,消费者更关注产品的款式、性能、特色,所以品质竞争多于价格竞争。经济发展水平比较低的地区,消费者更关注产品的功能、实用性,所以价格竞争多于品质竞争。因此对于经济发展水平不同的地区,企业应采取不同的营销策略。

三、社会文化环境

1. 教育水平

一个国家(或地区)的教育水平与经济发展水平是正相关的。人们不同的教育水平表现出不同的审美观和购物方式。人们教育水平越高,对商品的鉴别能力越强,越容易接受广告宣传和新产品,购买理性程度越高。

人们受教育的程度也影响了广告的投放形式。在教育程度较低的地区,企业如果用文字形式做广告,则难以收到好的效果,而运用电视、广播或当场示范的表演形式,更容易被人们所接受。

企业在进行产品设计和制定产品策略时,应分析当地的教育水平,使产品的复杂程度、技术性能与之相适应。市场营销人员的受教育程度,也会对企业的市场营销产生一定的影响。

2. 宗教信仰

宗教信仰是影响人们消费行为的重要因素之一。某些国家(或地区)的宗教组织,对教徒的购买决策有着重大影响作用。一种新产品的出现,宗教组织有时会提出限制和禁止使用的号召,认为该商品与宗教信仰相冲突。然而,宗教组织如果赞同和支持某些新产品,有可能就会号召教徒购买使用,从而起到一种特殊的推广作用。因此企业可以把影响力大的宗教组织作为自己重要的公共关系对象,在营销活动中可以设计具体方案,这样可以避免矛盾和冲突给企业营销活动带来的损失。

同步案例 1

背景资料：

某饮料公司曾有一个广告，画面上将雅典神庙的四根神柱换成了该企业所产的饮料瓶，这则广告播出以后，引起了崇拜雅典神庙希腊人士的强烈抗议，最后广告不得不撤回。

结合案例思考：

该广告被撤回说明了什么？这对该饮料在希腊的销售会产生什么影响？

3. 生活方式和风俗习惯

企业必须考虑和尊重目标市场的生活方式和风俗习惯，企业进入目标市场之前，必须认真研究当地的生活方式和风俗习惯，入乡随俗是企业做好市场营销的重要条件。如果不重视各个国家（或地区、民族）之间的风俗习惯差异，就可能会造成难以挽回的损失。

 同步案例 2

背景资料：

某电器品牌的标志是两个小孩子，这个商标在法国很受欢迎，因为购买者主要是女性，她们觉得这个商标比较可爱；但是在中东地区，该商标却禁止出现，因为两个孩子没有穿上衣。

结合案例思考：

为何同一个标志在不同地区效果却大相径庭？风俗习惯和生活习惯会给企业的营销活动带来什么影响？

4. 价值观念

价值观念指人们对事物的评价标准和崇尚风气。价值观念体现在不同的方面，如阶级观念、财富观念、创新观念、时间观念等，这些观念方面的差异导致形成了不同的营销环境。价值观念在很大程度上决定了人们的生活方式及消费行为，对企业营销活动影响深刻。对于不同的价值观念，营销人员应采取不同的策略：对于喜欢变化、富有冒险精神、激进的消费者，应重点强调产品的新颖和奇特；对于注重传统、喜欢沿袭传统的消费者，应重点强调产品的文化传承理念。

5. 审美观念

不同的审美观念对消费的影响是不同的。企业要把握好消费者的审美观念及其变化趋势，以适应市场需求的变化。

四、科学技术环境

科学技术环境指的是影响企业生产经营活动的外部科学技术因素。新的科研成果、新技术、新产品的研发日益受到企业的重视。一项新的科技成果的出现，可能给企业甚至是行业带来机会，也可能给企业带来威胁，甚至是灭顶之灾。

 **同步案例 3**

背景资料：

某企业曾是世界上最大的影像产品生产者和供应商。该企业早在1975年发明了数码相机，但由于担心胶卷销量受到影响，企业一直未敢大力发展数码业务。企业的高管无论如何也理解不了，这种只有0.01像素的低分辨率的数码相机将会以指数级的增长曲线跳跃式地增长。直到2003年，该企业才宣布全面进军数码产业，但当时其他竞争者已占据"数码影像"的龙头地位。此时，该企业早已丧失了占领"数码影像"的先机优势。

该企业在其鼎盛时期，拥有世界上最具创新性的研发部门，其拥有的专利就高达几千项，然而却没有很好地把创新转化成生产力和利润效益，反而被自己最先发明的数码相机所打败，这颇具讽刺意味。

结合案例思考：

结合本案例讨论，科学技术的进步对企业经营活动的影响作用都有哪些？企业应如何面对科技进步对自身的影响？

五、人口自然环境

（一）人口环境

市场是由那些有购买欲望，同时又有购买力的人构成的。人口环境包括以下三个方面：

1. 人口规模

人口规模是影响基本生活消费品需求和基础教育需求的一个决定性因素。人口规模会对市场需求规模产生影响，城市人口多且密集，那么在城市经商就相对容易；郊区人口相对较少，那么在郊区经商就相对困难。

2. 人口结构

人口结构包括性别结构、年龄结构、地区结构、民族结构、职业结构、受教育程度等。比如，在老龄化程度高的国家，保健用品、营养品等行业的市场会比较繁荣。

3. 人口增长

人口增长情况主要是通过人口增长率来反映和衡量。人口增长率是指一个国家或地区人口出生率与死亡率之差，反映了一个国家或地区的人口增长速度。人口增长意味着市场的扩大及消费需求会不断增长，尤其会对基本生活需求和教育的需求量产生重要影响。目前，许多发展中国家人口呈持续增长趋势，而发达国家人口呈现负增长趋势。人口规模的变化会给企业带来机会，同时也会给一些企业带来威胁。

（二）自然环境

自然环境的变化与人类活动息息相关。这里的自然环境主要是指自然资源环境。自然资源的短缺及环境污染的严重程度，对企业的生产经营活动影响越来越大。环保型企业、经营新能源产品的企业，将具有很大的发展空间。

任务实施

请你根据所学知识思考一下,在宏观市场营销环境影响下,美国特斯拉汽车品牌在华业务会如何发展?

背景资料:

2018年4月4日,国务院关税税则委员会正式宣布,拟对原产于美国的大豆、汽车、化工品等14类106项商品加征关税,中美贸易战似乎一触即发。受这一轮中美贸易摩擦影响,汽车行业首当其冲,包括通用、福特、特斯拉、克莱斯勒等进口车价格无疑将产生波动。美国德系、日系部分进口车型也将"躺枪",中国汽车业可能面临近年来最大的一次格局之变。

在全球禁售燃油车的风潮下,中国为电动汽车和插电式混合动力车的销量设定了目标,到2025年这些汽车的销量至少占到其他汽车销量的五分之一,以减少空气污染并缩小国内汽车制造商与全球竞争对手之间的竞争差距,与此同时,中国政府已通过数十亿美元的研究补贴和对车主的奖励措施,来支持电动汽车发展。

实训目标:

学生能分析企业所处的宏观市场营销环境,判断这对企业会形成什么影响。

实训要求:

组内成员分工明确,团队协作,准确分析问题,以书面形式提交分析报告。

操作步骤:

步骤1:教师将学生分成若干学习小组,布置实训任务,学生明确实训的目的和实训要求。

步骤2:教师列出宏观市场营销环境各要素,为学生分析宏观市场营销环境做好充分准备。

步骤3:学生按照文中提供的材料,分析特斯拉品牌对我国汽车销售的影响要素。

步骤4:教师汇总大家意见并点评。

实训报告:

学生以小组为单位提交实训报告,根据案例资料,找出影响该企业的宏观市场营销环境有哪些,并分析这些影响要素对企业发展的作用。

任务二 微观环境

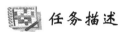 任务描述

企业经营发展既要适应环境,也要适当地改变环境,才能在竞争中稳步发展。微观营销环境是与企业经营活动直接相关的各种环境因素的总和,包括顾客、竞争者、企业内部因素、供应商、营销中介等,这些因素都会影响企业为其目标市场服务的能力。通过完成本任务,学生能够理解微观环境各要素的含义,能结合企业的实际情况进行分析判断,为企业提供改变环境的建议。

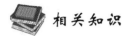 相关知识

一、顾客

顾客是企业的衣食父母,是企业的服务对象,是产品的直接使用者。企业应重视顾客的需求,有效地向其提供产品和服务。企业的一切营销活动都应以顾客的需求为起点和核心。顾客市场包括以下5种类型:

1. 消费者市场

消费者市场由个人和家庭组成。他们购买产品和服务,仅用于自己消费。

2. 生产者市场

生产者市场由个人和企业组成。他们购买产品和服务,是为了进一步加工或生产其他产品及劳务,以赚取利润。

3. 政府市场

政府市场由政府、学校等非营利性机构组成。他们通过购买产品和服务来服务公众或作为救济转移支付,从而履行其政府职责或社会责任。

4. 中间商市场

中间商市场由批发商和零售商组成。他们购买商品和服务用于转售,以赚取利润。

5. 国际市场

国际市场由其他国家(或地区)的购买者组成,包括国外的消费者、国外的生产者、国外的经销商和国外的政府机构。

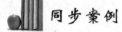 同步案例

背景资料:

在中国餐饮界,海底捞绝对算是一个传奇,从1994年成立之初到现在,它以独特的经营理念和服务迅速崛起,在全球开出上百家直营连锁店铺,创造出"夏天排队吃火锅"的奇观。海底捞客户的服务体验从顾客一进门就开始,直至结账离开才结束,是一个贯穿始终的体验。从电梯口开始迎接,进门到落座有人引导,全程有人在关注顾客是否需要服务,他们能够照顾到每一位顾客的细微感受,为儿童提供免费的鸡蛋羹和小米粥、为等座的食客提供免费的零食及五子棋等娱乐安排的贴心服务,为顾客提供了极致的就餐享受。

结合案例思考:

结合本案例讨论海底捞成功之道是什么?

二、竞争者

在市场经济环境下,垄断是相对的,竞争是绝对的。一个行业只有一个企业,或者说一个企业能完全垄断的情况,这在现实中是不可能的,因此企业与同行之间的竞争是不可避免的。企业的经营活动总会受到其他企业的进攻或影响。

（一）竞争者的4个层次

竞争者分为4个层次，分别是愿望竞争者、平行竞争者、产品形式竞争者及品牌竞争者。

1. 愿望竞争者

愿望竞争者指的是提供不同产品以满足不同需求的竞争者。消费者的愿望是多方面的，包括吃、穿、住、行，以及社交、旅游、运动、娱乐等。假设某位消费者目前有购买一辆轿车、购买一套公寓和出国度假的消费愿望，但其购买能力只能允许其满足其中之一。这位消费者经过多方面考虑，最后决定购买轿车。购买决策实际上是经营者之间为争取消费者成为各自顾客而进行竞争的结果。因此，企业可以把所有争取同一消费群体的其他企业都看作是竞争者。

2. 平行竞争者

平行竞争者是指提供满足同一种需求的不同产品的竞争者。火锅店、西餐厅、中餐馆都可以作为解决午餐需求的竞争者，他们互相之间也就成为各自的平行竞争者。

3. 产品形式竞争者

产品形式竞争者也称行业竞争者，是指生产同种产品，但提供不同规格、型号、款式的竞争者。由于这些形式不同的产品存在着差异，购买者会有所偏好和选择，因此这些产品的生产经营者之间便形成了竞争关系，他们互为产品形式竞争者。汽车有越野车、轿车、新能源汽车等类型，最终购买者购买了越野车，这实际上是产品形式竞争的结果。

4. 品牌竞争者

品牌竞争者是指在同类产品的不同品牌之间，在质量、特色、服务、外观等方面展开竞争的竞争者。当其他企业以相似的价格向同一顾客群提供类似的产品与服务时，生产经营者可以将其视为竞争者。以共享单车行业为例，摩拜单车、OFO、永安行等品牌之间就互为品牌竞争者。

(二) 内部因素

企业内部因素来源于企业的市场营销管理部门及其他职能部门。营销部门必须与企业内其他职能部门默契配合、目标一致，从而使企业的营销决策和方案能够顺利实施。企业内部各部门的协同能力，影响和决定着企业为消费者提供商品和服务的能力和水平。

(三) 供应商

供应商是向企业及竞争者提供生产经营所需资源的企业或个人，它们对企业营销活动产生极其重要的影响。供应商采用的原材料数量和质量，将直接影响企业产品的数量和质量，供应商的原材料价格直接影响产品的成本、利润和价格。企业与供应商的关系既是一种合作关系，也是一种竞争关系。竞争关系主要表现在交易条件方面的竞争，而在这种竞争关系中，谁处于优势，谁处于劣势，要根据具体情况来看。比如连锁企业对销售渠道控制能力强，会要求供应商降低进货价格，对不知名产品增加进场费用，供应商只得被动接受，因此连锁企业相对供应商更占优势。

三、营销中介

营销中介是指协助本企业把产品销售给最终购买者的所有中介机构。营销中介分为以下4类。

(一) 中间商

中间商包括批发商、代理商及零售商。中间商为企业产品搭建了从生产领域向消费领域的桥梁。中间商是进行产品销售和售后服务的执行者,企业一定要重视中间商的选择。

(二)实体分配公司

实体分配公司包括运输公司及仓储公司。实体分配公司负责进行产品的保管、储存和运输,不直接参与产品的经营。

(三)营销服务机构

营销服务机构包括广告公司、咨询公司及调研公司。这些公司帮助企业找到市场定位,打开市场,完成市场推广等一系列的营销活动。

(四)金融机构

金融机构包括银行、信托、保险等机构,是为企业提供信贷和资金融通的各类金融服务机构。企业与金融机构的良好合作,可以为企业的营销活动助力。

四、社会公众

社会公众是与企业完成营销目标有着实际或潜在利益关系和影响力的群体或个人,企业所面临的社会公众包括以下几类:

(一)媒体公众

媒体公众即报纸、杂志、广播、电视、微信等具有广泛影响力的传统媒体及新媒体。

(二)社会公众

社会公众是指与其营销活动有关的社会组织,如消费者权益保护组织、环境保护组织及其他群众团体。社会公众的意见、建议对企业营销决策有着十分重要的影响作用。

(三)政府公众

政府公众是指对企业生产经营活动负有服务、监管等职能的有关政府机构。

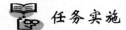
任务实施

背景资料:

  VIPKID曾是一家在线少儿英语教育公司,是全球增长速度最快的在线少儿英语教育品牌,专注于4到12岁儿童的在线英语教育。VIPKID通过"一对一"在线视频的方式,将中国小朋友与北美老师连接起来,帮助小朋友有效学习和掌握英文。VIPKID运用第二语言高效的学习方法——浸入式教学法,帮助小朋友快乐学习。

  借助于强大的师资力量、标准的美国小学教材、生动有趣的课堂体验,VIPKID让小朋友在家就可以快乐、高效地提升英语水平,接触优质的国际教育。

  2018年2月,VIPKID入选Fast公司评出的"2018年度全球50家最具创新力企业",排名第29位。

  2018年6月,VIPKID获得由全球知名投资管理机构Coatue、腾讯公司、红杉资本中国基金、云锋基金携手领投的融资金额5亿美元,这也是迄今为止全球在线教育领域最大一笔融资,这轮融资后,VIPKID估值已经超过200亿元。

  VIPKID签约北美外教数量超过6万名,付费小学员突破50万人,每日课程超过18万节,每日上课总时长达 450 万分钟。

实训目标:

学生能够分析企业面临的微观市场营销环境要素,以及这些影响因素对企业经营发展的影响。

实训要求:

学生根据提供的资料,运用所学知识对 VIPKID 品牌的微观营销环境进行分析。组内成员分工明确,团队协作,准确分析问题,以书面形式提交分析报告。

操作步骤:

(1)教师将学生分成若干学习小组,布置实训任务,学生明确实训的目的和实训要求。

(2)学生列出微观市场营销环境各要素,为分析微观市场营销环境做好充分准备。

(3)学生按照文中提供的材料并搜集信息,列举影响 VIPKID 品牌的微观市场营销环境各要素。

(4)教师汇总大家意见,并点评。

实训报告:

学生以小组为单位提交实训报告,根据案例资料及搜集的资料,列举影响该企业的微观市场营销环境要素有哪些,并分析这些影响要素对企业发展的作用。

任务三　SWOT 分析

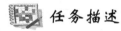 任务描述

市场营销环境的客观性、多变性和复杂性,决定了企业应当主动地适应环境、利用环境,并结合宏观、微观市场营销环境的分析和判断,找出由于环境变化而形成的市场机会和威胁。营销人员应帮助企业利用营销机会,使企业的经营管理与市场营销环境的发展变化相适应,尽可能减少威胁带来的损失,以获得利益的最大化。

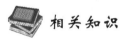 相关知识

一、SWOT 认知

SWOT 分析法是对市场营销环境进行分析中最常用的方法之一。SWOT 是 4 个英语单词的第 1 个字母的缩写,分别是 Strengths(优势)、Weaknesses(劣势)、Opportunities(机会)和 Threats(威胁)。SWOT 分析法实际上是将企业内外部条件各方面的内容进行综合和概括,进而分析企业的优劣势、面临的机会和威胁的一种方法。

(一)优势(Strengths)

优势是指相对于竞争对手而言所具有的如科学技术、产品质量、资金实力、企业形象,以及

其他特殊的实力。

(二)劣势(Weaknesses)

劣势是指影响企业经营效益的不利因素和特征,如设备陈旧、管理不善、研发落后、销售渠道不畅。

(三)机会(Opportunities)

机会即外部环境变化趋势中,对本企业营销积极的、正向的方面,如新产品、新市场、新需求、外国市场壁垒解除、竞争对手失误等。

 同步案例

背景资料:

比亚迪原本主要生产电池及电子触控屏等产品。2003年在电池领域做出成绩之后,比亚迪正式收购了彼时的西安秦川汽车有限责任公司,创立比亚迪的第二大产业——汽车,仅仅时隔一年后的北京车展上,比亚迪就推出了第一款纯电动汽车,目前比亚迪已经成为为数不多的掌握电动车核心技术的车企之一,在世界新能源汽车市场上名列前茅。

结合案例思考:

比亚迪品牌是如何在世界新能源汽车市场上名列前茅的?

(四)威胁(Threats)

威胁即外部环境变化趋势中,对本企业营销不利的方面。比如新的竞争对手的出现、替代产品增多、市场紧缩、行业政策变化、经济衰退、客户偏好改变、突发事件等。

SWOT分析的意义在于扬长避短,趋利避害,为企业营销决策提供有价值的逻辑分析,帮助企业认识自身的优势和劣势,让企业了解到外部环境中潜藏的机会和威胁。SWOT分析模型见图2-1。

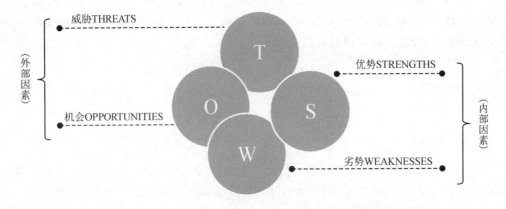

图2-1 SWOT分析模型图

做中学

请运用 SWOT 分析法对自身情况进行分析,并据此拟定一份未来人生发展的计划。

二、SWOT 分析步骤

(一)搜集信息

搜集信息主要是运用各种调查研究方法,列举出企业所处的各种环境因素,即外部环境因素和内部环境因素。外部环境因素包括机会因素和威胁因素,它们是外部环境对企业的发展有直接影响的有利和不利因素,属于客观因素;内部环境因素包括优势因素和劣势因素,它们是企业在发展中自身存在的积极和消极因素,属于主动因素。

(二)整理和分析信息

企业将搜集到的信息,分类纳入宏观环境和微观环境后,再分析信息的含义,看其是否表明企业面临着机会或遭遇威胁,是否反映了企业的优势和劣势。

(三)构造 SWOT 矩阵

企业将调查得出的各种因素根据轻重缓急或影响程度进行排序,将那些对企业发展有直接的、重要的、大量的、迫切的、久远的影响因素优先排列出来,而将那些间接的、次要的、少许的、不急的、短暂的影响因素排列在后面,构造 SWOT 矩阵。

(四)制订行动计划

企业制订计划的基本思路是:发挥优势因素,克服弱点因素,利用机会因素,化解威胁因素;考虑过去,立足当前,着眼未来。运用系统分析的综合分析方法,将排列与考虑的各种环境因素相互匹配起来加以组合,得出一系列企业未来发展的可选择对策。

三、SWOT 运用

(一)优势与劣势分析

由于企业是一个整体,所以进行优劣势分析时必须从整个价值链的每个环节上,将企业与竞争对手做详细的对比。如产品是否新颖,制造工艺是否复杂,销售渠道是否畅通,以及价格是否具有竞争性等。如果一个企业在某一方面或几个方面的优势正是该行业企业应具备的关键成功要素,那么,该企业的综合竞争优势也许就强一些。需要指出的是,衡量一个企业及其产品是否具有竞争优势,只能站在现有潜在用户的角度上,而不是站在企业的角度上。

(二)机会与威胁分析

在企业所处的市场营销环境中,其面临的威胁和机会是并存的。威胁中有机会,机会中也有挑战。在一定条件下,威胁和机会可以相互转化,我们可以利用"威胁-机会矩阵"进行综合分析和评价。

四、面对机会与威胁的分析与对策

(一)市场营销环境威胁的分析

市场营销环境威胁是指环境的变化对企业营销活动的冲击和挑战。其中有些冲击和影响是共性的,有些冲击和影响对不同的产业影响的程度不同。即使是同处一个行业、同一个环境,由于不同的抗风险能力,企业所受的影响也不同。研究市场营销环境对企业的威胁,一般分析两方面的内容:分析威胁对企业影响的严重性;分析威胁出现的可能性。市场营销环境威胁分析矩阵图如图2-2所示。

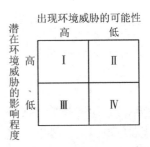

图2-2 市场营销环境威胁分析矩阵

第Ⅰ象限区内,环境威胁严重性高,出现的概率也高,表明企业面临着严重的环境危机,企业处于高度戒备状态,应积极采取相应的对策,避免威胁造成严重的损失。

第Ⅱ象限区内,环境威胁严重性高,但出现的概率低,企业不可忽视,必须密切注意其发展方向,也应制定相应的措施,力争避免威胁的危害。

第Ⅲ象限区内,环境威胁严重性低,但出现的概率高,虽然企业面临的威胁不大,但是由于出现的可能性大,企业也必须充分重视。

第Ⅳ象限区内,环境威胁严重性低,出现的概率也低,在这种情况下,企业不必担心,但应该注意其发展动向。

(二)市场营销环境机会的分析

市场营销环境机会是指由于环境变化形成的对企业营销管理富有吸引力的领域。在该市场领域里,企业将拥有竞争优势,可以将市场机会转为营销机会,利用营销机会获得营销成功。市场营销环境机会并不等于每一个企业的营销机会,其应与企业的经营实力相一致,这样才有利于发挥企业优势,能够使企业获得比其竞争对手更多的环境机会,才是对企业富有吸引力的营销机会。企业在特定市场机会中成功的概率,取决于其经营实力同市场客观需要的成功条件相符合的程度。评价市场机会主要有两个方面:一方面分析机会给企业带来成功的可能性;另一方面分析机会出现的概率大小。市场营销环境机会分析矩阵图如图2-3所示。

	成功的可能性(概率)	
	高	低
潜在吸引力 高	Ⅰ	Ⅱ
潜在吸引力 低	Ⅲ	Ⅳ

图2-3 市场营销环境机会分析矩阵

第Ⅰ象限内,是最好的机会,企业必须高度重视,因为它的潜在吸引力和成功的可能性都很大。

第Ⅱ象限和第Ⅲ象限,不是企业的主要市场机会,但也是企业不容忽视的。第Ⅱ象限成功的可能性低,但其潜在吸引力很大;第Ⅲ象限潜在吸引力小,但成功的可能性却很大,因此,企业必须根据第Ⅱ象限和第Ⅲ象限的特点,制定相应对策。

第Ⅳ象限区内,市场机会、潜在吸引力和成功的可能性都很小,要关注它的发展变化。

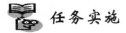 任务实施

背景资料：

小米公司正式成立于2010年4月,是一家专注于高端智能手机自主研发的移动互联网公司。小米手机、MIU1、米聊是小米公司旗下三大核心业务。"为发烧而生"是小米的产品理念。小米公司首创了用互联网模式开发手机操作系统、60万发烧友参与开发改进的模式。

小米人主要由来自微软、谷歌、金山、MOTO等国内外IT公司的资深员工组成,小米人都喜欢创新、快速的互联网文化,拒绝平庸。在小米团队中,没有冗长的会议和流程,每一位小米人都在平等、轻松的伙伴式工作氛围中享受与技术、产品、设计等各领域顶尖人才共同创业成长的快乐。

根据市场研究机构Strategy Analytics数据,如果粗略估算,按出货量比例,三星在中国出货量约为小米的4倍,而一台小米手机的用户上网活跃程度相当于两台三星手机的用户上网活跃度。从侧面分析,如果加大出货量,小米在互联网活跃总额度有望超过三星。

如今国外巨头苹果和三星在华市场表现持续疲软,国内厂商持续追赶,vivo在快充、双摄像头和全面屏等热点功能上均有强大的技术保证。vivo 2017年上半年的销量增长达到20%左右,在销量表现上小米是不会对vivo构成威胁的,而在线下渠道上vivo则实现了对小米的碾压,不管是门店数量还是覆盖城市范围,都大幅领先于小米,线下市场的强大也为vivo带来可观的销量。分析人士认为在技术优势下,vivo只要在保证产品质量的同时继续创新,那么优势局面将会一直延续。

华为在2016年全年出货量1.35亿台,2017年全年出货量达到了1.53亿台,同比增长13%。OPPO在2016年全年出货量9500万台,2017年全年出货量达到了1.2亿台,同比增长26%。vivo在2016年全年出货量8200万台,2017年全年出货量达到了9800万台,同比增长20%。小米在2016年全年出货量5800万台,2017年全年出货量达到了9200万台,同比增长59%。国产手机风头最盛的,当属华为、OPPO、小米、vivo,这4家厂商在2017年的全年手机出货量全部超越了2016年。

实训目标：

学生能够正确认识市场营销环境分析方法,并能运用SWOT分析法对营销环境进行分析。

实训要求：

学生运用SWOT分析法对小米公司面对的营销环境进行综合分析。

组内成员分工明确,团队协作,准确分析问题,以书面形式提交分析报告。

操作步骤：

(1)教师将学生分成若干学习小组,教师布置实训任务,学生明确实训目的和实训要求。

(2)学生运用SWOT分析法进行环境分析。对该企业市场营销环境进行分析,找出企业

优势、劣势,发现面临的机会、威胁。

(3)学生完成营销环境分析报告,报告内容包括:企业的优势和劣势分析、机会和威胁,以及各因素出现概率和影响程度等,绘制 SWOT 矩阵。

(4)教师检查学生的完成情况,提出指导和建议。

(5)教师汇总大家意见并点评。

实训报告:

学生以小组为单位提交实训报告,要求分析该企业所面临的营销环境因素,构造 SWOT 矩阵。

 项目小结

营销人员在营销活动中必须对所处的营销环境有清晰的认识,并有对环境敏锐的洞察力和良好的适应能力,更要有在营销环境变化中捕捉商机的能力。

市场营销环境是指对企业经营活动有直接或间接影响的各种因素的总称,主要分为宏观环境和微观环境。市场营销宏观环境是指给企业带来市场机会和环境威胁的不可控制的主要社会力量;市场营销微观环境是指与企业营销活动直接发生联系,直接影响企业为目标市场提供服务的能力和效率的各种参与者。在分析市场营销宏观环境要素和微观环境要素的基础之上,营销人员可以通过 SWOT 分析方法,对市场营销环境进行综合分析,通过分析找出环境变化带给企业的营销机会,避免环境变化给企业带来威胁,采取相应措施,扬长避短。

自我检测

项目三　市场购买行为分析

项目导入

通过一段时间的工作和学习,李学已经逐步适应了工作。公司决定派他去 A 公司推销一款本公司的新产品。他需要做好什么准备工作才能说服 A 公司购买他的产品呢?

项目分析

市场购买行为分析是市场营销管理的重要环节之一,企业产品除了应当适应宏观环境和微观环境外,还需要对购买者的心理和行为进行研究分析。营销人员非常有必要对企业目标市场的购买者进行购买行为分析。本项目主要介绍消费者市场、生产者市场和中间商市场,以及各类市场购买者的主体构成、购买行为特点、购买过程。

学习目标

知识目标:
(1)了解消费者市场、生产者市场、中间商市场的含义和特点。
(2)了解消费者市场、生产者市场、中间商市场中购买者的购买决策过程。
(3)掌握购买行为的参与者及其作用。

技能目标:
(1)学会区分消费者市场、生产者市场和中间商市场的不同之处,培养市场分析能力。
(2)能够描述出消费者市场、生产者市场和中间商市场的购买决策过程。

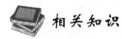知识框架

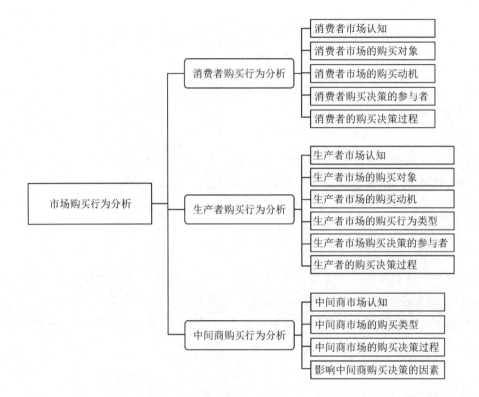

任务一　消费者购买行为分析

任务描述

市场营销人员必须了解目标消费者的欲望、观念、喜好和购买行为,并进行有效沟通,才能满足目标消费者的需求。通过学习,学生可以了解消费者的购买行为模式和购买决策过程,在今后工作中能充分了解消费者,影响消费者的购买行为。

相关知识

一、消费者市场认知

(一)认识消费者市场

消费者市场是指为满足个人或家庭生活消费需要而购买商品、服务、劳务所构成的市场。消费者市场相对于生产者市场、中间商市场而言,购买金额小,购买量少,但却是商品的最终归宿。所以,消费者市场是一切市场的基础,企业应适应消费者的需求来生产商品,满足人们的

生活需求,这样才能在竞争中占据优势。

(二)消费者市场的特点

1. 差异性

消费者由于具有不同的性别、年龄、性格、民族、收入、职业、生活习惯、文化水平,因此消费者对同一服务或产品的需求往往具有不同的兴趣和偏好。

2. 分散性

由于购买的单位是家庭或个人,人数众多,消费者的购买活动呈现分散性、小型化的特点,消费者购买次数频繁,但每次购买量较少。

3. 多变性

消费者的需求不仅受消费者内在因素的影响,也会受环境、时尚、价值观等外在因素的影响。时代不同,消费者的需求也会随之不同。

4. 非专家性

消费者大多缺乏相应的产品知识和市场知识,在购买过程中,容易受广告宣传、产品包装和服务态度的影响。

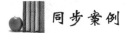同步案例

背景资料:

同样产品的"冰火两重天"

一家公司先将某汉堡快餐店投入北京市场试水,××汉堡快餐店迅速在北京市场上销售火爆。看到取得的骄人业绩,该公司决定将业务发展到天津、上海、广州、重庆等其他大型城市。不同于北京市场的销售火爆局面,汉堡快餐店在其他城市表现平平,甚至在江浙地区生意惨淡。

经调查发现,店里的汉堡以猪肉、牛肉为主要馅料,口味不适合喜欢清淡饮食的江浙地区的消费者。广东地区的消费者有吃早茶的习惯,人们在吃早茶的同时聊天、看报,汉堡快餐店内的餐桌和餐椅设计相对较小,快节奏的用餐特点及不舒适的就餐环境成为广东地区消费者不选择××汉堡快餐店的理由。

结合案例思考:

结合本案例讨论汉堡快餐店为什么在南方市场生意惨淡?如果你是汉堡快餐店的经营者,你认为是否有必要做出相应的调整?怎样做才能赢得消费者的青睐?

二、消费者市场的购买对象

消费者市场的购买对象是多种多样的。按照消费者的购买习惯进行分类,可以把消费品分为便利品、选购品、特殊品、非渴求品。

(一)便利品

便利品又称日用品,是指消费者日常生活中需要重复购买的商品,比如洗衣粉、饮料、食品,消费者对这类商品比较熟悉,有一定的商品知识,在购买时不愿花很多时间比较价格和质量,愿意接受其他任何代用品。因此便利品的生产者应注意分销的广泛性和经销网点的合理

分布,以便消费者能够及时就近购买。

(二)选购品

选购品的价格比便利品要高,是消费者购买时愿意花较多的时间在了解和比较后才决定购买的商品,如服装、家具等。消费者在购买前,会对同一类型的产品从价格、款式、质量等方面加以比较。选购品的生产者应将销售网点设在同类产品销售点相对集中的地区,以便顾客进行比较和选择。

(三)特殊品

特殊品是指具有独特的品质、风格、造型、工艺等特征,消费者对其有特殊偏好并愿意花较多时间去选择购买的商品。特殊品的一般特点如下。

(1)消费者在购买前对这些商品有了一定的认识,会偏爱特定的品牌。
(2)大部分消费者不愿接受其他代用品。
(3)价格比较高,使用时间长,消费者愿意花更多的时间和精力去选购。

特殊品的生产者应加强广告宣传,提升产品的知名度,注重打造名牌产品,做好售后服务,以赢得消费者的青睐。特殊品的生产者可以通过建立专营店、专卖店的形式更好地把控产品形象和服务。

(四)非渴求品

非渴求品是指消费者不熟悉,或虽然熟悉但不感兴趣,不主动寻求购买的产品,如保险、墓地、专业性很强的书籍等。针对非渴求品的特性,企业应加大广告宣传的力度,利用推销人员加强营销。

三、消费者市场的购买动机

(一)认识消费者的购买动机

消费者行为受消费动机支配,而动机又是由需求产生的。因此,学习消费心理学、行为科学,研究消费者的需求、动机和行为,是每个营销人员在竞争中取胜的必修之课。

马斯洛的动机形成理论是著名的行为理论之一。马斯洛是美国著名心理学家,他在1954年发表的代表作《动机与个性》里提出了这个理论。这个理论的基本观点是:人是有需求和欲望的,随时有待于满足。需求的是什么,要看已满足的是什么,已满足的需求不会形成动机,只有未满足的需求才会形成动机。

人的需求从低级到高级是具有不同层次的,只有当低级的需求得到相对满足时,高一级的需求才会起主导作用,成为支配人行为的动机。一般来说,需求强度的大小和需求层次的高低成反比,即需求层次越低,需求的强度越大。马斯洛依据需求强度的顺序,把人的需求分为5个层次,分别为:生理的需求、安全的需求、社会交往的需求、尊重的需求和自我实现的需求,如图3-1所示。但这种结构不是刚性的,有的人情况特殊,需求层次的顺序不同或无高层次的需要。

1. **生理的需求**

人的生理需求是最低限度的基本需要,如衣、食、住、行等方面的需要。

2. **安全的需求**

安全的需求包括对人身安全、生活稳定,以及免遭痛苦、威胁或疾病等方面的需要。

图 3-1 马斯洛五层次需求

3. 社会交往的需求

人们在社会生活中往往很重视人与人之间的交往,希望成为某一团体或组织有形或无形的成员,得到人们的尊重、友谊和爱情等。

4. 尊重的需求

人具有自尊心和荣誉感,希望有一定的社会地位和自我表现的机会,得到社会的尊重和承认,使自尊心得以满足。这是比较高层次的需要,只有当前几种需要得到一定满足时才会产生。

5. 自我实现的需求

自我实现的需要是最高层次的需要,如对获得成就、发挥自我潜能、追求理想的需要等。内在需要是消费者产生购买动机的根本原因。外界刺激因素,包括商品实体和促销服务的刺激(如商品的优良品质、美观新颖的造型、精致漂亮的包装、合理实惠的价格,以及生动活泼的广告宣传和热情周到的服务)都是激发消费者购买动机的重要原因。

(二)消费者购买动机的类型

购买动机是由需求产生的,人的需求多种多样,动机也就有各种各样。消费者的需求大致可以分为生理需求和心理需求两大类,购买动机也可以分为生理性动机和心理性动机两大类。一般来说,生理性动机比较明显与稳定,具有普遍性与主导性。生理性动机虽然是引起购买行为的重要因素,但也往往混合着其他非生理性动机,如表现欲、享受欲、审美欲等。心理性动机比生理性动机更为复杂,当经济社会发展到一定水平时,心理性动机通常在消费者行为中占据重要地位。心理性动机一般可以分为求实动机、求新动机、求美动机和求名动机四种。

1. 求实动机

求实动机是消费者以追求商品或服务使用价值为主导倾向的购买动机。这类消费者追求商品的品质,注重产品的性能和耐用性,一般中年人和家庭主妇大多具有这种购买动机。

2. 求新动机

求新动机是消费者以追求商品或服务的时尚、新颖、奇特为主导倾向的购买动机。在这种动机的支配下,消费者选择商品时特别注重商品款式的流行性、独特性和新颖性,而产品的耐用性则成为次要考虑的因素。一般女性消费者、青年人或是性格活泼、思想活跃的消费者大多具有这种购买动机。

3. 求美动机

求美动机是消费者以追求商品欣赏价值和艺术价值为主要倾向的购买动机。在这种动机的支配下,消费者选购商品时特别讲究商品的造型美、装潢美和艺术美。求美动机的核心是讲求赏心悦目,注重商品的美化作用和美化效果,它在受教育程度较高的群体以及从事文化、艺术工作的人群中比较常见。

4. 求名动机

求名动机是消费者以追求名牌、高档商品,借以显示或提高自己的身份、地位而形成的购买动机。这在一些高收入阶层、学生和虚荣心强的"月光族"群体中比较常见。

 做中学

小王同学周末去购物,他先买了一台笔记本电脑,这台笔记本电脑设计新颖、外形时尚,并且是小王喜爱的品牌,小王在专卖店听过介绍后就决定购买了。小王途中口渴买了一瓶矿泉水。最后小王来到书店挑选了一本讲解网页制作的书籍,希望自己能利用业余时间进行充电,在工作中表现更出色。请分析小王买的这3件商品的类型及他的购买动机是什么。操作记录填入表3-1中。

表3-1　消费者购买动机分析

物品	消费者类型	购买动机

四、消费者购买决策的参与者

分析了消费者购买的对象和购买的动机之后,我们还需要研究消费者做出购买决策的参与者。同一个消费者在不同的购买行为中会以不同的角色参与购买。界定消费者角色是有效地制定营销策略的基础,无论是商品研制者、生产者,还是销售者,都必须具体地、有针对性地为不同消费角色制定产品与服务方案。区分消费者角色是一项重要的营销活动。

一般来说,识别购买者是相当容易的。例如,啤酒通常为男士购买、化妆品通常为女士购买。然而,很多产品购买决策往往由多人参与。

(一) 发起者

发起者是指首先提出或有意向购买某一产品或服务的人。发起者是倡导别人进行消费的角色。

(二)影响者

影响者是指其看法或建议对最终决策有影响力的人,包括家庭成员、邻居、同事、购物场所的售货员、广告模特、消费者喜欢的明星,甚至素昧平生、萍水相逢的路人等。

(三)决策者

决策者是指在是否买、如何买、从哪里买等购买决策中,做出完全或部分最后决定的人。

(四)购买者

购买者是指具体执行购买的人。

(五)使用者

使用者是指最终使用、消费该商品并得到商品使用价值的人。

以一家人选购计算机为例:孩子提议家里购置一台计算机,同事推荐了某个品牌,妻子提出了购买计算机的颜色,丈夫决定在专卖店购买,然后丈夫在周末买了回来,全家共同使用。在此购买决策过程中,孩子扮演了发起者的角色;同事扮演了影响者的角色;丈夫与妻子共同扮演了决策者的角色;丈夫扮演了购买者的角色;全家人扮演了使用者的角色。

五、消费者的购买决策过程

消费者在各种因素影响下形成购买动机,产生购买行为。消费者做出购买决策并非一种偶然发生的孤立现象。购买者在实际购买商品之前,必然会有一系列的活动,购买之后还会产生购买后的感受,购买者的完整决策过程是以购买为中心,包括购前购后一系列活动在内的复杂的行为过程。消费者的购买决策过程可以分成以下5个阶段,如图3-2所示。

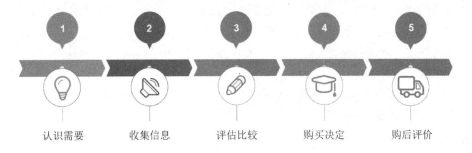

图 3-2 消费者的购买决策过程

(一)认识需要

当消费者意识到对某种商品有需要时,这就意味着消费者的购买行为开始了。这种需要可以是消费者内在的心理活动引起的,比如高兴时产生买香槟酒庆祝的需要;也可以是受到外界的某种刺激引起的,比如炎热时产生购买空调的需要;或者是内外两方面因素共同作用的结果。营销人员要有目的地采取某种方法唤起消费者的需要。

(二)收集信息

当消费者认识到自己的需要后,便会开始进行与购买相关联的活动。对于反复购买的商品,消费者会跳过收集信息阶段直接实施购买活动,比如购买日用品;对于非反复购买的产品,消费者会收集信息资料,寻求满足其消费需要的最佳目标。

收集信息的来源主要有以下4个方面:①个人来源:如亲友、邻居、同事等熟人介绍。②商业来源:如广告、销售人员、店面陈列、商品外包装等。③公共来源:如互联网、大众媒体、消费者评论等。④经验来源:如使用过该产品的人。

消费者收集信息的快慢取决于以下因素:对商品需要的迫切程度、对商品的了解程度、信息选择错误承担风险的大小、信息资料取得的难易程度等。

(三)评估比较

当消费者收集到各种信息后,由于信息可能是重复的,甚至是矛盾的,因此需要消费者进行分析、评估和比较,这是消费者决策过程中的决定性一环。例如某个消费者需要购买冰箱,他收集了有关资料后开始比较各品牌特点:A品牌价廉、省电,但功能略少;B品牌质量好、结实耐用,但是价高、费电。两个品牌各有利弊,消费者需要权衡利弊后方能做出购买决定。

营销人员在此环节需要注意以下几点:

(1)产品性能是购买者所考虑的首要问题。

(2)不同消费者对产品的各种性能给予的重视程度不同或评估标准不同。

(3)多数消费者的评选过程是将实际产品同自己理想中的产品进行比较。

(四)购买决定

购买决定是消费者购买决策过程的中心一环。消费者的购买决定是对许多因素的总抉择,包括购买的品牌、型号、数量、购买时机、购买价格、付款方式等。

当消费者对商品信息进行比较和评估后就会形成购买意愿,然而从购买意愿到购买决定,还会受到以下两个因素的影响:

1. 他人的态度

消费者的购买意图会因他人的态度而增强或减弱。反对意见者与消费者的关系越密切,修改购买意图的可能性就越大。例如,某人已准备购买某款汽车,但家人及朋友都持反对意见,这很可能会改变其购买意图。

2. 意外的情况

购买意图是在预期家庭收入、预期价格和预期获益的基础上形成的。若发生意外的情况,如失业、意外急需、产品涨价、产品负面新闻等,都可能导致购买意图的改变。

(五)购后评价

购后评价是消费者对已购商品通过自用或他人评价,来评估购买商品的选择是否正确,是否符合理想等,是对满足预期需要的反馈。购后评价一般表现为满意、基本满意和不满意三种情况。购后评价会影响到消费者是否重复购买,并将影响他人的购买,这对企业信誉和形象影响极大。

任务实施

背景资料:

某空调生产厂家推出了一款"儿童空调",其可爱的圆弧形外观设计令儿童和年轻父母们都非常喜欢。儿童空调还通过光线传感器技术、红外热传感器技术等技术方法,加设儿童踢被子提醒的功能。

某家人到商场准备为儿童房选购空调。孩子看到这款儿童空调就被其卡通的造型所吸引,非常喜欢,丈夫认为其他型号的空调也可以满足制冷的需求,认为儿童空调价格偏高,准备放弃购买。妻子听了售货员的介绍对该品牌非常认可,但是超过了预算,也有些犹豫不决。

实训目标:

学生能分析消费者购买决策过程,认识参与购买决策的各角色的作用,理解影响消费者决策的因素。

实训要求:

学生结合所学知识,根据背景资料分析影响消费者做出购买决策的因素,并谈一谈如何解决购买参与者之间意见不统一的问题。

组内成员分工明确,团队协作,准确分析问题,以现场演示及书面形式提交解决方案。

操作步骤:

(1)教师将学生分成若干学习小组,教师布置实训任务,学生明确实训目的和实训要求。

(2)学生按照消费者的购买习惯进行分类,明确空调属于哪一类产品。

(3)学生分析家庭成员的购买动机各是什么。

(4)学生分析购买决策过程包括哪些阶段,他们正处于什么阶段。

(5)学生进行头脑风暴,如果你是售货员,你将如何说服夫妻二人立刻购买?

(6)学生分角色扮演文中人物,并演示售货员如何说服消费者。

实训报告:

学生以小组为单位提交实训报告,要求列出影响消费者做出购买决策的因素,提出相关解决购买参与者之间意见不统一的建议,并说明理由。

任务二 生产者购买行为分析

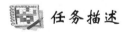

任务描述

在组织市场中,生产者市场的购买行为具有典型特征。生产者购买行为分析是提供生产资料产品的企业营销的研究重点。只有了解了生产者购买行为的特点,掌握生产者购买行为的规律,企业才能制定相适应的市场营销组合策略,在满足生产者需求的同时,实现营销目标。通过学习,学生可以认识生产者市场的购买对象、购买行为和参与购买决策的角色,掌握生产者市场购买决策的过程。

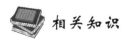

相关知识

一、生产者市场认知

(一)认识生产者市场

生产者市场是指一切购买产品或服务,并将之用于生产其他产品或服务,以销售或供应给他人而获取利润的组织和个人所组成的市场。生产者市场购买商品和服务的目的是营利,而不是为了个人消费。

(二)生产者市场的特点

1. 营利性

生产者市场的购买者以营利为目的,所以其购买是理性行为,极少冲动购买,其决策比消费者的购买决策要复杂得多,要涉及许多复杂的经济问题和技术问题。客观上要求企业花费大量的时间对产品、服务等进行反复论证,从而寻求最为合适的供应商。

2. 专业性

生产者市场的购买者多数是受过专门训练的专业人员。由于生产者市场上交换的商品种类很多,在技术性能、规格质量、技术要求方面相当复杂,购买者出于营利目的和生产工艺的需要,对产品采购要求专业而严格。因此生产者市场上的购买需要由具备专业知识和专门训练的营销人员来完成。一些重要的采购项目还需要财务、技术等专业人员参与,甚至需要最高主管做出购买决策。

3. 直接性

由于生产者市场上的购买行为具有专业性强、成交量大、客户数量相对集中的特点,供货方可直接派人员上门推销,这样买卖双方可以直接交易,无须通过中间商交易。

4. 稳定性

买卖双方会随着交易过程的深入,逐步建立起固定的业务关系。

5. 多源性

生产者市场的购买者为保证自己所需产品的充足,会选择两个以上的同一产品的供应厂家,这样在供方之间就形成了一定程度的竞争。

6. 复杂性

生产者市场购买过程中是由多人有组织地做出购买决策,保障了购买决策的科学、经济、理智,能够在很大程度上避免失误。但是多人决策也增加了购买的复杂性。

二、生产者市场的购买对象

生产者市场的购买对象可分为以下6类。

(一)原材料

原材料是指生产某种产品的基本原料,是用于生产过程起点的产品。原材料是指未经生产加工的原始产品。原材料这种产品的供货方较多且质量上没有什么差别。

原材料分为两大类:一类是自然形态的森林产品、矿产品、海洋产品,如铁矿石、原油等;另一类是农产品,如粮、油等。

(二)主要设备

主要设备一般是指企业用于生产的固定资产,包括厂房和各种大型机械设备。这类产品一般体积较大,价格昂贵,技术复杂。

(三)辅助设备

辅助设备同主要设备相似,处于次要地位,在生产中起辅助作用,包括机械工具、办公设备等。相对主要设备而言,辅助设备对生产的重要性略差一些,价格较低,供应厂家较多,产品标准化突出。采购人员可自主做出购买决定并能自由地从供应商处选购,而且在购买时注重价格比较。

(四)零配件

零配件是指用于装配整机和整件产品的零件和部件的总称,如集成电路块、仪表、仪器等。零配件虽不能独立发挥生产作用,但是能直接影响生产的正常进行。这类产品品种复杂,专用性强,所以供货方按标准及时供货是零配件购买者最基本的要求。

(五)半成品

半成品是指经过初步生产加工,以供生产者生产新产品的产品。半成品可塑性强,如铁矿砂可加工成生铁,生铁又可加工成钢材等。

采购半成品对质量、规格有明确要求,产品来源较多,供应者除确保供货及时外还应加强销售服务。

(六)消耗品

消耗品是指为保证和维持企业正常生产所消耗的产品,如煤、润滑油、办公用品等。这类产品价格低、替代性强、寿命周期短,多属重复购买,购买者较注重购买的便利性。

三、生产者市场的购买动机

生产者市场的购买动机是为了再生产而进行的采购,以营利为目的。

四、生产者的购买行为类型

(一)直接重购

直接重购是在供应者、购买对象、购买方式都不变的情况下,购买以前曾经购买过的产品的购买类型。直接重购购买的多是低值易耗品,花费人力较少,无须联合采购。面对这种采购类型,原有的供应者不必重复推销,而应努力使产品的质量和服务保持一定的水平,减少购买者的时间耗费,争取稳定的买卖关系。

(二)修正重购

修正重购是指购买者想改变产品的规格、价格、交货条件等,这需要调整或修订采购方案。原有的供应者要有竞争意识,积极改进产品规格和服务质量,降低成本,以保持现有的客户。新的供应者也要抓住机遇,积极开拓,争取新业务的建立。

(三)新购

新购是指生产者首次购买某种产品。由于是首次购买,买方对新购产品不了解,因而在购买决策前,要收集大量的信息,制定决策所花费时间较长。首次购买的成本越高,风险就越大,参加购买决策的人员就越多。新购是营销人员的机会,因此营销人员不仅要采取适当措施影响决策的中心人物,还要通过实事求是的广告宣传,使购买者了解企业产品。为了达到目标,企业应将最优秀的推销人员组成营销队伍,以赢得采购者的信任并促使采购者采取行动。

五、生产者市场购买决策的参与者

根据购买类型复杂程度的不同,购买决策的参与者也不同。在直接重购过程中起决定作用的是采购部门的负责人,而在新购过程中,企业的高层领导和技术专家起决定作用,因此在新购情况下,供应商应把产品的信息传递给企业的高层领导和技术人员。生产者购买要比消费者购买复杂得多,一般会涉及以下成员。

(一)使用者

使用者指直接使用采购产品的人员。使用者是生产资料购买的提议者,并在产品的规格确定上具有较大的影响力。

(二)影响者

影响者是指生产企业的内部或外部对采购决策产生直接或间接影响的人员。他们会影响对供应商的选择、产品规格、性能、购买条件的确定。在众多的影响者中,企业外部的咨询机构和企业内部的技术人员影响作用最大。

(三)采购者

采购者是指企业中具体执行采购任务的人,是企业中负有采购职权的人员,他们负责交易谈判和选择供应者。在比较复杂及重大的采购工作中,采购者还包括企业的高层管理人员。采购者在采购行动中具有较大的灵活性,供应商应该把握好机会,处理好与采购者的关系。

(四)决定者

决定者是指最终对产品和服务做出选择的人,他们有权对买与不买,买的数量、规格、质量及供应商的选择做出决策。这些人可以是在企业内部处在不同层次的人。销售人员最难判断的就是决定者的身份。在常规的采购中,采购者就是决定者,而在复杂的采购中,决定者通常是公司高管。

(五)信息控制者

信息控制者是指生产者用户的内部或外部能够控制信息流向采购成员的人。例如技术人员或采购代理人、电话接线员、秘书、门卫等,他们可以拒绝或终止某些供应商、推销人员与决策者及使用者的接触。

特别注意,并不是所有企业采购任何产品都必须由上述 5 种人员参加决策。一个企业采购中心的规模和参加的人员,会因采购产品种类的不同和企业自身规模的大小及组织结构的不同而有所区别。对营销人员来说,关键是了解一个企业采购中心的组成人员各自的决定权及采购中心的决策方式,以便采取富有针对性的营销措施。

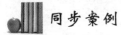
同步案例

背景资料:

对生产者市场推销失败的原因

推销员李宾负责销售一种安装在发电设备上的仪表,他工作非常努力。当李宾得悉某发电厂需要仪表后,就找到该厂的采购部人员详细介绍产品,还经常请他们吃饭,双方关系很融洽,采购人员也答应购买李宾公司生产的仪表,却总是一拖再拖,始终没有购买行动。在一次推销中,李宾向该发电厂的技术人员介绍自己公司的仪表是一种新发明的先进仪表。技术人员请他提供详细的技术资料,并与现有的同类产品做一个对比。可是他带的资料不全,只能根据记忆大致做了介绍,对现有的同类产品和竞争者的情况也不太清楚。李宾向采购部经理介绍现有的各种仪表,采购部经理认为这些仪表都不太适合本厂使用,并表示如果他们的仪表能在性能方面做些小的改进就有可能购买。但是李宾反复强调自己公司的仪表性能优异,认为对方提出的问题无关紧要,劝说对方立刻购买。最后该厂的采购部经理以该厂的技术人员、采购人员和使用人员认为竞争对手的产品优于李宾公司的仪表为由,拒绝购买。

结合案例思考:

结合本案例讨论该推销员推销失败的原因。

六、生产者的购买决策过程

生产者的购买决策过程如下。

(一)提出需要

企业内部对某种产品或劳务提出需要是采购决策过程的开始。企业提出需要来源于内部或外部刺激。

内部刺激如生产新产品,需要新的设备及原材料;设备发生故障,需要更新设备或零部件;原供应者出现问题,需要更换供应者;寻求更好的货源。

外部刺激如展销会、广告、营销人员的访问等,生产者市场的营销人员应当主动推销,经常开展广告宣传,拜访用户,发掘潜在需求。

(二)确定需要

企业提出需要之后就要把所需产品的种类与数量确定下来。复杂的采购任务由采购人员同企业内相关人员共同研究确定;简单的采购任务一般由采购人员直接决定。

(三)说明需要

企业确定需要后,要对所需产品的品种、型号、性能等技术指标做详细的说明,写出详细的书面材料,提出技术要求,作为采购人员进行采购的依据。

(四)寻找供应者

采购人员通常利用网络资源或技术资料查询供应者,也可以通过其他企业了解供应者的产品情况及信誉。供货企业应当提高自己的知名度及美誉度,以便买方查找。

(五)征求供应建议

寻找到备选的供应者后,由供应者提交供应建议书。因此,供货企业要加强供应建议书的撰写能力。供应建议书中应包括产品目录、说明书、价格、促销内容。复杂和重大项目的供应建议书必须详细而全面。

(六)选择供应者

生产者用户会对供应建议书加以分析评价,最终确定供应商。

(七)签订合同

选定供应者后,生产者用户会根据所购产品的型号、购买数量、交货时间、付款方式、保修条款等内容与供应商签订最后的订单。

(八)效果评估

购进产品后,采购部门会向使用部门了解所购产品的满意度,根据使用者对各供应商的满意度进行对比并做出评估,为以后购买提供参考。供应者应认真履行合同,提高买方的满意度。

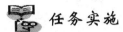 **任务实施**

背景资料:

推销员王晓负责销售一种药品灌装设备,某药厂是王晓所在公司的长期客户。每次购买设备时,购货方会直接发传真通知设备厂家送货。由于王晓刚接手这项业务,为保证和购货方长期合作,王晓采取登门拜访等方式与该药厂的采购人员和技术人员保持经常性的联系。上个月药厂的车间主任反映有一台新购的设备有质量问题,要求进行调换,王晓当时正在忙于同另外重要的客户洽谈业务,拖了几天才处理这件事情,他认为凭着双方的亲密关系,车间主任不会介意。技术人员向王晓反映,新购进的进口设备太过精细,搭配国产药瓶经常出现卡壳,如果购买进口药瓶就增加了药品的成本,药厂今年没有采购进口药瓶的预算。技术人员建议对设备的一个部件进行更换,使设备更好地适应国产药瓶,随后向王晓申请提供技术支持。王晓反复强调自己公司的设备性能优异,建议对方购买进口药瓶来提升产品包装,并未提供技术支持。那家药厂日后采购设备时,选择了其他供应商,终止了和王晓的合作。

实训目标:

学生能分析生产者的购买决策过程,认识参与购买决策的各角色的作用。

实训要求:

学生根据背景资料,结合专业知识,找出此次客户流失的原因。组内成员明确分工,团队协作,准确分析问题,以书面形式提交解决方案。

操作步骤:

(1)教师将学生分成若干学习小组,布置实训任务,学生明确实训的目的和实训要求。
(2)学生分析文中的药品灌装设备属于生产者市场上的哪一类购买对象。
(3)学生分析文中涉及的人物在生产者购买决策中分别扮演什么角色。
(4)学生进行头脑风暴,对王晓的做法给予评价,帮助他分析客户流失的原因。
(5)教师对各小组总结的客户流失的原因进行指导。
(6)各小组在班内进行互评、交流、讨论。

实训报告:

学生以小组为单位提交实训报告,分析参与购买决策的各角色的作用,找出此次客户流失的原因。

任务三 中间商购买行为分析

 任务描述

在组织市场中,中间商市场是连接生产者和消费者的桥梁,其市场分析是企业营销人员的重点工作之一。通过学习,学生可以认识中间商市场的购买行为、购买决策过程,分析影响购买的因素。

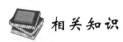相关知识

一、中间商市场认知

(一)认识中间商市场

中间商市场也称转卖者市场,是以营利为目的,由从事转卖或出租业务的个人和组织所组成的市场。在发达的商品经济条件下,市场上大多数商品都是由中间商经营的,只有少数商品是由生产者直接销售的。中间商市场包括批发商和零售商。

(二)中间商市场的特点

中间商市场的特点体现为以下几点。

1. 数量多,供应范围广

批发商和零售商组成中间商市场,其数量多于生产者,少于消费者,地理分布也较消费者集中,中间商多在商品批发市场里聚集。

2. 属于引发需求

中间商对商品的需求是由消费者对商品的需求引发而来的,其所购商品的品种、花色、规格、数量、价格等受消费者需求的影响和制约。

3. 讲究组合编配

中间商进货时,要求商品品种齐全、样式丰富,以满足消费者的多样化需求。

4. 对交货期、信贷条件等要求较高

中间商购买商品的目的是转卖后从中获利,为了抓住有利的销售时机,减少商品滞销积压的风险,加快资金周转,中间商对交货期限和信贷条件等要求较严格。

二、中间商市场的购买类型

(一)新产品采购

新产品采购主要指中间商考虑是否购买、向谁购买的问题,对以前从未经营过的某一新产品做出决策,即先考虑买与不买,然后再考虑向谁购买。中间商会通过该产品的进价、售价、市场需求和市场风险等因素进行分析后做出决定。

(二)最佳供应商选择

中间商对已确定要购进的产品会寻找最佳的供应商。这种购买类型的发生有以下情况:一是中间商限于条件,比如缺乏足够的经营场地和资金不足,不能经营所有供应商的产品,而只能从中选择一部分;二是中间商用自创的品牌销售产品,选择愿意为自己制造产品的生产企业,例如国内外许多大型超市都有自己品牌的商品。

(三)改善交易条件的采购

中间商希望现有供应商在原交易条件上再做出让步,使自己得到更多的利益。若同类产

品的供应商增多或其他供应商提出了更有诱惑力的价格和供货条件,中间商就会要求现有供应商加大折扣,增加服务内容,这些中间商并不想更换供应商,但会把这些条件作为一种谈判的手段。

(四)直接重购

中间商的采购部按照以往的订货目录和交易条件继续向原先的供应商购买产品。中间商会对以往的供应商进行评估,选择满意度高的供应商作为直接重构的供应商。

三、中间商市场的购买决策过程

中间商市场的购买决策过程除了同生产者市场购买决策过程的 8 个阶段相同外,在采购过程中更加重视市场调研预测、品牌影响力、商品选择、产品编配、库存控制等方面的把控。

四、影响中间商购买决策的因素

(一)最终购买者的需求

中间商的一个显著特征就是为他人购买,因此中间商在购买品种、购买数量、购买价格方面,都是以最终购买者的需求和愿望为出发点,按照最终购买者的需求和愿望来制定购买决策的。

(二)供应商的供货条件

供应商给出的价格折扣、运费承担方式、促销政策都与中间商转售有直接关系,因而会影响中间商的购买决策。

(三)库存管理

中间商主要从事的是转卖活动,中间商期望既能适时按量地满足市场需求,又能最大限度地减少库存,加速资金周转,提高资金的利用率,所以库存管理是中间商的基本职能之一。中间商的储存能力、产品的储存方式是影响中间商购买行为的重要因素。

(四)采购者的购买风格

采购者的购买风格也直接影响采购行为。采购者分为:忠实型采购者、最佳交易采购者、随机型采购者、悭吝型采购者、创造型采购者、广告型采购者、琐碎型采购者。

1. 忠实型采购者

忠实型采购者是指采购者忠实于固定供应者,重复多次从同一供应商处进货,不轻易更换供应者。这种采购者对供应商是最有利的,供应商应当分析能够使采购者保持"忠实"的原因,如利益原因、情感原因、个性原因等。采购者要让现有忠实采购者保持忠实,并将其他采购者转变为忠实的采购者。

2. 最佳交易采购者

最佳交易采购者经多方面比较后,选择与给出最佳交易条件的供应者成交。这类采购者一旦发现产品或交易条件更佳的供应商就会立刻转向该供应商,购买行为理性,不太受情感因素支配,其关注的焦点是交易所带来的实际利益。供应商若单纯依靠感情投资来强化联系则难以奏效,最重要的是密切关注竞争者的动向和市场需求的变化,随时调整营销策略和交易条件,提供比竞争者更多的利益。

3. 随机型采购者

随机型采购者会将符合采购要求的供应商列入采购名单,每次采购时会随机地确定交易对象,对任何供应商都没有情感基础及长期合作关系。对于这类采购者,供应商应在保证产品品质的前提下,提供理想的交易条件,同时增进交流,帮助解决业务的和个人的有关困难,加强感情投资,使之成为忠实型采购者。

4. 悭吝型采购者

悭吝型采购者在采购过程中对价格敏感,要求供应者给予价格折扣,最终选择最低价格的供应者。供应商在谈判中要有耐心和忍让的态度,以大量的事实和数据说明自己已经做出了最大限度的让步,争取达成交易。

5. 创造型采购者

创造型采购者会向供应商提出对产品、服务和价格的要求,最终选择能够满足其条件的供应者成交。对于这类采购者,供应商要给予充分尊重,对好的想法给予鼓励和配合,对不成熟的想法也不能贬低,在不损害自己根本利益的前提下,尽可能地接受他们的意见和想法。

6. 广告型采购者

广告型采购者是把获得广告支持作为交易的一个组成部分,甚至作为必要先决条件。他们希望供应商给予广告支持,扩大影响、刺激需求。对于这类采购者的要求,供应商可以在力所能及或合理的限度内给予满足。

7. 琐碎型采购者

琐碎型采购者是每次购买总量不大,但购买品种繁多,重视不同品种的搭配,力图实现最佳产品组合的采购者。供应商与其开展业务时,会增加许多工作量,如开票、包装、送货等,供应商应提供细致周到的服务,不能有丝毫的厌烦之意。

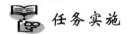 任务实施

背景资料:

李女士认为童鞋市场发展前景广阔,她决定创业开设一家童鞋专卖店。因为她没有童鞋经营的经验,所以她的进货量不能太大,以免占用过多资金。她还想将自己设计的童鞋品牌标识印制到童鞋产品上,并由厂家提供专有鞋子包装盒。她希望她的品牌能成为市场上的明星产品,所以她对供应商的产品质量要求很严格。

实训目标:

学生能够分析中间商的购买类型,认识影响中间商购买决策的因素。

实训要求:

学生根据背景资料,结合专业知识,找出与李女士签订订单的对策。

组内成员明确分工,团队协作,准确分析问题,以书面形式提交解决方案。

操作步骤:

(1)教师将学生分成多个学习小组,布置实训任务,学生明确实训的目的和实训要求。

(2)学生分析文中李女士属于哪种购买类型,影响李女士做出购买决策的因素有哪些。

(3)学生分析作为童鞋生产厂家应采用什么对策,才能争取到与李女士签订订货合同。

(4)各小组在班内进行互评、交流、讨论。

实训报告:

学生以小组为单位提交实训报告,要求分析案例资料中的中间商属于哪种购买类型,列出影响中间商购买决策的因素,找出与李女士签订订单的对策并说明理由。

 项目小结

国内市场按购买动机可以分为消费者市场、生产者市场、中间商市场。

消费者市场是一切市场的基础,是最终起决定性作用的市场。消费者市场具有差异性、分散性、多变性和非专家性的特点。营销人员想要满足消费者需求,需要充分了解消费者的购买动机,参与消费者购买决策的过程。消费者购买决策过程的主要步骤:认识需要、收集信息、评估比较、购买决定、购后评价。

生产者市场购买产品或服务目的是从中谋利,而不是为了个人消费。因此生产者市场具有营利性、专业性、直接性、稳定性、多源性和复杂性的特点。生产者的购买决策过程包括提出需要、确定需要、说明需要、寻找供应者、征求供应建议、选择供应者、签订合同、效果评估。

中间商市场也称转卖者市场,包括批发商和零售商。目前市场上大多数商品都是由中间商经营的,只有少数商品是由生产者直接销售的。中间商购买决策受到最终购买者的需求、供应商的供货条件、库存管理、采购者购买风格的影响。

自我检测

项目四　市场营销调研与预测

项目导入

李学准备在市场中大展拳脚时,发现市场中所要推销的A公司产品有相似产品,为了更好地将产品销售出去,李学准备进行市场调研。

项目分析

营销信息无处不在,但每个企业获取信息的能力却有很大的不同。仅仅明确影响企业营销活动的环境因素是不够的,企业要想经营成功,还必须进行一项科学性很强的营销活动,即进行市场调研。企业对营销环境开展调研,先要明确市场调研方法,主要有第一手资料调研法和第二手资料调研法。然后根据调研目的、调研内容等,选择合适的调研方法,设计调研方案,进行市场信息的调研。最后需要对信息进行整理和分析,并采取适当的市场预测方法对一定时期内的市场需求做出预测。

学习目标

知识目标：
(1)了解市场调研的含义、类别与程序。
(2)掌握市场调研的方法。
(3)了解市场预测的含义和类别。
(4)掌握市场预测的方法。

技能目标：
(1)学会运用各种市场调研方法。
(2)学会撰写市场调研报告与预测报告。

知识框架

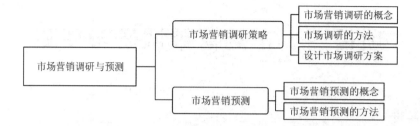

任务一 市场营销调研策略

 任务描述

市场营销调研在企业的市场营销过程中起着关键作用,它向决策者提供了现有营销组合的有效性及所需的信息。营销调研通过对营销调研问题的设计和直接亲临实地的调研分析,得出直观、具体、真实的信息,提供有力的决策依据,成为营销信息系统的信息来源。

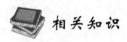 **相关知识**

一、市场营销调研的概念

(一)市场调研的含义

市场调研是指企业为了特定的营销目标,运用科学的方法,系统地、客观地收集和分析有关市场的各方面信息资料,从而了解市场发展现状和变化趋势,为企业制定营销战略和进行市场预测提供依据。

随着经济的发展,市场调研越来越受到企业的重视,成为企业生存和发展的重要手段。通过市场调研,企业可以识别市场机会和潜在问题,寻求预防及解决问题的办法;同时,它也是企业进行市场预测的重要依据。

(二)市场调研的类别

市场调研涉及的内容广泛,因此,从不同的角度可以划分为不同的类别。市场调研的分类如表4-1所示。

表4-1 市场调研的分类

分类依据	调研目的	收集方式	调研方法	抽样方式
种类	探测性调查 描述性调查 因果关系调查 预测性调查	文案调查 实地调查	定性调查 定量调查	普查 重点调查 典型调查 随机抽样调查

(三)市场调研的内容和程序

1. 市场调研的内容

市场调研是一项十分细致、复杂的工作,范围极为广泛,涉及企业生产经营决策的方方面面,主要内容如下。

(1)市场营销环境调研。企业可以就与行业和产品相关的政治法律环境、经济环境、技术环境、社会文化环境、自然环境和人文地理环境等进行调研。

(2)营销组合策略调研。营销组合策略调研主要包括对产品与服务质量、新产品开发与技术发展趋势、价格走势、分销渠道和促销手段等的调研。

(3)竞争情势调研。竞争情势调研的内容包括谁是主要竞争对手及各自的优劣势、将来的竞争形势、竞争对手的营销组合及其产品的市场占有率和企业实力等。

(4)消费者调研。消费者调研主要分为对消费者购买行为和使用行为的调研。消费者购买行为的调研主要是对消费者购买模式和习惯的调研;消费者使用行为的调研主要是对消费者使用产品的方式、频率、经验,以及品牌偏好及对本企业产品的满意度等的调研。

(5)企业开的社会责任调研。企业的社会责任调研的内容主要包括企业对社会责任的认识、履行和信息披露现状,以及了解公众对企业社会责任实践的满意度和期望等。

(6)销售调研。销售调研是对企业销售活动的全面审查,主要包括对销售量、销售范围、分销渠道、顾客的需求情况、产品的市场潜量与销售潜量、市场占有率的变化情况等方面的调研。

2. 市场调研的程序

市场调研的程序可分为四个阶段:调查准备阶段、调查实施阶段、处理总结阶段和追踪调查阶段。

1)调查准备阶段

这一阶段的任务主要包括以下三个方面。

(1)明确调查问题。调查问题来源于企业内部和企业外部。在企业内部方面,如企业在生产经营管理过程中遇到一些棘手问题或存在某种潜在问题,为了寻找原因以及预防或解决办法需要进行市场调查;在企业外部方面,如企业通过分析政府刚刚颁发的法律法规、国内外宏观环境,认为有必要发起调查以抓住某种市场机会或规避某种风险。

(2)收集信息资料。明确调查问题以后,企业应该着手收集相关的信息资料。一般先从二手数据的收集开始,看能否借助这些信息全部彻底地解决问题。如果问题不能完全被解决,公司还需通过第一手调研进一步收集相关的信息资料,以寻求完美解决问题的办法。

(3)拟定调查计划书。调查计划书一般包括调查目的、范围、对象、方法和技术(如抽样技术、接触对象的方法、数据的处理和分析)、调查人员的安排和培训、调查的日程安排、经费预算等内容。

2)调查实施阶段

调查实施阶段就是实施调查计划、落实调查方案的阶段。它是调查过程中耗时最长、成本最高、最易犯错误的阶段,是决定调查问题能否成功的重要环节。

3)处理总结阶段

处理总结阶段主要包括两项内容:一是利用一些数理统计技术或决策模型,对收集到的数据资料进行各种加工处理及定量定性分析,以期得到各种有价值的、能够指导企业经营决策的信息;二是撰写调研报告,把经过加工整理和分析研究后的信息与企业的问题结合起来,以期合理地解决问题。

4)追踪调查阶段

提出市场调查报告并不意味着市场调查的结束,一般还需要进行追踪调查,其目的主要有两个:一是对研究问题进行深入持续的调查,以掌握更多的最新的信息,为问题的解决提供进一步的指导依据;二是对调查报告中提出的结论、建议的可行性、执行程度和对实际工作的指导价值进行调查,以测量、评估、监控市场调查的结果和效果。

二、市场调研的方法

1. 文案调查法

文案调查法也称二手数据调查法,是指对现成的信息资料进行收集、分析、研究和利用的过程,是获取二手资料的方法。

2. 实地调查法

实地调查法也称第一手数据调查法,是企业为了当前的某种特定目的,直接收集原始资料的科学化的社会调查方法。实地调查法主要有观察法、实验法、问卷调查法、焦点小组访谈法和个人深度访谈法。

(1)观察法。观察法是指由调查员直接或通过仪器在现场观察调查对象的行为动态并加以记录而获取信息的一种方法。

(2)实验法。实验法是指从影响调查问题的许多因素中选出1~2个因素,将它们置于一定条件下进行小规模的实验,然后对实验结果进行分析,研究是否值得大规模推广的一种实地调查法。

(3)问卷调查法。问卷调查法是指调查人员根据事先设计好的调查项目,通常以问卷形式向被调查者提出问题,要求其予以回答,从被调查者的回答中获得信息资料的一种实地调查法。

(4)焦点小组访谈法。焦点小组访谈法是指由一个经过训练的访问者,以一种无结构的、自然的形式与一个小组(8~12人)的参与者进行交谈,访问者负责组织讨论。

(5)个人深度访谈法。个人深度访谈法是指一个掌握高级访谈技巧的调查员深入地访谈一个受访者,以示受访者对某一问题的潜在动机、信念、态度和感情。

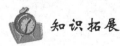
知识拓展

调查问卷设计

调查问卷是以问题的形式,系统地记载调研内容的一种表格,是现代社会用于收集资料的一种最普遍的工具。

(一)问卷的结构

问卷的结构主要包括开头、正文和结尾三部分。

1. 开头

(1)问卷标题。问卷标题应该简单明了,不宜过长,最多不超过15个字,常用的表达方式是"关于××的调查问卷"。

(2)说明信。说明信一般被放在问卷的开头,一般不超过300个字。其内容主要包括调研的组织单位、调研目的、意义、主要内容、抽样程序、保密措施、回答问题的大概时间、表达谢意等。

(3)填表说明。此部分一般被放在说明信后面,就如何填表和送回问卷的相关事宜进行说明,具体包括以下内容:

①如何回答问题,是用"√"还是用"○"选出答案。②问题的答案是单选还是多选。③送回问卷的最后时间。④送回问卷的地点。⑤送回问卷的方式。

2. 正文

正文是调查问卷的核心部分,由一套问题组成,也是调查问卷需要了解和掌握的主要信息资料部分。为了将来能够对数据进行方便的统计分析,最好将问题编码,即在问卷主题内容的右边留一个统一的空白,按顺序编上"1,2,3"的号码,用以填写答案的号码,整个问卷有多少种答案,就要有多少个编码。

3. 结尾

(1)被调查对象的背景资料。一般来说,不要在问卷的开始部分询问被调查对象的个人信息,这样会使一些不愿意告知个人信息的调查对象拒绝接受调查。因此,最好把此部分放到最后。此外,为了鼓励调查对象提供个人信息,调查者可以适当给些奖励,而此种安排应该在调查之前告知被调查对象。

(2)必要的调研相关信息。有时为了监督、管理调研工作,调研单位希望调查者提供与此项调研相关的信息,具体包括调查时间、调查地点、调查者的姓名、监督者的姓名、调查对象的态度和影响调查的主要因素等。

(3)致谢语。为了表示对被调研对象真诚合作的谢意,调查者应当在问卷的末端写上感谢的话。如果前面的说明信中已经有表示感谢的话语,那么结尾处可不写。

(二)问卷问题的顺序安排

良好的问题排列顺序会激发被调查者的兴趣,提高其回答问题的质量。总体来说,问题的顺序编排要有严密的逻辑性,以符合被调查者的思维习惯。它主要体现在以下几个方面。

1. 先易后难

先易后难即把简单的、容易的问题放在前面,而把复杂的、较难的问题放在后面。如果一开始就问较难的问题,会打击被调查者继续回答问题的积极性。

2. 先封闭式问题后开放式问题

开放式问题一般需要较长的时间作答,如果把它们放到前面,会使被调查者觉得回答问卷会花很多时间,从而拒绝回答。

3. 先综合后具体

先综合性问题后具体问题可以防止由具体问题造成综合性问题答案的偏差。

4. 先中性后敏感性

如果一开始就问敏感性问题,会使被调查者反感而不愿意继续接受调查,从而失去收集最重要问题信息的机会。如果先问最重要的问题,即使后面在问敏感性问题时被调查者中断调查,调研者也已经获得了最重要的信息。

  5.先近期事件后过去事件

  调查者应将反映近期事件的问题放在前面,这样被调查者较容易回想并作答;而将反映过去事件的问题放在后面,即使被调查者由于不愿意回想或想不起来而拒绝回答,调查者也不会损失很多。在编排此类问题时,不宜远近交错、前后跳跃,否则,很容易扰乱被调查者的答题思路。

  (三)问卷问题的措辞

  确定问题的措辞就是把问题的内容和结构转化为清晰易懂的语句。不恰当的措辞可能使被调查者拒绝回答问题,也可能诱使他们给出不正确的信息。因此,问卷设计人员在确定问题的措辞时要做到以下几点。

  1.避免使用专业术语

  例如:您担心您可能会感染 ARI 吗?

  对于非医务工作者的被调查者来说,大多数人对 ARI 不是很了解,甚至不知道它是什么。因此,他们很难作答,即使有些被调查者给出答案,也无意义。

  2.避免使用冗长复杂的语句

  例如:为下面列举的包括您的知识水平、信心程度及经验多少等12类项目打分,分数为1~10分。

  对于这类冗长复杂的句子,被调查者很容易出现不理解和误解的情况,从而出现错答或拒答的现象。因此,调查者应该根据调查对象的不同,选择合适的词汇。

  3.避免使用否定句或反问句

  例如:医生不应该被要求在休息时间出诊,对不对?

  这种否定句式提问会对被调查者的回答产生诱导作用,从而干扰调查结果。

  4.避免诱导性问题

  例如:为什么您不赞成这些举措?您认为我市教师的平均工资水平是否应该提高?

  这两个是诱导性问题,题目中包含了建议被调查者在该问题的回答上应该选择的答案。

  5.避免带有多重含义的问题

  例如:你对图书馆的服务质量及服务人员的态度满意吗?

  这一问题含糊不清,被调查者不知道应该怎么回答,是回答"服务质量"还是回答"服务人员的态度",二者并不相等。

  6.避免含有模糊性词语的题目

  例如:你经常使用哪种媒体?

  对于这一问题,被调者不清楚在问什么,是做什么的媒体。此外,不同的被调查者对"经常"一词的理解也不尽相同,类似的词还有一般、总是、可能、有时、频繁、显而易见、通常等。在问卷中应尽量避免提出这种问题和使用这种措辞。

  7.避免直接提出敏感性的问题

  例如:您为什么逃税?您是否经常用公款吃喝?

  这种问题是有关个人隐私方面的问题,或是不为社会公德所接纳的行为或态度的问题。

若直接提问这种问题往往会使被调查者拒答或不真实回答。

8. 避免笼统估算的问题

例如：去年您家庭的人均消费支出是多少？

对于这一问题，大多数被调查者凭笼统估算作答，这样调查得来的数据准确性欠佳。

三、设计市场调研方案

（一）调研方案的类型

市场调研既涉及市场营销的诸多方面，又需运用诸多经济统计的方法。为了更好地理解营销问题是如何影响调研方案设计的，可根据调研的目的和功能将市场调研方案分成探索性调研方案、描述性调研方案和因果性调研方案三种类型。

1. **探索性调研方案**

探索性调研方案是为了界定问题的性质及更好地理解问题的环境而进行的小规模的调研活动的方案。探索性调研有助于把一个大而模糊的问题表达为多个小而精确的子问题以使问题更明确，使调研者识别出需要进一步调研的信息。这种调研通常以多样的假设形式出现。如为什么某快递公司的市场份额去年下降了？是因为经济衰退、广告支出的减少、销售代理效率低，还是因为消费者的习惯改变了？显然，可能的原因很多，公司无法——查知，只好用探索性调研来寻求最可能的原因，如从一些用户及代理商处收集资料，从中发现问题并寻求解决办法。实践经验表明，二手资料调研在探索性调研中特别有用。

2. **描述性调研方案**

与探索性调研方案不同，描述性调研方案基于的是对调研问题性质的一些预先理解。尽管调研人员对问题已经有了一定理解，但对决定行动方案必需的事实性问题做出回答的结论性证据，仍需要收集。描述性调研可以满足一系列的调研目标，描述某类群体的特点，决定不同消费者群体之间在需要、态度、行为、意见等方面的差异，识别行业的市场份额和市场潜力是非常常见的描述性调研。例如，商店经常使用描述性调研以决定他们的顾客在收入、性别、年龄、教育水平等方面的特征。一次有效的描述性调研需要对调研内容有相当的预备知识，它依靠一个或多个具体的假设，这些假设指导调研按一定的方向进行。

3. **因果性调研方案**

因果性调研方案是调查一个变量是否引起或决定另一个变量的研究，目的是识别变量间的因果关系。描述性调研能告诉我们两个变量似乎有某种关系，如收入和销售额会互相影响，但不能提供合适的证据来证明这两个变量之间到底是如何互相影响的，如消费者收入的增加并不必然引起销售额的增加。在因果性调研中，一般对要解释的关系有一种预期，如期望价格、包装、广告花费等对销售额有影响。对此，研究人员对研究课题必须要有相当的知识。理想的状况是研究人员能估计一种事件是产生另一种事件的前提。因果性调研试图认定当我们做一种事情时，另一种事情会接着发生。

（二）设计调研方案应遵循的原则

如前所述，探索性调研方案、描述性调研方案和因果性调研方案是调研方案中三种主要的类型，但是不能将它们之间的区别绝对化。一项具体的市场调研项目可能会涉及多种调研方案以实现多种目标。究竟应选择哪几种调研方案取决于调研问题的特征。选择市场调研方案的一般性原则是:若对调研问题了解甚少,最好的做法是从探索性调研开始。在需要对调研问题精确的时候、需要寻找替换行动方案的时候、需要设计调研疑问或假设的时候,选择探索性调研方案是比较适合的。

一般而言,探索性调研是整个调研设计框架的第一步。在大多数情况下,探索性调研之后会出现描述性调研或因果性调研。例如,根据探索性调研做出的假设和结论可以用描述性调研或因果性调研进行验证。探索性调研的研究结果应当被视为对进步调研的尝试或投入。

但并不是所有的调研方案都必须从探索性调研开始,这取决于调研问题被界定的准确程度以及调研人员对调研问题的掌握程度。一项调研方案完全可以从描述性调研或因果性调研开始,如一项针对消费者忠诚度举行的调研没有必要涉及探索性调研。

有时,调研者可以略去探索性调研而直接从描述性调研或因果性调研开始。有时,探索性调研也会被排在描述性调研和因果性调研的后面。例如,在描述性调研和因果性调研的结果并不能很好解释问题的情况下,后续的探索性调研就可以为理解这些调研结果提供更多的信息。

总之,探索性调研、描述性调研和因果性调研是相辅相成的,在设计调研方案的过程中应灵活、综合地选用。

(三) 编写调研方案

调研方案的一般格式包括前言、调研的目的和意义、调研的具体项目和主要内容、调研的对象和调研范围、调研的方法、资料整理分析的方法、调研的时间进度安排、制订调研组织计划、经费预算情况、调研结果的表达形式、附录部分等。

1. 前言

前言是调研方案的开头部分,应简明扼要地介绍整个调研背景。例如,关于×大学城开设快餐外包服务调研方案的前言可以设置为"随着电子商务的发展,当代大学生购物行为发生了很大的变化,有许多学生开始通过网络来购买快餐。为了配合某快餐外包服务公司提高在大学城的市场占有率,评估×大学城开设快餐外包服务环境,制定相应的营销策略,预先进行×大学城开设快餐外包服务调研是十分必要的"。

2. 调研的目的和意义

调研的目的与意义应该比前言稍微精细些,应指出调研的背景、调研的问题和可能采用的调研方案,指明该项目的调研结果能给企业带来的决策价值、经济效益、社会效益,以及在理论上的重大价值等。

3. 调研的具体项目和主要内容

调研的具体项目和主要内容是依据所要解决的调研问题和调研目的所必需的信息资料来确定的。确定调研内容就是要明确向被调研者了解的问题。"关于某快餐外包服务公司在×大学城提供快餐外包服务的调研"的调研内容和项目见表4-2。

表4-2 关于某快餐外包服务公司在×大学城提供快餐外包服务的调研

类别	调研项目	调研内容
购物环境	商业氛围	商业区域范围大小、商业活动登记
	交通条件	宿舍是否靠近商业区、出行是否方便
	餐饮分点情况	餐饮分点数量、分布情况
消费群体情况	人流量	不同时段人流量
	职业	学生、临时工
	性别	男女比例
……	……	……

4. 调研的对象和调研范围

确定调研对象和调研范围,主要是为了解决向谁调研和由谁来具体提供资料的问题。调研对象就是根据调研目的、任务确定调研范围总体,其由某些性质上相同的调研单位组成。

5. 调研的方法

市场调研的方法主要是详细说明选择收集资料的方法、具体的操作步骤。如果采取抽样调研方式,则必须说明抽样方案的步骤,所取样本的大小和要达到的精确度指标。在市场调研中如果要采用实验法、观察法或问卷访问法调研时,为使调研者对数据、情报的收集、分类、统计、储存更有效率,在调研前就需要设计好一些格式化的调研表格,如观察表、实验表或调研问卷等。这些表格在说明调研方法时应一并列出。

6. 资料整理分析的方法

资料的整理分析就是明确对收集的资料进行整理、分析的方法和分析结果表达的形式等。由于调研收集的原始资料大多是零散的、不系统的,只能反映事物的表象,无法深入研究事物的本质和规律性,这就要求对大量原始资料进行加工汇总,使之系统化、条理化。

7. 调研的时间进度安排

在实际调研活动中,根据调研范围的大小和调研的难易程度,时间有长有短,但一般项目的调研为一个月左右。安排调研进度时,一要保证调研的准确性、真实性;二要尽早完成调研活动,保证时效性,同时兼顾经济性。在安排各个阶段的工作时,还要求具体安排需做哪些事项、由何人负责、制作时间进度表并提出注意事项,以便督促或检查各阶段的工作,保证按时完成整个市场调研工作。

8. 制订调研组织计划

调研组织计划是指为确保实施调研的具体工作计划,主要是指调研的组织领导、调研机构的设置、人员的选择和培训、工作步骤及其善后处理等。

9. 经费预算情况

调研费用根据调研工作的种类、范围不同而不同。当然,即使是同一种类的调研,也会因质量要求不同而不同,不能一概而论。但经费预算基本上应遵循一定的原则,即按照市场调研费用项目来做预算,市场调研费用项目主要有资料收集、复印费,问卷设计、印刷费,实地调研劳务费,数据输入、统计劳务费,计算机数据处理费,报告撰写费,打印装订费,组织管理费,代理公司的代理费等。

10. 调研结果的表达形式

确定市场调研结果的表达形式就是指确定调研报告的形式和份数、报告书的基本内容、报告书中图表量的大小等。例如，市场调研报告书是书面报告还是口头报告、是否有阶段性报告等。调研报告最终将会提交给企业决策者，作为企业制定营销策略的依据。因此，在撰写市场调研报告时，应注意调研报告的写法和技巧。

11. 附录部分

附录部分应列出调研负责人及主要参加者的名单，并可扼要介绍一下团队成员的专长和分工情况，指明调研方案的技术说明和细节说明，调研问卷设计中有关的技术参数、数据处理方法、所采用的软件等。

任务二　市场营销预测

 任务描述

市场预测是在市场调查的基础上，组织(一般为企业)或个人根据历史统计资料和市场调查得到的信息，运用科学的预测技术，对未来一定时期内市场的发展变化进行推断和预见，从而得出符合逻辑的结论的活动过程，即"由往知来"。

 相关知识

一、市场营销预测的概念

(一)市场预测的概念

预测是人们对未来不确定事件进行推断和预见的一种认识活动。它是人们对客观世界各种各样事物的未来发展变化的方向以及对人类实践活动的结果事先所做的分析和估计。市场预测是预测科学的一个重要组成部分。所谓市场预测，是借助历史统计资料和市场调查，运用科学的预测技术，对未来一定时期内市场供需变化及其发展趋势进行预算、分析和推断的活动过程。简单地说，就是"由往知来"，它是在取得大量信息资料的基础上，运用数学方法和逻辑方法对市场未来的发展和变化趋势所进行的定性的描述或量化的推断。

(二)市场预测的种类

按照不同的标准，市场预测可以划分为不同的类型。

1. 按市场预测的时间分类

按市场预测的时间分类，可分为短期预测、中期预测和长期预测。

(1)短期预测。短期预测一般是指年度、季度或月度预测，又称为近期预测。市场预测中大量采用的是短期预测。短期预测目标明确，不确定因素少，资料齐全，预见性较强，预测结果较准确。短期预测主要是为企业的日常经营决策服务。

(2)中期预测。中期预测一般指1年以上5年以下时间长度的市场预测,中期预测时间不是很长,不确定因素不多,数据资料比较齐全,预测的难度和精确性比短期预测稍差。中期预测常用于市场潜力、价格变化、商品供求变动趋势、国家政策措施等的预测,为企业的中期经营决策提供依据。

(3)长期预测。长期预测一般是5年以上或更长时间区段的市场预测,又称远景预测,它是市场预测中时间最长的一类。由于不确定性因素多,且时间越长,不可控的因素越多,预测中难以全面把握,所以预测的精确度相对短期预测和中期预测而言要低。长期预测主要用于对市场商品生产和销售的发展方向,产品的有关技术发展趋势,生产要素供应变化趋势,消费趋势等做出总体预测和战略预测。它为人们描述市场发展的远景,是企业规划发展目标,制定战略对策的依据。

2. 按市场预测的空间范围分类

按市场预测的空间范围分类,可分为国际市场预测、全国性市场预测和区域性市场预测。

(1)国际市场预测。国际市场预测是指以世界范围内国际市场的发展趋势为对象的市场预测。随着世界经济一体化进程的加快,越来越多的企业进入世界市场,国际化经营成为十分普遍的现象。国际化经营需要了解和把握国际市场的发展变化趋势,国际市场预测日益成为企业必要的活动。国际市场预测由于预测面广,涉及范围大,变量和不可控因素多,收集资料困难,因此,预测的难度很大。这些是在实施国际市场预测时必须充分注意的。

(2)全国性市场预测。全国性市场预测是以全国范围的市场状况为对象的市场预测。随着全国统一市场的形成,以及许多企业以全国市场为目标市场,有必要了解和掌握全国市场的发展趋势,需要展开全国性的市场预测。全国性市场预测同样具有预测面广、范围大、变量和不可控因素多、收集资料困难、预测难度大的特点。

(3)区域性市场预测。区域性市场预测是指以某一个市场区域为对象的市场预测。相比较而言,区域性市场预测的预测面较小,涉及范围不大,变量和不可控因素较少,收集资料较容易,预测难度相对较小,是最普遍的市场预测。

3. 按市场预测的性质分类

按市场预测的性质分类,可分为定性预测和定量预测。

(1)定性预测。定性预测是由预测人员凭借知识、经验和判断能力对市场的未来变化趋势做出性质和程度的预测。这种定性预测一般用于企业缺乏完整的统计资料,市场环境变化莫测,影响市场的因素复杂且难以进行定量分析的情况。

(2)定量预测。定量预测是以过去积累的统计资料为基础运用数学方法进行分析计算,对预测对象未来发展变化趋势进行量的分析和描述的方法。它是一种知识形态的预测,通常是在原始资料比较充裕或数据来源多且稳定的情况下加以采用。

(三)市场预测的步骤

为了保证市场预测工作的顺利进行,必须按预测工作的过程加强各项组织工作,以利于各环节工作的相互协调,进而取得预期的成效。一般来说,市场预测包括以下步骤。

1. 确定预测目标

企业进行市场预测,首先要确定预测的对象和目的,并提出具体、准确、清楚的要求。例如,是短期预测还是中长期预测,是需求预测还是销售预测,是对一种产品或几种产品的社会需求量进行预测,还是对某一地区某一特定时间某种产品的销售量进行预测等,这些都必须非常具体地确定下来。有了明确的预测目标,再制订预测工作计划,搜集资料,组织预测队伍,加强各部门的协同配合就更方便了。

2. 收集分析资料

根据预测目标的要求,对已有的资料进行整理;同时,还要调查收集尚未占有而又必需的资料,一并加以分析研究。这一阶段搜集的资料越充分、准确,分析研究越详细、深刻,预测的准确度就越高。资料来源一般有以下两种:一是各政府、主管部门、综合性部门及企业内部积累的历史资料和市场信息资料;二是直接调查搜集市场的现实资料。

3. 选择预测方法

市场预测的方法很多,一般可分为两大类:一类是定性分析法,主要包括经验判断法、市场调查预测法等;另一类是定量预测法,主要包括时间序列预测法、回归分析法等。在实际预测的应用中,应根据企业的实际情况和预测的要求,以及资料的把握程度,选择行之有效的预测方法。

4. 提出预测报告

按照预测方案和选择好的预测方法,对已收集的资料分析研究,在充分考虑各种变量相互影响的基础上,进行预测计算和分析判断,求出预测值,写出预测分析报告。为了保证预测质量,可以用一种甚至几种方法进行比较。如果结果彼此相差悬殊,还需作修改和调整。

5. 分析预测误差,调测结果,做出最终预测

预测可能与实际不符,即发生预测误差。在预测过程中,产生误差的原因是多方面的:①建立预测模型所收集到的数据资料不全面或不准确,导致预测结果的偏差。②数学模型本身的缺陷。在实际过程中,趋势预测模型与实际变动曲线完全吻合的情况是极为少见的。③预测期间的外部经济形势与预测模型建立时期相比发生了显著的变化,而建立模型时并未估计到某些显著变化。④受一些人为的心理因素的影响等。对各种定量预测的结果,要运用相关检验、假设检验的方法来分析预测误差,进行可行性分析也是必要的。每次预测方案实施后,要按照实际计算误差,分析误差原因,评价预测和选用预测方案的可靠性,为修正预测方案,改进预测模型,重选预测变量,调整预测结果做好准备工作。在已修订好的模型上,输入数据,便可做出最终预测。

二、市场营销预测的方法

市场预测的方法很多,可以分为两大类,即定性预测法和定量预测法。

(一)定性预测法

定性预测,又称判断预测,是市场预测中经常使用的方法。定性是根据已经掌握的资料,运用个人的经验、理论分析和判断能力来预测事物未来发展方向的一种方法。定性预测有时也用数量形式表现其结果,但这种结论的实质仍然是概念性的估计,而不是对未来的准确推算。定性预测的适用范围很广,特别是当涉及因素很多,所掌握资料又难以进行统计处理时,使用这种方法可以收到较好的效果。

常用的定性预测方法主要有消费者意向预测法、销售人员意见综合预测法和专家意见法。

1. 消费者意向预测法

消费者意向预测法是指在调研消费者或用户在未来某个时间内是否购买某种商品意向的基础上,对商品需求量或销售量做出量的推断的方法。这种方法可以集中消费者或用户购买商品的决策经验,反映他们未来对商品的需求情况。由于消费者或用户最了解自己所需的商品和数量,只要调研方法恰当,推断合理,预测结果就比较准确可靠。

消费者意向调研可分为生活资料消费者、生产资料用户及企业用户意向调研。不论何种调研,大多采用抽样调研及典型调研,根据调查资料推断总体。

2. 销售人员意见综合预测法

销售人员意见综合预测法是一种简便易行的市场预测方法。它是在企业的高层决策者向全部销售人员介绍预测期的市场形势,或在给予有关未来经济环境变化的资料参考后,要求销售人员发表对今后一定时期内商品销售情况的看法和意见,提出一个自己认为最佳的预测数字,再进行综合。作为企业的销售预测结果的一种方法,这种方法多在一些资料缺乏或不全面的情况下采用。

销售人员是商品的直接销售者,对他们自己所负责销售的产品及其销售地区的情况一般都很了解,也比较敏感,所以预测的结果是比较接近实际,比较准确的。不过也要看到,销售人员由于所处的岗位的局限性等原因,往往对宏观经济的发展趋势以及本企业的全面情况不甚了解,容易带有一定的片面性。

3. 专家意见法

专家意见法是根据市场预测的目的和要求,依靠经过精心挑选的专家的专业知识、经验和分析判断能力,在向专家提供相关背景资料的基础上,先由专家对预测对象的过去和现状进行综合分析,从中找出规律,并对今后的发展趋势做出判断,然后由预测人员对专家的意见进行归纳整理,得出预测结论。专家意见法,一般用于没有历史资料或历史资料不完整,难以进行定量分析,需要进行定性分析的预测。

(二) 定量预测法

定量预测是利用比较完备的统计资料,运用计量方法和数据模型来推算市场发展变化的方法。一般来说,这类方法主要是对历史资料进行统计分析,其前提是市场过去的特征、趋势和相关关系在未来基本保持不变。因此,只有在市场处于相对稳定状态时,定量预测方法才能得到可靠的结果。

常用的定量预测法主要有时间序列预测法和因果分析预测法。

1. 时间序列预测法

时间序列预测法,就是通过编制和分析时间序列,根据时间序列所反映的发展过程、方向和趋势,加以外推或延伸来预测下一时间可能达到的水平的方法。客观事物的发展具有合乎规律的延续性。例如,某产品的市场占有率、季节性商品的变动周期等,常常会在一定时期内保持其基本特性延续不变,正是这种延续性使时间序列预测方法的应用成为可能。时间序列预测法有很多具体方法,主要有简单平均法、移动平均法、指数平滑法、趋势外推法等。

(1) 简单平均法。简单平均法就是将一定观察期内预测目标值的算术平均数作为下一期预测值的一种简便的预测方法,具体又分为简单算术平均法和加权算术平均法。

① 简单算术平均法。简单算术平均法就是将观察期内预测目标时间序列值求和,取其平均值,并将其作为下期预测值的方法。当数据的变化倾向较小时,观察期可以短些;当时间序列的变化倾向较大时,观察期应长些,这样预测值相对精确些。简单算术平均法使用简单,花费较少,适用于短期预测或对预测结果的精度要求不高的情况。

② 加权算术平均法。加权算术平均法是为观察期内的每一个数据确定一个权数,并在此

基础上,计算其加权平均数作为下一期预测值的方法。使用加权算术平均法预测的关键就是确定权数。一般离预测值越近的数据对预测值影响越大,应为其确定较大的权数,离预测值较远的数据应确定较小的权数。

(2)移动平均法。移动平均法是将观察期内的数据由远及近按一定跨越期进行平均的一种预测方法,随着观察期的"逐步推移",观察期内的数据也随之向前移动,每向前移动一期,就去掉最前面的数据,保证跨越期不变,然后逐个求出其算术平均值,并将预测期最近的那一个平均数作为预测值。常用的移动平均法有简单移动平均法和加权移动平均法。

①简单移动平均法。简单移动平均法指时间序列按一定的跨越期移动计算观察数据的算术平均数,形成一组新的数据。

②加权移动平均法。加权移动平均法是对跨越期内不同重要程度的数据乘以不同的权数,将这些乘积之和除以各权数之和,求得加权平均数,并以此来预测下一期数据。

(3)指数平滑法。指数平滑法是一种特殊的加权平均法,其特点是对离预测期较近的历史数据给予较大的权数,对较远的数据给予较小的权数,权数由近到远呈指数递减,所以称之为指数平滑。指数平滑法有着非常广泛的运用。

(4)趋势外推法。趋势外推法又称数学模型法,就是通过建立数学模型,对时间序列给出恰当的趋势线,将其外推或延伸,用来预测未来可能达到的水平的方法。例如,直线趋势外推法就是假定预测目标随时间变化的规律近似一条直线,通过拟定直接方程描述直线的上升或下降趋势来确定预测值。用公式表示为

$$y = a + bt$$

公式中,y 为预测值;t 为时间序列编号;a、b 为常数。

2. 因果分析预测法

因果分析预测法是以事物之间的相互联系、相互依存关系为根据的预测方法。这是在定性研究的基础上,确定出影响预测对象(因变量)的主要因素(自变量),从而根据这些变量的观测值建立回归方程,并由自变量的变化来推测因变量的变化的方法。因果分析法的主要工具是回归分析技术,因此又称为回归分析预测方法。

在利用因果分析预测法预测时,首先要确定事物之间相关性的强弱,相关性越强,预测精度越高;反之,预测精度越低。同时还要研究事物之间的相互依存关系是否稳定,如果不稳定或在预测期内发生显著变化,则利用历史资料建立的回归模型就会失败。

(1)一元回归预测分析法。如果影响预测对象的主要因素只有一个,并且它们之间呈线性关系,那么可采用简单回归分析预测。由于这种方法只涉及一个自变量,故其又称为一元线性回归分析法。其预测模型为

$$\hat{y}_i = a + bx_i$$

公式中,$\hat{y}_i$ 为预测值;a 为回归常数;b 为回归系数。

(2)多元线性回归预测分析法。多元回归是指两个或两个以上的自变量与一个因变量的变动分析。当多元变量之间存在线性关系时,称为多元线性回归分析。多元线性回归方程为

$$y = a + b_1 x_1 + b_2 x_2 + \cdots + b_m x_m$$

公式中,因变量 y 为预测目标;自变量 $x_1, x_2, \cdots, x_m$ 为影响预测目标的诸因素;$a, b_1, b_2, \cdots, b_m$ 为参数。

任务实施

校园周边餐饮业者经营业态与学生消费行为调查研究

实训目标：

1. 培养学生对调查方法认识与选择的能力。
2. 培养学生简易问卷的设计能力。
3. 训练学生信息基本处理技能。

实训要求：

以小组为单位整理调查信息，并以班为单位汇总，做出分析，并完成分析报告。根据实际调查结论对校园周边餐饮提出合理建议，并对本校大学生的消费行为给予正确引导。

实训报告：

第　　次实训

班级：　　　　学号：　　　　姓名：　　　　实训评分：

实训时间：　　　　实训名称：

市场调研问卷内容：

市场调研问卷的特点：

选择该问卷的理由：

实训心得体会：

实训评价：

自我检测

项目五　认知目标市场营销策略

项目导入

经过了一段时间的工作,李学越来越觉得市场营销的工作充满了未知和挑战,经过了前期的市场调研和市场需求预测,李学所在的团队接到了一项新的任务,那就是为即将上市的新产品进行准确的市场细分和定位。李学略微感受到了压力,因为他还不是很清楚,目标市场营销是什么?这份工作该如何开展?第一步应该做什么?他和团队领导们一起开会商讨方案,自己也查阅了大量的营销案例,进行理论的学习。

项目分析

在市场营销活动中,企业首先要面对的问题是:产品的市场在哪里?谁来购买?在哪里最畅销?为什么畅销?由于顾客的需求、爱好、购买行为的多样化,现代企业认识到它们无法服务于市场中的所有顾客,或者无法用同一方式服务所有顾客。市场营销实践活动在经历了大众化营销、多样化营销阶段后,已进入目标市场营销阶段。它们需要通过市场细分找到产品的目标市场,进行目标市场营销,而不是在整个市场上竞争。因此,企业需要选择其服务的目标市场。

选择目标市场有以下三个步骤,见表5-1。

(1)市场细分:将整个市场按不同的顾客群划分为不同的细分市场。

(2)确定目标市场:在细分市场中选择一个或数个细分市场作为目标市场。

(3)市场定位:在目标市场上建立企业及其产品的优势地位。

表5-1　现代战略营销的核心——STP营销

市场细分	目标市场选择	市场定位
1.确定细分变量和细分市场	3.评估每个细分市场的吸引力	5.为每个目标细分市场确定可能的定位观念
2.勾画细分市场轮廓	4.选择目标细分市场	6.选择、发展和沟通所挑选的定位观念

在营销理论中,市场细分(market segmentation)、目标市场选择(market targeting)与市场定位(market positioning)是营销战略的三个基本要素,简称"STP战略",与之相关的理论被称为"STP理论"。

项目五　认知目标市场营销策略

学习目标

知识目标：
(1)了解市场细分的概念和作用。
(2)掌握市场细分的标准。
(3)熟悉目标市场选择的模式和策略。
(4)掌握市场定位的依据、策略等。

技能目标：
(1)能够对常见市场运用两个以上标准进行细分。
(2)能够运用目标市场策略的相关知识分析和选择目标市场。
(3)能够运用市场定位相关知识准确理解企业定位策略。

知识框架

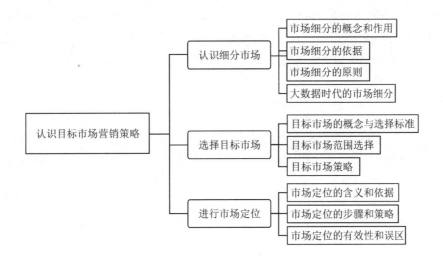

任务一　认识市场细分

任务描述

市场细分是根据购买者的不同偏好,将整个市场划分为较小又相对同质化的市场的过程。市场细分的基础是顾客对同类产品需求所呈现的各种各样的偏好。对于同种产品,不同顾客有不同的偏好。例如买衣服,有的顾客偏好价格便宜、穿着舒适的衣服;有的顾客偏好品牌有保障、质量做工好的衣服;有的顾客偏好个性化、与众不同的衣服。服装市场可以据此分为三个大的细分市场,同一个细分市场中消费者的偏好非常相似。

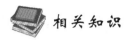 相关知识

一、市场细分的概念和作用

1. 市场细分的概念

市场细分这个概念最早由美国营销学家温德尔·史密斯(Wendell R. Smith)于1956年提出的,按照消费者欲望与需求把因规模过大导致企业难以服务的总体市场划分成若干具有共同特征的子市场,处于同一细分市场的消费群被称为目标消费群,相对于大众市场而言这些目标子市场的消费群就是分众了。

它是第二次世界大战结束后,美国众多产品市场由卖方市场转化为买方市场这一新的市场形势下企业营销思想和营销战略的新发展,更是企业贯彻以消费者为中心的现代市场营销观念的必然产物。

从上面的介绍中我们知道,所谓市场细分(market segmentation),就是指企业按照某种标准将市场上的顾客划分成若干个顾客群,每一个顾客群构成一个子市场,不同子市场之间,需求存在着明显的差别。市场细分是选择目标市场的基础工作。市场营销在企业的活动包括细分一个市场并把它作为公司的目标市场,设计正确的产品、服务、价格、促销和分销系统"组合",从而满足细分市场内顾客的需要和欲望。

2. 市场细分的作用

在现代激烈竞争的市场环境中,市场细分的作用主要体现在以下几个方面。

(1)有利于企业发掘和开拓新的市场。通过对各细分市场的变量进行分析与对比,就有可能发现那些需求尚未得到满足或未充分满足的新的细分市场。中小企业进行市场细分的目的在于挖掘出适合自己的相对于其他中小企业的优势,或大企业无法甚至不愿顾及的小市场,在确定的目标市场上站稳脚跟,从而获得在激烈的竞争中生存与发展的机会及较大的经济效益。

(2)有利于企业合理利用各种资源。这主要体现在三个方面:一是可按照目标市场的需求和变化,及时、准确地调整产品结构和营销策略;二是能更有效地建立营销和运输渠道,进行广告宣传;三是可以集中人、财、物、力于一点或数点,使有限的资源发挥最大的效用,从而最大限度地避免浪费。

(3)有利于企业制定全面、细致、有效的营销组合策略。市场细分后的子市场比较具体,较容易了解消费者的需求,企业可以根据自己经营思想、方针及生产技术和营销力量,确定自己的服务对象,即目标市场。针对较小的目标市场,便于制定特殊的营销组合策略。同时,在细分的市场上,信息容易了解和反馈,一旦消费者的需求发生变化,企业可迅速改变营销策略,制定相应的对策,以适应市场需求的变化,提高企业的应变能力和竞争力。

(4)有利于企业提高经济效益。前面三个方面的作用都能使企业提高经济效益。除此之外,企业通过市场细分后,企业可以面对自己的目标市场,生产出适销对路的产品,既能满足市场需要,又可增加企业的收入。产品适销对路可以加速商品流转,加大生产批量,降低企业的生产销售成本,提高生产工人的劳动熟练程度,提高产品质量,全面提高企业的经济效益。

二、市场细分的依据

市场包括消费者市场和生产者市场两种类型,这两类市场细分采用的标准并不相同。下

面我们分别来分析不同市场类型的细分依据有哪些。

1. 消费者市场细分的依据

通常，企业是组合运用有关变量来细分市场，而不是单一采用某一变量。概括起来，消费者市场细分的变量主要有地理变量、人口变量、心理变量、行为变量这四大类。以这些变量为依据来细分市场就产生了地理细分、人口细分、心理细分和行为细分四种市场细分的基本形式（见表5-2）。

表5-2 消费者市场细分依据

主要细分变量	次要细分变量
地理	区域、地形地貌、气候、城乡、城市规模、人口密度、交通、环保、其他
人口	国籍、种族、宗教、职业、受教育程度、性别、年龄、收入、家庭人数、家庭生命周期、其他
心理	社会阶层、生活方式、个性、购买动机、偏好、其他
行为	追求利益、使用时期、使用者状况、使用频率、品牌忠诚度、对产品的了解程度、对产品的态度、其他

（1）按地理变量细分市场。即按照消费者所处的地理位置、自然环境来细分市场。例如，根据国家、地区、城市规模、气候、人口密度、地形地貌等方面的差异将整体市场分为不同的小市场。地理变数之所以可作为市场细分的依据，是因为处在不同地理环境下的消费者对于同一类产品往往有不同的需求与偏好，他们对企业采取的营销策略与措施会有不同的反应。

（2）按人口变量细分市场。即按人口统计变量，如年龄、性别、家庭规模、家庭生命周期、收入、职业、受教育程度、宗教、种族、国籍等为基础细分市场。

①性别：由于生理上的差别，男性与女性在产品需求与偏好上有很大不同，例如在服饰、发型、生活必需品等方面存在差别。如女性是服装、化妆品、节省劳动力的家庭用具、小包装食品等市场的主要购买者，男性则是香烟、饮料、体育用品等市场的主要购买者。在同类产品的购买中，男性与女性的区别也很大。例如，在购车时，女性更多地受到环境的影响，更在意车的内在风格，男性则更在意车的性能。

②年龄：不同年龄段的消费者，由于生理、性格、爱好、经济状况的不同，对消费品的需求往往存在很大的差异。因此，可按年龄将市场划分为许多各具特色的消费者群，如儿童市场、青年市场、中年市场、老年市场等。从事服装、食品、保健品、药品、健身器材、书刊等商品生产经营业务的企业常采用年龄变量来细分市场。例如青年人对服饰的需求与老年人的需求就有差异，青年人需要鲜艳、时髦的服装，老年人则需要端庄素雅的服饰。

③收入：收入的变化将直接影响消费者的需求欲望和支出模式。根据平均收入水平的高低，可将消费者划分为高收入、次高收入、中等收入、次低收入、低收入五个群体。收入高的消费者就比收入低的消费者更愿意购买高价的产品，如钢琴、汽车、空调、豪华家具、珠宝首饰等。收入高的消费者一般喜欢到购物中心或品牌专卖店购物，收入低的消费者则通常在住地附近的商店、仓储超市购物。因此，汽车、旅游、房地产等行业一般按收入变量细分市场。

④职业与教育：消费者职业的不同、所受教育的不同也会导致所需产品的不同。例如，教师、会计、公务员等通常会购买比较沉稳、大方得体的衣服，学生购买休闲运动类服饰比较多，行政办公人员则购买职业装比较多。不同职业代表着不同的行业形象，在购买商品的同时会

有所区别。

⑤家庭生命周期：一个家庭，按年龄、婚姻和子女状况，可分为单身、新婚、满巢、空巢和孤独五个阶段。在不同阶段，家庭购买力、家庭成员对商品的兴趣与偏好也会有很大的差别。

(3)按心理变量细分市场。即根据购买者所处的社会阶层、生活方式、个性特点、偏好等心理因素细分市场。

①社会阶层：指在某一社会中具有相对同质性和持久性的群体。处于同一阶层的成员具有类似的价值观、兴趣爱好和行为方式，而不同阶层的成员对所需的产品也各不相同。识别不同社会阶层消费者所具有的不同特点，对于很多产品的市场细分提供重要依据。

②生活方式：人们追求的生活方式不同也会影响他们对产品的选择。例如有的追求新潮时髦，有的追求恬静、简朴，有的追求刺激、冒险，有的追求稳定、安逸。西方的一些服装生产企业为"简朴的妇女""时髦的妇女"和"有男子气的妇女"分别设计不同服装；烟草公司针对"挑战型吸烟者""随和型吸烟者"及"谨慎型吸烟者"推出不同品牌的香烟，这些均是依据生活方式细分市场。

③个性特点：指一个人比较稳定的心理倾向与心理特征，它会导致一个人对其所处环境做出相对一致和持续不断的反应。一般地，个性会通过自信、自主、支配、顺从、保守、适应等性格特征表现出来。因此，个性可以按这些性格特征进行分类，从而为企业细分市场提供依据。在西方国家，对诸如化妆品、香烟、啤酒、保险之类的产品，一些企业以个性特征为基础进行市场细分并取得了成功。

④偏好：偏好是指消费者偏向于某一方面的喜好。比如有的爱抽烟，有的爱喝酒，有的爱吃辣，有的爱吃甜。又例如，一位住在新泽西的Suite小姐，就强烈地偏好一家位于曼哈顿的发廊。为了染发，她每星期六就要来回开上两个小时的车进城，每一趟她至少要花上90美元的美发费用及22美元的停车费。而就在她住家附近的地方就有更方便更便宜的发廊。她就是对让头发获得"正确的"染色服务有强烈的偏好，并执着地认为那家曼哈顿的发廊比起其他能提供同样服务的从业者优良。在市场上，消费者对不同品牌的喜爱程度是不同的，有的消费者有特殊偏好，有的消费者有中等程度的偏好，有的消费者没有什么偏好。因此，企业为了维持和扩大经营，就要了解消费者的各种偏好，掌握其需求特征，以便从产品、服务等方面满足他们的需要。

(4)按行为变量细分市场。行为因素细分是指根据对某一产品的了解、态度、使用情况和反馈等特征将消费者划分为不同群体的过程。即根据购买者对产品的了解程度、态度、购买及使用时机、所追求的利益、产品使用率、品牌忠诚度及反应等将他们划分成不同的群体。很多人认为，行为变数能更直接地反映消费者的需求差异，因而成为市场细分的最佳起点。例如表5-3所示。

表5-3 牙膏市场的市场细分

利益细分	人口统计特征	行为特征	消费心态特征	偏好的品牌
经济因素(低价)	男性	经济使用者	高度自主,价值导向	大减价品牌
医疗因素(防止蛀牙)	大家庭	经济使用者	忧虑、保守	品牌A、E
美容因素(洁齿)	青少年	抽烟者	社交能力强、活跃	品牌B
味道因素(好味道)	小孩	果味爱好者	自我中心,享乐主义	品牌C、D

2. 生产者市场细分的依据

在生产者市场的细分中许多用来细分消费者市场的变量依然可以使用。当然,它们毕竟不是完全一样的市场,生产者市场的购买者也不是一般的消费者,而是企业、政府或政府机关、社会团体等,所以生产者市场的变量集合就有自己的特点。所以,除了运用前述消费者市场细分标准外,还可用一些新的标准来细分生产者市场。

(1)用户规模。在生产者市场中,有的用户购买量很大,而另外一些用户的购买量则很小。企业应当根据用户规模大小来细分市场,并根据用户或客户的规模不同,制定不同的营销组合方案。例如,对于大客户,宜于直接联系、直接供应,在价格、信用等方面给予更多优惠;而对众多的小客户,则宜于让产品进入商业渠道,由批发商或零售商去组织供应。

(2)产品的最终用途。产品的最终用途不同也是生产者市场细分的标准之一。如工业品用户购买产品,一般都是供再加工之用,对所购产品通常都有特定的要求。

(3)工业者购买状况。即根据工业者购买方式来细分市场。如前所述,工业者购买的主要方式包括直接重购、修正重购及新任务购买。不同购买方式的采购程度、决策过程等不相同,因而可将整体市场细分为不同的小市场群。

三、市场细分的原则

企业进行市场细分的目的是通过对顾客需求差异予以定位,来取得较大的经济效益。众所周知,产品的差异化必然导致生产成本和推销费用的相应增长,所以,企业必须确保细分出来的市场是有效的,市场细分必须遵循下列原则:

1. 可衡量性

可衡量性即市场特性的可衡量性,指各个细分市场的购买力和规模能被衡量的程度,如大小、购买力、人口等。如果细分变数很难衡量的话,就无法界定市场。

2. 可盈利性

可盈利性是指细分市场的规模必须足够大并且能带来盈利。在细分市场时,企业必须考虑细分市场的购买量及购买力。如果顾客规模太小,购买力很弱,企业不能盈利,该细分市场就没有价值,该市场开发就不具备效益性。因此,市场细分并非越细越好,而应当适度、有效。

3. 可进入性或可实现性

可进入性或可实现性指所选定的细分市场必须与企业自身状况相匹配,企业有优势占领这一市场。有些细分市场的进入门槛很高,如航天、航空、磁悬浮列车、电动汽车等产品的生产市场,进入企业必须具备足够的人、财、物和技术等资源。企业必须根据自身条件,通过适当的营销策略进入市场。考虑市场的可进入性,实际上是研究其营销活动的可行性。

4. 差异性或可区分性

差异性或可区分性是指细分出的市场在行为或观念上能被区别并对不同的营销组合因素和方案有不同的反应,否则就是同质市场,没有必要进行细分。

5. 相对稳定性

相对稳定性是指细分后的市场在需求特征、需求数量和消费行为等方面,会在一定时间内保持相对稳定,因为这直接关系到企业生产、销售的稳定性。如果细分市场的主要标准经常变化,则企业难以有效地开展生产经营活动。

四、大数据时代的市场细分

随着大数据技术的深入研究与应用,企业的专注点日益聚焦于怎样利用大数据来为企业精准细分市场,进而深入挖掘潜在的商业价值。于是,"用户画像"概念应运而生。

用户画像又称用户角色,即用户信息标签化。作为一种勾画目标用户、联系用户诉求与设计方向的有效工具,用户画像在各领域得到了广泛的应用。我们在实际操作的过程中往往会以最为浅显和贴近生活的话语将用户的属性、行为与期待的数据转化联结起来。作为实际用户的虚拟代表,用户画像所形成的用户角色并不是脱离产品和市场之外所构建出来的,形成的用户角色需要有代表性,能代表产品的主要受众和目标群体。

企业通过收集与分析消费者社会属性、生活习惯、消费行为等主要信息的数据,勾画出一类虚拟用户画像,同一画像有相同的兴趣爱好和消费习惯,甚至可精准到这一类人群相同的思维模式。用户画像为企业提供了足够的信息基础,能够帮助企业快速找到精准用户群体以及得到用户需求等更为广泛的反馈信息。

用户画像可以使产品的服务对象更加聚焦,更加专注。在行业里,我们经常看到这样一种现象:做一个产品,期望目标用户能涵盖所有人,男人女人、老人小孩、专家、文青……通常这样的产品会走向消亡,因为每一个产品都是为特定目标群的共同标准而服务的,当目标群的基数越大,这个标准就越低。换言之,如果这个产品是适合每一个人的,那么其实它是为最低的标准服务的,这样的产品要么毫无特色,要么过于简陋。

用户画像,一般需要以下四个步骤:首先,收集用户的静态信息数据、动态信息数据。静态数据就是用户相对稳定的信息,如性别、地域、职业、消费等级等;动态数据就是用户不断变化的行为信息,如浏览网页、搜索商品、发表评论、接触渠道等。其次,通过剖析数据为用户贴上相应的标签及指数,标签代表用户对该内容有兴趣、偏好、需求等;指数代表用户的兴趣程度、需求程度、购买概率等。再次,给个人打标签,就是把这个人的信息以标准化的方式组织存储起来,并通过cookie(主要是PC端)、IMEI、IDFA等身份标记手段附着在个人的唯一身份标识上。例如,某女,33岁,已婚,某企业白领,月收入1万元以上,爱美食,网购达人,喜欢旅游、聚会、健身等。最后,用标签为用户建模,包括时间、地点、人物三个要素,简单来说就是什么用户在什么地点做了什么事。

上述步骤是针对用户个体的画像。与此相对应的是人群画像,简单理解就是将人群的情况用数据的方式描绘出来。人群画像和个体画像并不完全相同。个体画像是描述不同个人的过程,是个体的多样性特征。而人群画像虽然必须基于对个体的画像,但却高于个体的画像,体现为人群作为一个集群的整体特征,需要归纳人群所呈现出的共性,是针对细分目标受众进行的。例如,NB运动鞋厂对运动时尚人群画像,人群包括三个非常关键的组成部分:个体的标识、个体的画像,以及对人群共性的抽象,在三者的关系上,第一个是前提,第二个是基础,第三个是对前两者的组合、抽象、分析和利用。

知识拓展

"双11"用户画像：多元化消费趋势凸显 移动购物成主流

1. 2018年网购用户规模再创新高，女性仍是消费主力

从用户规模来看，尽管"双11"已经发展了10年，但是网民参与"剁手"的热情却不减当年，网购用户参与人数与频次仍在持续增长。2018年"双11"当天综合电商用户规模达4.7亿，人均使用次数达12.1次，双双创下历史新高。

从用户性别结构来看，"双11"仍是女性的消费主场，女性用户占比常年保持在50%以上。但近年来，男性"双11"的参与度明显提高，2018年"双11"男性用户占比为45%，较2013年提高了12个百分点。

2. "90后"崛起成"双11"新主力，"00后"力量开始凸显

从用户年龄结构来看，2015年我国"双11"消费主力是"80后"，而到了2018年，消费主力已经变成了"90后"。此外，"00后"也开始加入这场购物大狂欢。事实上，"90后"和"00后"人群对网购概念接触频繁，且接受新鲜事物能力更强，在中国网购人群中占据了绝对比例。

3. 网购人群消费力提升，助推"双11"消费规模持续扩张

从人均消费金额来看，随着社会经济发展及我国居民可支配收入不断增长，"双11"网购人群的人均消费金额也相应增长。相较于2013年，2018年"双11"人均消费在500元以下及500~1000元的人数占比下滑，而大于1000元的消费者数量明显增多，其中，人均消费5000~10000元的消费者数量增长最快。由此可见，我国网购人群的消费力已大幅提升，将有助于"双11"消费规模的扩大。

4. 爱3C、爱吃、爱打扮，"00后"运动需求更旺盛

从"双11"消费需求意愿来看，3C、服饰鞋帽、食品饮料是消费者最关注的三大电商品类，充分体现了中国消费者爱3C、爱吃、爱打扮的消费特征。而不同年龄层的消费需求也存在一定差异，比如，"80后"普遍已经组建家庭、生儿育女，对于家电、母婴产品的关注度更高；而"90后""00后"对于个护美妆有强烈需求；"00后"的运动需求尤为旺盛。

5. 手机、家电等品类需求扩张，彰显多元化消费趋势

从天猫"双11"销售额TOP10品牌变化来看，从2013年的服装、家具家居等存储类商品，到2016年三只松鼠入围，消费者的消费需求更加多样化，不再只局限于服装和化妆品等日用必需品，开始不断向手机、家电、食品、母婴等品类迅速拓展。而消费品类的多元化也使得"双11"这一活动持续充满活力，得以吸引更多的用户流量。

6. 家电产品最抢手，手机、个护美妆产品销售大增

从不同细分品类实际销售情况来看，家电、手机、个护美妆是"双11"最主要的消费产品。具体来看，2016—2018年"双11"家电产品销售额始终位列第一，但销售额占比不断下滑，2018年跌至18.1%；而手机、个护彩妆产品在历经2017年销售额占比下滑以后，两类产品销售额在2018年均实现大幅增长，销售额占比分别提升至14.3%和14.2%。

7. 移动购物成主流，手机淘宝最受欢迎

从消费渠道来看，随着中国移动互联网的迅速发展，移动端购物逐渐成为"双11"网购主流。2013年我国"双11"购物狂欢节全网移动端成交额仅为96亿元，而到2018年移动端交易额提高至2942亿元，成交额占比从15%提升至94%。

从具体移动工具的选择来看,用户电商 App 选择趋于多元,喜欢多平台同时消费。从用户安装电商 App 数量来看,一方面,用户安装电商 App 数量增多,2018 年每位用户平均装有 4.3 个电商 App,较 2017 年增加了 0.6 个;另一方面,安装 2 个电商 App 的用户占比最大,但在 2018 年用户占比大幅下滑 12.7 个百分点至 23.8%,而安装 5 个及以上电商 App 的用户占比则明显增加,占比合计提升了 11.5 个百分点。

而在这些电商 App 中,手机淘宝最受欢迎。一方面,从电商 App 独占率来看,2018 年"双 11"期间,手机淘宝 App 独占率为 19.5%,位列第一,远高于其他 App。另一方面,从电商平台用户规模来看,手机淘宝日均活跃用户规模稳居第一,2018 年 11 月平均日活用户高达 1.98 亿人,也就是说,11 月每天平均每 7 个人中就有 1 人打开淘宝 App。此外,拼多多上市后首次参与"双 11"战绩惊人,其活跃用户规模增长迅猛,2018 年 11 月平均 DAU(日活跃用户数量)已赶超京东、唯品会、天猫、苏宁易购等老牌竞争平台,仅次于淘宝位居第二。

此外,从不同年龄层消费者来看,天猫、京东、淘宝都是消费者最关注的电商平台前三名,但存在细微差别。具体来看,"80 后""90 后"更关注天猫,而"00 后"则更爱京东;此外,"80 后""90 后"对于拼多多的关注度也明显高于"00 后"。

任务二　选择目标市场

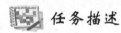任务描述

企业在评估、比较不同的细分市场后,选定一个或几个细分市场决定进入,在其中实施计划并获取利润,这一市场称为企业的目标市场。

目标市场选择(market targeting)是指估计每个细分市场的吸引力程度,并选择进入一个或多个细分市场。企业选择的目标市场应是那些企业能在其中创造最大顾客价值并能保持一段时间的细分市场。资源有限的企业或许决定只服务于一个或几个特殊的细分市场,包括评估每个子市场的发展潜力,然后选择其中的一个或多个进入。公司应选择那些可以产生最大价值并可持续一段时间的子市场。

一、目标市场的概念与选择标准

1. 目标市场的概念

美国著名的市场营销学者麦卡锡提出:应当把消费者看作一个特定的群体,称为目标市场。通过市场细分,有利于明确目标市场;通过市场营销策略的应用,有利于满足目标市场的需要。

目标市场是指在市场细分的基础上被企业选定的并准备以相应产品或服务去满足其需求的市场。目标市场选择直接关系到企业营销成果和市场占有率,其优点是在商品宣传推销上能做到有的放矢,分别满足不同消费者群体的需求,进而扩大市场占有率;同时可使企业在细分市场上占据优势,从而提高自身竞争力,在消费者心目中树立良好形象。

2.目标市场的选择标准

目标市场一般由一个或多个市场区隔组成,企业可根据以下标准选择目标市场。

(1)有一定的规模和发展潜力。企业进入某一市场是期望能够有利可图,如果市场规模狭小或者趋于萎缩状态,企业进入后难以获得发展,此时,应审慎考虑,不宜轻易进入。当然,企业也不宜以市场吸引力作为唯一取舍,特别是应力求避免"多数谬误",即与竞争企业遵循同一思维逻辑,将规模最大、吸引力最大的市场作为目标市场。大家共同争夺同一个顾客群的结果是,造成过度竞争和社会资源的无端浪费,同时使消费者的一些本应得到满足的需求遭受冷落和忽视。现在国内很多企业动辄将城市尤其是大中城市作为其首选市场,而对小城镇和农村市场不屑一顾,很可能就步入误区,如果转换一下思维角度,一些经营尚不理想的企业说不定会出现柳暗花明的局面。

(2)市场尚未被强有力的竞争者完全控制。企业应选择竞争对手较少或竞争对手较弱的细分市场作为自己的目标市场。需要注意有时可能会出现竞争企业遵循同一逻辑思维,争抢同一细分市场的现象,企业应竭力避免。即使市场已被竞争者控制,只要企业自身的实力可与其抗衡,仍可以设法进入。

(3)符合企业目标和能力。某些细分市场虽然有较大吸引力,但不能推动企业实现发展目标,甚至分散企业的精力,使之无法完成其主要目标,这样的市场应考虑放弃。另一方面,还应考虑企业的资源条件是否适合在某一细分市场经营。只有选择那些企业有条件进入、能充分发挥其资源优势的市场作为目标市场,企业才会立于不败之地。

 知识拓展

小油漆厂如何选择目标市场?

英国有一家小油漆厂,访问了许多潜在消费者,调查他们的需求,并对市场作了以下细分:本地市场的60%,是一个较大的普及市场,对各种油漆产品都有潜在需求,但是本厂无力参与竞争。另有四个分市场,各占10%的份额。一个是家庭主妇群体,特点是不懂室内装饰需要什么油漆,但是要求质量好,希望油漆商提供设计,油漆效果美观;一个是油漆工助手群体,顾客需要购买质量较好的油漆,替住户进行室内装饰,他们过去一向从老式金属器具店或木材厂购买油漆;一个是老油漆技工群体,他们的特点是一向不买调好的油漆,只买颜料和油料自己调配;一个是对价格敏感的青年夫妇群体,收入低,租公寓居住,按照英国的习惯,公寓住户在一定时间内必须油漆住房,以保护房屋,因此,他们购买油漆不求质量,只要比白粉刷浆稍好就行,但要价格便宜。

经过研究,该厂决定选择青年夫妇作为目标市场,并制定了相应的市场营销组合:(1)产品。经营少数不同颜色、不同包装大小的油漆,并根据目标顾客的喜爱,随时增加、改变或取消颜色品种和装罐大小。(2)分销。产品送抵目标顾客住处附近的每一家零售商店。目标市场范围内一旦出现新的商店,立即招徕经销本厂产品。(3)价格。保持单一低廉价格,不提供任何特价优惠,也不跟随其他厂家调整价格。(4)促销。以"低价""满意的质量"为号召,以适应目标顾客的需求特点。定期变换商店布置和广告版本,创造新颖的形象,并变换使用广告媒体。

由于市场选择恰当,市场营销战略较好适应了目标顾客,虽然经营的是低档产品,该企业仍然获得了很大成功。

二、目标市场范围选择

目标市场的选择策略,即关于企业为哪个或哪几个细分市场服务的决定,通常有五种模式供参考(见图5-1)。

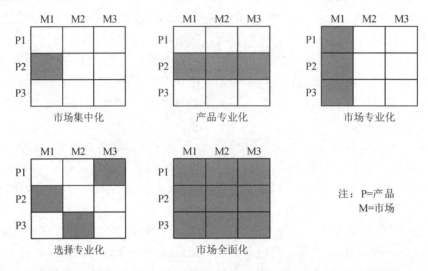

图5-1 目标市场范围选择策略

1. 市场集中化

市场集中化是最简单的一种策略,企业只生产一种标准化产品,并只选择一个细分市场进行营销。由于企业只选择一个细分市场营销,对这个市场的需求了解得比较透彻,因而容易生产出受人欢迎的产品。这种策略适用于资源比较匮乏的中小企业,很多大型企业最初创业时也选择这种策略,因为专业化生产有助于提高生产率。如果目标市场选择得当,企业通常可以获得不错的利润,但是,一旦市场发生变化,企业就会受很大的冲击。

2. 产品专业化

与市场专业化恰好相反,企业不再满足一类消费者的所有需求,而是只生产一种产品向各类顾客进行营销。企业专注一种产品的开发与生产,既有利于形成技术优势、提高竞争能力,又有利于树立良好的品牌形象、扩大销售规模。例如服装厂商向青年、中年和老年消费者销售高档服装,企业为不同的顾客提供不同种类的高档服装产品和服务,而不生产消费者需要的其他档次的服装。这样,企业在高档服装产品方面树立很高的声誉,但一旦出现其他品牌的替代品或消费者流行的偏好转移,企业将面临巨大的威胁。

3. 市场专业化

市场专业化是指企业根据某一细分市场的需要生产所有产品。采取这种策略的企业通常致力于服务一类顾客。多种产品生产不仅可以分散企业的经营风险,而且能够为顾客提供更全面的服务,在客户群中建立良好的企业形象;但是一旦客户群体决定缩减经费、减少器材购置数目,就会对这类企业的业务形成较大冲击。此外,满足一类客户群的所有需求,对企业的人力、物力、财力等方面的要求也比较高。例如企业专门为老年消费者提供各种档次的服装。企业专门为这个顾客群服务,能建立良好的声誉,但一旦这个顾客群的需求潜力和特点发生突然变化,企业要承担较大风险。

4. 选择专业化

选择专业化策略是指企业生产不同性能和规格的产品,选取几个具有吸引力的细分市场作为目标市场,其中每个细分市场与其他细分市场的联系较少。与集中化策略相比,该策略的优点是分散了经营风险,即使其中某个细分市场失去了吸引力,企业还能在其他细分市场盈利,缺点是分散了企业经营资源。

5. 市场全面化

企业力图用各种产品满足各种顾客群体的需求,即以所有的细分市场作为目标市场,例如上例中的服装厂商为不同年龄层次的顾客提供各种档次的服装。一般只有实力强大的大企业才能采用这种策略。例如 IBM 公司在计算机市场、可口可乐公司在饮料市场开发众多的产品,满足各种消费需求。

三、目标市场策略

目标市场策略是指企业将产品的整个市场视为一个目标市场,用单一的营销策略开拓市场,即用一种产品和一套营销方案吸引尽可能多的购买者。无差异营销策略只考虑消费者或用户在需求上的共同点,而不关心他们在需求上的差异性。

1. 目标市场营销策略类型

根据所选择的细分市场数目和范围,目标市场选择策略可以分为无差异目标市场策略、差异性目标市场策略和集中性目标市场策略三种方式。

(1)无差异目标市场策略。

无差异目标市场策略是指不考虑各细分市场的差异性,将它们视为一个统一的整体市场。采用无差异目标市场策略无视各细分市场客户群体的特殊需求,在此情况下,营销人员可以设计单一营销组合直接面对整个市场,去迎合整个市场最大范围的客户的需求,凭借大规模的广告宣传和促销,吸引尽可能多的客户。无差异营销的理论基础是成本的经济性。生产单一产品,可以减少生产与储运成本;无差异的广告宣传和其他促销活动可以节省促销费用;不搞市场细分,可以减少企业在市场调研、产品开发、制定各种营销组合方案等方面的营销投入。这种策略对于需求广泛、市场同质性高且能大量生产、大量销售的产品比较合适。

这种策略的优点如下:一是有助于企业降低成本,节约生产和管理费用。大规模生产同一种产品及大批量运输能使企业取得规模经济效益。同时,由于目标市场涵盖整个市场,不需要进行市场细分,节省了市场调研、制定不同的营销策略及促销的费用。二是企业可以集中资源致力于一种产品的开发和宣传,容易在消费者心目中树立最佳产品形象。

这种策略的缺陷如下:一是消费者具有同质化需求或者相似需求这种假设并不切合实际。现实生活中消费者的需求千差万别,生产一种产品的企业根本无法满足所有消费者的需求,因而一些较小的细分市场往往会被忽略,这必将导致企业错失市场机会。二是针对最大的市场进行单一产品营销,容易导致该领域内的过度竞争,进而使市场盈利率低于其他细分市场。

由于对同质性高、需求广泛的产品比较有效,这种策略通常适用于实力雄厚的大企业,以此来获取规模经济效益。长期固守一种产品,往往很难得到大多数购买者的认同。因此在采取这种策略时,企业一定要慎重。

(2)差异性目标市场策略。

差异性目标市场策略是指企业根据消费者需求的差异性把整个市场分为不同细分市场,

有针对性地在产品生产和营销计划方面体现差别。

这种策略的优点是可以满足不同细分市场上消费者的需求,从而扩大企业产品的销售量。具体表现为:企业可以通过多种渠道和方式推销不同的产品来增加市场份额,提升产品的市场形象;由于经营产品增多,可以降低经营风险。

这种策略的缺点是必须对整体市场进行细分,而且所生产产品通常批量较小、种类较多,不同产品需要不同的促销方式,因此企业的生产经营成本会相应增加。由于企业资源相对有限,同时经营几种产品有时并不利于形成优势产品和核心品牌。

随着市场竞争结构的演进和消费者需求层次的提升,越来越多的企业开始关注消费者选择的多样性和个性化趋势,并采用这种策略来应对市场变化。但并非所有企业都适合采用这种策略。它通常适用于实力雄厚、研发能力较强的企业。

 知识拓展

江小白,重新定义了时尚小酒

江小白,重新定义了时尚小酒,也开创了白酒的一系列时尚喝法。

这是在重庆的一个小酒品牌,它在西南市场非常火爆。它的目标人群是18~30岁的青年,所以它是年轻人爱喝的一款时尚小酒。江小白在重庆开了一家酒吧,在这里江小白发明出108种喝法。江小白走进酒吧,就具有一些时尚感。其次江小白发明了许多语录,这些语录很符合年轻人的想法,也很符合年轻人的心理。这就创造了年轻人的消费场景。因此江小白在低迷的市场上异军突起。

江小白的成功归结于他们的目标人群的差异化的定位。

(3)集中性目标市场策略。

集中性目标市场策略是指企业选择一个或几个细分市场作为目标市场,集中所有资源和经营能力来充分满足目标市场消费者的需要。

该策略的优势在于:首先,有利于企业全力争夺一个或几个细分市场,提高在这些市场的份额,并取得有利地位和特殊信誉,进而避免四处出击浪费资源;其次,便于企业专门服务一个或几个细分市场,占用资金较少,并且可以批量地生产和运输产品,进而有效地降低经营成本;最后,企业可以扬长避短,在市场选择方面体现主动性,有目的地经营自身优势明显的细分市场。

该策略的风险在于:把企业的前途放在一个或几个细分市场上,如果目标市场出现大的变动,企业将遭受严重损失。因此很多企业在采取这种策略的同时,也采取差异性策略来分散经营风险。

集中性营销策略由于不要求进行大规模的生产销售活动,因而适用于资源有限的中小企业。这类企业可以集中资源服务于一个或几个细分市场从而获得成功。例如,美国西南航空公司把奔波于两个主要城市之间的工作人群作为服务对象,通过加大航班频次并集中起飞时间取得了高于行业平均水平的经营业绩。

2.目标市场营销策略的选择

上述三种目标市场营销策略各有其优缺点,企业到底采取哪一种营销策略,应综合考虑企业自身、产品、市场、竞争者等多方面的因素予以决定。

(1)企业自身条件。在选择策略的时候,企业首先应该考虑的因素是自身状况,包括人力、物力、财力等。如果企业资金雄厚,产品开发和营销能力很强,则可以考虑把整个市场作为目标市场,采取差异化营销策略或无差异营销策略。相反,如果企业刚起步,各项资源都较为有限,则应考虑集中性营销策略。企业也可以充分利用环境资源和自身条件,多种策略结合使用。

(2)产品生命周期阶段。在生命周期的不同阶段,产品的特性并不完全相同。根据产品生命周期各个阶段的特点,企业应采取不同的营销策略。产品处于介绍期和成长期时,企业一般很难同时推出几款产品,因而应采取无差异化营销策略,或者通过市场细分采取集中性营销策略。产品进入成熟期后,企业可以采用差异化营销策略来进一步开拓市场,保持销量。产品进入衰退期后,企业可以采取集中性营销策略来建立产品品牌形象,想方设法延长产品的生命周期。

(3)市场同质化程度。不同市场的特性存在一定的差异。如果市场上所有消费者的爱好兴趣、需求、购买行为等基本相同或类似,企业可以考虑采取无差异性营销策略来满足这种同质化的需求,如果市场需求差别很大,一种产品无法满足所有消费者的需求,则企业可以采用差异化营销策略或集中性营销策略来应对。

(4)产品同质化程度。针对不同产品的特点,企业应采取不同的目标市场策略。对于同质化程度高的产品,企业应选择无差异营销策略。例如,日常生活必需品中的米、面、油、盐等,大多数消费者认为它们区别不大,因此企业不需要做特殊的营销。但也有一些产品,消费者认为它们差别很大,如笔记本电脑、手机等高档消费品。此时企业应该采取差异化或集中性营销策略,建立自己产品的品牌形象。

(5)竞争者。在进入市场之前,企业还需考虑竞争者可能对自己构成的影响。这主要包括两方面的内容:一是竞争者数目,二是竞争者所采取的策略。

在市场上竞争者数目较少的情形下,企业没必要浪费资源开发多个产品,采取无差异化营销策略即可;然而,如果市场上竞争者数目较多,且竞争非常激烈,企业要想取得一席之地,就应该采取差异化或集中性营销策略,通过凸显自己的品牌形象来吸引消费者。

当竞争者采用了差异性营销策略,如本企业采用无差异性营销策略,就往往无法有效地参与竞争,很难处于有利的地位,除非企业本身有极强的实力和较大的市场占有率。当竞争者采用的是无差异性营销策略,则无论企业本身的实力大于或小于对方,采用差异性营销策略,特别是采用集中性营销策略,都是有利可图、有优势可占的。总之,选择适合于本企业的目标市场营销策略,是一项复杂的、处于变化中的、充满艺术性的工作。

任务三　进行市场定位

任务描述

市场定位是目标市场营销中的最后一步,也是非常重要的一步。当今世界产品市场的竞争越来越激烈,几乎任何一种产品都有很多企业在生产、加工、制造、销售。材质相同、价位相近、包装相似、促销方式接近的行业内竞争已使市场格局发生了根本性改变。因此,企业要想让购买者发现并购买自己的产品,就得有所不同,形成自己的特色,这样才能有一批忠实的顾客。市场定位就是要达到这样一种效果。

只有根据营销目标作出合理的市场定位,企业才能真正体现自己的经营特色。市场定位的目的,就是通过产品差异化营销方式在消费者脑海中建立产品的独特形象,培养具有高忠诚度的购买者群体。

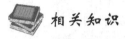 相关知识

一、市场定位的含义和依据

1. 市场定位的含义

市场定位是企业及产品确定在目标市场上所处的位置。市场定位是 20 世纪 70 年代由美国学者艾尔·里斯(AI Ries)和杰克·特劳特(Jack Trout)提出的营销概念,是指企业根据目标市场上同类产品的竞争状况,针对顾客对该类产品某些特征或属性的重视程度,为本企业产品塑造与众不同的、给人鲜明印象的形象,并将这种形象生动地传递给顾客,从而使该产品在市场上确定适当的位置。

市场定位并不只是要求企业对一件产品本身进行功能和利益挖掘,而且要求企业应当在潜在消费者的心目中把产品的形象牢固地记录下来。市场定位的实质是使本企业的产品与其他企业的产品在消费者脑海中严格区分开来,使他们明显地感觉到不同产品的功能和利益差异。因此市场定位是本企业产品在消费者心目中占有的特殊地位和位置。

2. 市场定位依据的原则

市场定位的依据主要有两个方面:一是消费者需求的特征,二是该产品主要竞争对手的产品的主要特征,以此建立本企业产品的竞争优势。而竞争优势主要通过产品差异化来体现。产品差异化是指设计一系列有意义的差异,使本企业的产品同竞争对手的产品区别开来。总的来讲,市场定位所依据的原则有以下四点。

(1)根据具体的产品特点定位。构成产品内在特色的许多因素都可以作为市场定位所依据的原则。比如产品特色、产品性能、产品质量、产品风格等。七喜汽水的定位是"非可乐",强调它是不含咖啡因的饮料,与可乐类饮料不同。泰宁诺止痛药的定位是"非阿司匹林的止痛药",显示药物成分与以往的止痛药有本质的差异。一件仿皮皮衣与一件真正的水貂皮衣的市场定位自然不会一样,同样,不锈钢餐具若与纯银餐具定位相同,也是难以令人置信的。

(2)根据特定的使用场合及用途定位。为老产品找到一种新用途,是为该产品创造新的市场定位的好方法。小苏打曾一度被广泛地用作家庭的刷牙剂、除臭剂和烘焙配料,已有不少的新产品代替了小苏打的上述一些功能。我们曾经介绍了小苏打可以定位为冰箱除臭剂,另外还有家公司把它当作调味汁和卤肉的配料,更有一家公司发现它可以作为冬季流行性感冒患者的饮料。我国曾有一家生产曲奇饼干的厂家最初将其产品定位为家庭休闲食品,后来又发现不少顾客购买是为了馈赠,又将之定位为礼品。

(3)根据顾客得到的利益定位。产品提供给顾客的利益是顾客最能切实体验到的,也是其定位的依据。1975 年,美国米勒(Miller)推出了一种低热量的 Lite 牌啤酒,将其定位为喝了不会发胖的啤酒,迎合了那些经常饮用啤酒而又担心发胖的人的需要。

(4)根据使用者类型定位。企业常常试图将其产品指向某一类特定的使用者,以便根据这些顾客的看法塑造恰当的形象。如,美国米勒啤酒公司曾将其原来唯一的品牌高生啤酒定位于"啤酒中的香槟",吸引了许多不常饮用啤酒的高收入妇女。后来发现,占30%的狂饮者大约消费了啤酒销量的80%,于是,该公司在广告中展示石油工人钻井成功后狂欢的镜头,还有年轻人在沙滩上冲刺后开怀畅饮的镜头,塑造了一个精力充沛的形象。在广告中提出"有空就喝米勒",从而成功占领啤酒狂饮者市场达10年之久。

事实上,许多企业进行市场定位依据的原则往往不止一个,而是多个原则同时使用。因为要体现企业及其产品的形象,市场定位必须是多维度的、多侧面的。

二、市场定位的步骤和策略

1. 市场定位的步骤

市场定位的关键是企业要设法在自己的产品上找出比竞争者更具有竞争优势的特性。竞争优势一般有两种基本类型:一是价格竞争优势,就是在同样的条件下比竞争者定出更低的价格。这就要求企业采取一切努力来降低单位成本。二是偏好竞争优势,即能提供确定的特色来满足顾客的特定偏好。这就要求企业采取一切努力在产品特色上下功夫。因此,企业市场定位的全过程可以通过以下三大步骤来完成。

(1)识别潜在竞争优势。

这一步骤的中心任务是要回答以下三个问题:一是竞争对手产品定位如何;二是目标市场上顾客欲望满足程度如何以及确实还需要什么;三是针对竞争者的市场定位和潜在顾客的真正需要的利益要求企业应该及能够做什么。

要回答这三个问题,企业市场营销人员必须通过一切调研手段,系统地设计、搜索、分析并报告有关上述问题的资料和研究结果。

通过回答上述三个问题,企业就可以从中把握和确定自己的潜在竞争优势在哪里。

(2)核心竞争优势定位。

竞争优势表明企业具有能够胜过竞争对手的能力。这种能力既可以是现有的,也可以是潜在的。选择竞争优势实际上就是一个企业与竞争者各方面实力相比较的过程。比较的指标应是一个完整的体系,只有这样,才能准确地选择相对竞争优势。通常的方法是分析、比较企业与竞争者在经营管理、技术开发、采购、生产、市场营销、财务和产品七个方面究竟哪些是强项,哪些是弱项。借此选出最适合此企业的优势项目,以初步确定企业在目标市场上所处的位置。

(3)战略制定。

这一步骤的主要任务是企业要通过一系列的宣传促销活动,将其独特的竞争优势准确传播给潜在顾客,并在顾客心目中留下深刻印象。

首先,应使目标顾客了解、知道、熟悉、认同、喜欢和偏爱此企业的市场定位,在顾客心目中建立与该定位相一致的形象。

其次,企业通过各种努力强化目标顾客形象,保持对目标顾客的了解,稳定目标顾客的态度和加深与目标顾客的感情,以此来巩固与市场相一致的形象。

最后,企业应注意目标顾客对其市场定位理解出现的偏差或由于企业市场定位宣传上的失误而造成的目标顾客的模糊、混乱和误会,及时纠正与市场定位不一致的形象。企业的产品在市场上定位即使很恰当，但在下列情况下，还应考虑重新定位。

①竞争者推出的新产品定位与此企业产品相似，侵占了此企业产品的部分市场，使此企业产品的市场占有率下降。

②消费者的需求或偏好发生了变化，使此企业产品销售量骤减。

重新定位是指企业为已在某市场销售的产品重新确定某种形象，以改变消费者原有的认识，争取有利的市场地位的活动。如某日化厂生产婴儿洗发剂，以强调该洗发剂不刺激眼睛来吸引有婴儿的家庭。但随着出生率的下降，销售量逐渐减少。为了增加销售，该企业将产品重新定位，强调使用该洗发剂能使头发松软有光泽，以吸引更多、更广泛的购买者。重新定位对于企业适应市场环境、调整市场营销战略是必不可少的，可以视为企业的战略转移。重新定位可能导致产品的名称、价格、包装和品牌的更改，也可能导致产品在用途和功能上的变动，企业必须考虑定位转移的成本和新定位的收益问题。

2. 市场定位策略

(1) 首位战略。

在每一行业、每一区域、每一目标市场都有一些公认处于首位的企业。例如，可口可乐公司是世界上最大的软饮料公司，Hertz 公司是世界上最大的汽车租赁行，长虹是中国最大的电视机生产厂家等，这些品牌占据了首席的特殊位置，其他竞争者很难侵取其位。由于这种无可替代的第一所取得的效果，许多企业挖空心思地想占据老大地位。

在这种市场定位战略中，我们要注意的是，这个首位和第一可以是差别性的，不一定非是规模上的最大不可。重要的是在某些有价值的属性上取得第一的定位，在某些选定的目标市场上争得第一。例如，长虹就不是世界上规模最大的电视机生产厂家，但它是中国这个区域市场上的规模第一；七喜汽水不是饮料生产厂家的第一，但它是非可乐型饮料的第一。

(2) 巩固战略。

巩固战略是要在消费者心目中加强和提高自己现在的定位。如果企业成不了第一名，成为第二、第三也是一种有效的定位。例如，美国 Avis 公司将自己定位为汽车租赁行业的第二位，并且强调说，我们是老二，我们要迎头赶上去。同时让消费者知道并相信这是确实可信的。紧挨第一名的市场定位既避免了和"第一"针锋相对的冲突，也在消费者心目中树立起了具有相当实力的印象。

(3) 挖掘战略。

挖掘战略是寻找被许多消费者所重视和未被占领的定位，也称之为"寻找枪眼"或者"找空子"。例如，美国联合泽西银行没法与纽约的大银行（如花旗银行和大通银行）进行竞争，但其营销人员发现大银行发放贷款往往行动迟缓，他们便将联合泽西银行定位为"行动迅速的银行"，实际上，他们依靠"行动迅速的银行"的定位，获得了很大的成功。还有，步步高"充电5分钟通话2小时"的闪充技术也让 vivo 和 OPPO 着实拥有了很多使用者。

(4) 共享战略。

共享战略即"高级俱乐部战略"。公司如果不能取得第一名和某种很有意义的属性，便可以采取这种战略。竞争者可以宣传说自己是三大公司之一或者是八大公司之一等。三大公司的概念是由美国以前第三大汽车公司——克莱斯勒汽车公司提出的，八大公司的概念是由美国第八大会计公司提出的，其含义是俱乐部的成员都是最佳的，这样便在消费者心目中把公司划入了最佳的圈子，成功地将公司定位于优良者的地位。

(5)重新定位战略。

如果消费者心目中对该企业的市场定位不明确,或当市场营销环境发生重大变化后,或者是顾客需求发生了显著变化等,企业须调整自己原来的市场定位,进行重新定位。另外,就是当众多的或较强的竞争对手定位于自身产品及形象周围时,为发动进攻,也通常采取重新定位战略。通过这种重新定位,可消除顾客心目中相似定位的模糊,重新加深自己在消费者心目中的印象。但是,采用重新定位战略也具有一定的冒险性,因为它可能会使你失去一部分以往的品牌忠诚者,所以应谨慎使用。

 知识拓展

好想你!重新定位

一个高端品牌叫枣博士,枣博士给好想你企业贡献百分之三十的营收,枣博士的定位是一个高端的礼品。

好想你的枣博士之前的目标客户是政府、企事业单位的团购,因此他之前打造的是高端的礼品,他和好多礼品业、奢侈品行业一样都遇到了问题。

这时的好想你做出怎样的改变呢?

好想你宣布关闭600家门店,产品重新定位:好想你开始专注于为25岁至45岁的白领女性提供日常休闲食品,好想你壮士断腕做了产品的一个重新定位。好想你的市场定位从高端礼品转为日常休闲食品。重新定位一定要重新选择自己企业的目标人群。

三、市场定位的有效性和误区

1. 市场定位的有效性原则

以差异化为基础的市场定位必须满足以下几条原则,其定位才是有意义和有价值的。

(1)可盈利性。此项定位必须保证能向相当数量的买主让渡较高价值的利益,并且企业可以通过该定位获得利润。

(2)明晰性。该定位是其他企业所没有的,或者是该公司以另一种突出、明晰的方式提供的。

(3)优越性。该定位明显优越于通过其他途径而获得相同的利益。

(4)可沟通性。该定位是买主容易看得见的,能被消费者理解的,愿意和企业沟通进行了解的。

(5)可接近性。该定位的目标消费者能够接受定位范围内的产品特色、价格、功能和利益等,并且是目标消费者有能力购买的。

(6)难以替代性。该定位是其他竞争对手难以模仿和代替的,能够在一定时间内被该企业独自占有和保持的。

以上只是市场定位有效的几项基本原则,企业在进行市场营销活动实践时还需要根据企业所处环境、行业地位、行业现状和发展趋势等进行综合考量。企业在进行定位的时候,尽量符合以上几种有效性的原则,同时尽量避免以下几种显而易见的定位误区。

2. 市场定位的误区

(1)定位模糊。有些公司的定位不明确,使得顾客对公司的产品只有一个模糊的印象,感觉不到他的产品和其他公司产品有什么明显的不同。

（2）定位狭隘。比如市场定位过分强调某一领域或某一方面，限制了顾客对该公司其他领域产品的了解。

（3）定位混乱。企业定位主体多而杂乱，没有逻辑性，找不到闪光点，消费者难以把握企业产品的特色。或者企业频繁变化定位，导致顾客认知混淆，难以找到购买理由和兴趣。

（4）定位虚假。消费者难以相信企业所宣传的定位，比如在价格和产品特色方面，有虚假的宣传和不切实际的定位，让消费者难以相信，进而失去购买动力。

 知识拓展

花西子品牌战略分析

近些年，不断涌现出国货美妆新品牌，花西子就是其中一款国货美妆品牌，其面临美妆市场的竞争激烈，却能在短时间内突围，成为广大消费者喜爱的国货美妆产品。花西子品牌战略到底是如何形成的？我们来做一个简单的分析。

在高端化妆品市场，欧美系品牌仍占主导，但在疫情期间受到了比较明显的冲击，增速放缓。对于国货美妆的花西子品牌而言，也是一个强大的营销突破口。但在这之前，更重要的是得益于花西子品牌定位成功，才能在后续的机遇中重重突围。

花西子品牌定位：东方彩妆。

从成立至今，花西子不断探索中国古方养颜智慧，坚持传承东方美学，萃取自然花卉中的精华，运用现代制造工艺打造适合东方女性的彩妆产品。

在众多国货品牌一味追求与国际大牌保持时尚感步调一致的时候，花西子追求的是"东方彩妆"这一独特定位。无论是产品名称、外观，还是种类色号、描述，都一一融入了"东方美学"的基因。

从热销产品的"玉女桃花轻蜜粉"名称中，就可以感受出东方美人面若桃花的娇嫩。如果说这款产品让人充分感受到古典东方自然、清新的美，那么其雕花口红则展现出东方低调却奢华的魅力。花西子品牌战略把中国微雕艺术搬到了口红上，在口红方寸大小之间，展现锦绣河山的恢宏与壮丽。

主打垂直古妆风，其产品具有非常明显的东方彩妆特色。从品牌理念出发，花西子以古典元素作为品牌符号，并立足东方女性的皮肤和妆容特点，从古方化妆品找寻配方灵感，并强调成分天然，不含任何孕妇慎用成分。

在美妆市场上对比完美日记，其主打极致性价比战术，重点似乎在于以较低的单品价格获取新客。而花西子的"东方彩妆、以花养妆"，更趋向于追求营造体验感，更多的是向消费者传递品牌观点，打造品牌鲜明的独特形象，进而形成长期的品牌效应。

花西子品牌战略为了突出自身定位的"东方彩妆"，包括让产品更贴合大众的需求，其在产品研发的过程中，特设了体验馆模式，邀请消费者参与产品的试用，体验产品的效果，并依照每一次的反馈数据调整优化产品。在这个阶段，只有超过90%的用户认同的产品，才能进入最后的生产阶段。花西子品牌战略一方面把握了国风国潮的审美趋势，另一方面利用了中国在天然植物成分方面的国家心智资源，定义出国风彩妆新品类，聚焦细分品类，占据消费者心智。

从花西子品牌发展到今天来看，花西子品牌战略把握了以国家地区消费者审美和习惯不同的品类细分趋势，包括其定义的国风彩妆新品类也是欧美、日韩品牌难以借鉴或复制的品类，为自身品牌成长提供发展空间。

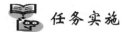任务实施

市场细分实训

背景资料：

随着STP目标市场营销策略学习的深入，同学们对市场细分应该也很感兴趣了，你们想了解为什么同一市场上，卖同样产品的商家有很多，他们面对市场是如何思考的？是怎样设计产品和服务的呢？下面我们将以校园周边某种形态的店铺为例，对其进行市场细分及市场定位实训。

实训目标：

1.素质目标：与模拟企业相关人员交流沟通顺畅，小组成员密切配合完成既定任务。

2.能力目标：能够结合企业实际理解和掌握市场细分依据和方法，能够对某企业进行市场细分。

3.知识目标：通过调研走访并结合实际，能够通过实训准确理解市场细分、目标市场、市场定位等陈述性知识。

实训要求：

1.每组6人，其中1人为组长，由组长负责组织组员合理分工，开展讨论，按其分工各司其职、相互沟通、密切配合，完成实训任务。

2.根据实训要求，选取学校周边某种经营业态，对其经营项目进行市场调查，详细了解其市场定位等实际情况。

3.各组通过开展调查和讨论研究，结合课本所学知识点，对该经营业态进行市场细分，详细说明细分标准，以及说明如何选择目标市场及进行市场定位等。

实训报告：

1.每组撰写一份调查报告，针对所选取的经营业态进行调研分析。

2.调查报告上要说明小组市场细分标准依据，以及选择目标市场并进行市场定位的方式。

3.报告呈现形式各组自定，字数不限，要求制作成汇报版PPT，并在实训时进行讲解和展示。

在学生开始学习本项目内容时，即可开始组建模拟团队，布置本次实训任务。让学生利用课余时间搜集资料，开会研讨并完成实训报告。在学习完本项目后，用2个课时让各小组讲解展示实训成果，其他小组同学可以发表意见，最终由教师进行点评。

自我检测

项目六 市场营销战略规划

项目导入

经过了刻苦努力的学习和深入研究,李学对目标市场营销策略的制定有了独特的见解,他对自己选择了营销这个岗位的工作感到无比的自豪,他们团队的项目也顺利地完成了,这个时候,刚刚顺利上市的新产品出现了大量的竞争者,公司开会研讨接下来该如何面对众多的竞争对手,找到自己产品的发展之路,该采取什么样的营销战略去面向消费者,品牌该如何进一步发展呢?李学和他所在的团队,又开始了新的探索……

项目分析

企业要想在动态的环境中求生存求发展,不但要善于挖掘顾客需求并满足其愿望,还要积极主动地适应不断变化的市场环境。市场营销活动的本质也就是要使企业的目标和资源与不断变化的营销环境相适应。市场营销战略规划就是企业面对激烈变化的市场环境,为长期生存和发展而进行的长远谋划和思考,它是关系企业发展全局的科学规划,是每个企业开展市场营销活动时要做的头等大事。市场营销战略规划的营销目标和任务,需要靠具体的营销策略去实施。本项目将重点介绍市场营销战略规划、市场营销发展战略、市场营销竞争战略等相关内容,从而为后面内容的学习作一个铺垫。

学习目标

知识目标:
(1)了解市场营销战略的内涵和特征。
(2)掌握市场营销发展战略。
(3)掌握市场营销竞争战略。

技能目标:
(1)能够熟悉市场营销发展战略制定的基本思路。
(2)能够初步掌握制定市场营销战略的基本技能。
(3)能够分析企业竞争战略的类型。

知识框架

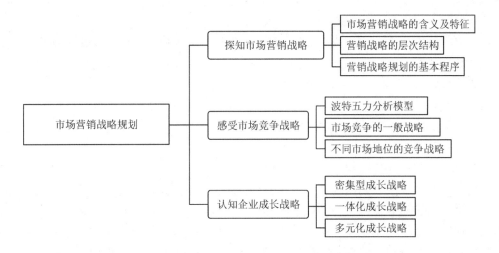

任务一 探知市场营销战略

任务描述

作为一种管理过程,企业营销战略的规划即是要在企业的目标、资源和动态的营销机会之间建立起适当的匹配关系,从而实现企业持续成长和长期盈利的目标。

相关知识

一、市场营销战略的含义及特征

1. 战略

"战略"一词,原为军事用语,是指挥军队的艺术和科学,即作战谋略。在现代企业经营管理中,"战略"一词被引申至政治和经济领域,其含义也演变为泛指统领性的、全局性的、左右胜败的谋略、方案和对策。

2. 企业战略

企业战略是指企业在竞争激烈的市场环境中,为了求得生存和发展而做出的长远性、全局性规划,以及为了实现企业愿景和使命而采取的竞争行动和管理业务的方法。

现代市场经济中,市场营销活动是整个企业经营的核心,因而市场营销战略在企业战略中的地位与意义显得尤为突出。市场营销战略则是企业战略体系的一个重要组成部分,是指企业为实现其整体经营战略目标,在充分预测和把握企业外部环境与内部条件变化的基础上,对企业全局性和长期性思考下所做的市场营销计划。

3. 企业战略的特征

良好的企业营销战略能够令企业在特定市场中建立起足够的相对竞争优势,从而帮助企业赢得激烈的市场竞争;而错误的战略则很可能会危及企业的生存。因此,在规划妥善的企业营销战略时,应当注意以下特征:

(1)总体性:企业战略以企业全局为对象,规定了企业的全局性行动方略,着眼于企业的总体发展,追求总体协同效果。虽然战略必须考虑局部问题,但局部活动要服务于总体性战略活动的要求,对战略的实施发挥有效的支撑作用。

(2)长远性:战略规定了企业在今后相当长一段时间内的发展方向、目标以及工作的重点。一般来说,战略应当至少对企业未来3~5年的发展做出规划,某些情况下甚至可以考虑企业未来十年或更长时间的发展。

(3)方向性:战略规定了企业的未来发展方向,描述了企业的发展蓝图,具有行动纲领的意义。战略要求企业在战略期内的各项工作都要围绕战略制定的方向展开,同时要求各部门在战略方向的指引下充分发挥各自的积极性和创造力。

(4)竞争性:竞争性是企业战略的本质特征。没有竞争,也就没有所谓的企业战略。企业战略的实质就是通过制定战略,维持、巩固或提高自己的竞争地位,努力使自身在同竞争对手的竞争中保持优势,从而使企业在激烈的市场竞争中生存发展和壮大。

(5)稳定性:企业战略一经制定,在较长的时期内就要保持稳定,以利于企业各部门、各单位的贯彻执行。在必要的时候,可以结合当时社会现状进行适当的局部调整,但是不宜变来变去认不清方向。

4. 市场营销战略

市场营销战略是指企业在确定的总体战略指引下,根据市场等环境及自身条件的动态变化趋势,对企业市场营销活动做出总体的、长远的、全局性的谋划。市场营销战略一般包括两方面内容,即企业的长远目标和实现目标的手段,后者也称市场营销策略或战术。

市场营销战略作为企业战略体系的一部分,同样具有总体性、长远性、方向性、竞争性、稳定性等企业战略的一般特征,同时还有两点值得注意:第一,市场营销战略是企业战略的一部分,要服从于企业的总体战略,以实现企业的总体战略目标为出发点;第二,市场营销战略是企业战略体系的核心,市场营销战略引导着其他职能战略。

二、营销战略的层次结构

企业战略主要分为三个层次,即公司战略、业务单位战略、职能部门战略。

公司战略,又称总体战略。总体战略是企业最高层次的战略,它是以企业的使命为指导,选择企业将要进入的业务领域,达到合理利用企业资源,使企业的各项业务相互支持、协调配合的总体安排,总体战略的任务是明确企业应在哪些领域开展经营活动。其主要内容是经营范围的选择和资源的合理配置。通常,总体战略是由企业高层负责制定、落实的基本战略。

业务单位战略,又称经营战略。世界许多跨国公司、大企业集团为了管理的方便,把一些具有许多相似战略因素的业务归为同一个二级单位(如事业部等)。对于规模较小的企业,如果二级单位的产品和市场具有特殊性,也可以视为独立的战略业务单位(strategic business unit,SBU),这些二级单位为了获取市场竞争力也制定了相应的发展战略,这些二级单位、分公司的战略就构成了经营战略。

职能部门战略,是企业各职能部门的短期性战略,又称职能战略。职能战略是职能部门及其管理人员,为完成总体战略、经营战略中的任务,有效地运用相关的管理职能,保证企业目标的实现而制定的战略。企业需要制定职能战略的部门通常包括产品研发、生产制造、市场营销、会计财务、人力资源、物流、信息系统管理等,每一种职能战略都要服从和服务于所在战略业务单位的经营战略及企业的总体战略。

三、营销战略规划的基本程序

营销战略的制定通常可包括六个步骤。

1. 企业内外部环境分析

环境分析的目的是寻求有利的市场机会。从内容来看,包括市场基本资料、企业经营状况、产品分析、竞争状况、消费者使用态度、品牌,以及目标市场发展趋势等。对环境进行分析,将会找到对企业有利和不利的机会与问题,并加以修正、调整和选择、利用,包括产业环境和企业本身的优势与劣势等。市场营销战略的制定要与企业实现各项活动的所有资源和企业运营于其中的环境相匹配。

2. 市场细分、目标市场选择与市场定位

企业的目标市场,是企业市场活动的领域,也是企业价值最终实现的场所,它是营销战略制定的基础。企业管理层在市场细分、目标市场的选择和市场定位时,需要对若干战略方案进行分析和评估,并在此基础上进行决策。

3. 提出营销目标

营销目标作为营销战略的行为终点和起点,不仅包括盈利的基本要求,更重要的是可以解决问题、掌握机会,形成以竞争力为主题的目标系统。这个目标系统包括可控的量化指标体系:明确具有挑战性的阶段目标以及所要达到的最终目标。通过了解企业的定位和顾客的期望制定出企业营销目标,这就明确了企业努力的方向。

4. 企业战略业务单位的建立和调整

任何企业的资源都是有限的,企业必须把其有限的资源用在经营工作的主要部分,因此,企业必须对自己的业务单位进行全面的梳理和分类,明确各种业务单位在企业的价值、地位和作用,根据企业的营销战略进行整合和调整,同时对新的业务单位予以确立和投入,这项工作是营销战略规划最重要的组成部分。

5. 确定市场营销策略组合

策略是战略的分解和具体行为方案,表示用以达到战略所设定的目标的方法。营销组合是根据目标市场特征和营销定位的要求,将企业的可控资源整合成可行的顾客问题解决方案,即通常所说的 4P——产品(product)、价格(price)、渠道(place)和促销(promotion)。市场营销策略组合处于战略和战术的交界线上,起着承上启下的枢纽作用。在管理实践中,企业的战略和战术并不总是很容易区分的,高层管理者们所制定的长期战略和目标被称为"战略",由一线经理和员工操作的短期计划安排称为"战术"。确定了市场营销策略后,企业各职能部门和人员就可以展开具体实施了。

6. 营销控制

营销战略实施中,需要定期通报、实际了解、阶段考核,以便对营销战略进行调整与修正。营销控制环节的出现是由于任何营销战略在制定中都有一个"主观与客观"的结合过程,这一

过程的吻合程度需要时间和实践的检验,这一检验依赖于营销控制来实现,以衡量及监督营销战略规划的成效。

 知识拓展

海尔正式启动智慧家庭全球战略

就在2019AWE中国家电消费电子展会开展前一天,3月13日,海尔在上海世博中心举行"海尔智慧家庭,定制美好生活"全球品牌峰会。会上,海尔正式宣布启动智慧家庭全球战略布局,其七大品牌正在全球落地全套系智慧家庭产品。

海尔在现场发布了海尔品智+、卡萨帝指挥家、统帅L.TWO等三大品牌智慧套系及其颠覆性产品,这些全套系产品实现了语音交互、主动服务、场景定制等全屋互联互通,并将在2019年陆续完成上市。此外,GE Appliances专为北美人打造的多个智慧厨房套系、Fisher&Paykel打造的"社交厨房"、AQUA的"智慧社区洗"、Candy的互联家电等,宣告了"海尔系"智慧家庭生态品牌矩阵的形成,也展现了海尔智慧家庭的全球落地能力。

海尔衡量智慧家庭生态品牌有两个维度或标准:一是品牌的全球化,二是标准的国际化。这两点在本次发布会上得到了充分的展示。

首先,在品牌全球化上,海尔、卡萨帝、统帅,以及GE Appliances、Fisher&Paykel、AQUA、Candy共7大品牌智慧成果的现场亮相,清晰地传递出海尔智慧家庭全球落地的战略。同时,在标准的国际化方面,海尔牵头制定多项国际标准,如电气电子工程师学会IEEE决定由海尔牵头制定关于大规模定制模式等国际标准。

"成套、定制、智慧"是海尔智慧家庭独有的差异化,也是海尔智慧家庭与行业形成区隔的核心点。会上,海尔智慧家庭总经理王晔为大家分享了2019年海尔智慧家庭的三大差异点。

海尔智慧家庭差异化之一:成套方面。目前行业多布局智能单品或部分成套,海尔则是唯一实现全品类一站式成套,包括4大物理空间7大全屋解决方案。不仅单一品牌能够成套,而且旗下7大品牌均能独立成套。

海尔智慧家庭差异化之二:定制方面。在市场会发现,行业大多卖的是"标准品",而海尔却是目前唯一实现产品、方案、生活方式都能个性化定制的品牌。而且,海尔智慧家庭还可根据用户生活习惯自定义智慧场景并持续升级。换言之,海尔智慧家庭从硬件到衣食住娱生活方式,都可以定制。例如,在智慧空气方案中,海尔提供全空间全维度空气自调节解决方案,实现室内温度、湿度、净度和氧度可视化,以及空气方案个性化定制。

海尔智慧家庭差异化之三:智慧方面。目前,智能家居行业还处在智能连接与被动控制阶段,给消费者带来的好处是便捷。而海尔智慧家庭在连接与控制基础上又实现了三大独具的突破:所有网器均可互联互通、主动服务、语音交互。这背后又是因为海尔所独有的、自主研发的U+智慧生活平台。

得益于以上三大差异化的优势,海尔智慧家庭以用户生活方式为核心的生态品牌正在创建。目前,智能家居行业的"生态"多是硬件连接生态,着眼于互联互通。而海尔已经超越了硬件的联通,率先做成了端到端的"资源生态",即通过用户端到生态资源端的连接,为用户提供一站式生活服务。发布会现场,海尔演示了安防、洗护、空气等7大生态圈的部分新成果。以洗护圈为例,海尔衣联网已经吸纳4800多家资源加入,搭建起衣物全生命周期的管理平台,为用户提供洗、护、存、搭、购全生命周期的智慧解决方案。此外,食联网中,馨厨冰箱以"健康顾问"的角色，整合了美食、娱乐、农场、营养师等七大类200多家资源方，满足用户购买、存储、烹饪、清洁、健康管理等一站式管家服务，例如用户可通过冰箱下单多利农庄的20多种有机农产品，实现一键下单、追踪配送信息等。

在智能家居行业百家争鸣的今天，海尔在智慧家庭领域一直走在前列。海尔对智能领域的探索最早可追溯到2006年8月，那时海尔就推出了智能家居系统U-home，比行业早了至少8年。在会议现场，海尔公布，截至2019年3月底，智慧家庭成套落地将进入1000万个家庭。

案例简析：海尔智慧家庭能够在全球快速落地，一方面得益于全球化的品牌布局对智慧家庭的快速复制；另一方面又源于其34年研发、制造、营销引领的世界级体系。海尔全球七大品牌市场数据得益于海尔科技、制造、营销等方面的引领优势，这也为海尔智慧家庭的领先提供了保障与支撑。

物联网时代，海尔不再是一个单纯的产品品牌，而是一个以生活方式为核心的生态品牌。七大品牌对海尔智慧家庭的全球布局与落地，必将给智慧家庭生态品牌建设带来加速度，同时也是对"人单合一"创世界级物联网模式的一次伟大探索与实践。

任务二　感受市场竞争战略

任务描述

竞争是广泛存在的现象，无论是自然界还是人类社会，竞争都是各种事物生存发展的条件。市场竞争是经济运行的常态，企业只有积极地参与市场竞争，才能不断提升经营实力。行业环境是企业赖以生存的重要条件，同一行业内的企业，既有共同利益，又会发生激烈的竞争。选择正确的竞争战略，是企业实现经营目标的关键。在激烈的行业竞争中，企业应当认真分析竞争环境，根据竞争对手的情况有针对性地制定经营战略。

相关知识

一、波特五力分析模型

美国经济学家迈克尔·波特（Michael Porter）于20世纪80年代初提出了"五力竞争模型"。他认为行业中存在着决定竞争规模和程度的五种力量，这五种力量综合起来影响着产业的吸引力以及现有企业的竞争战略决策。五种力量分别为同行业内现有竞争者的竞争能力、潜在竞争者进入的能力、替代品的替代能力、供应商的讨价还价能力与购买者的议价能力。

1. 供应商的议价能力

供方主要通过其提高投入要素价格与降低单位价值质量的能力，来影响行业中现有企业的盈利能力与产品竞争力。供方力量的强弱主要取决于他们所提供给买主的是什么投入要素，当供方所提供的投入要素其价值构成了买主产品总成本的较大比例、对买主产品生产过程非常重要，或者严重影响买主产品的质量时，供方对于买主的潜在讨价还价力量就大大增强。

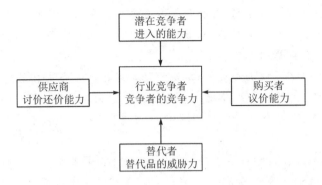

图 6-1 波特的五力竞争模型

一般来说,满足如下条件的供方集团会具有比较强大的讨价还价力量。

(1)供方行业为一些具有比较稳固市场地位而不受市场激烈竞争困扰的企业所控制,其产品的买主很多,以至于每一单个买主都不可能成为供方的重要客户。

(2)供方各企业的产品各具有一定特色,以至于买主难以转换或转换成本太高,或者很难找到可与供方企业产品相竞争的替代品。

(3)供方能够方便地实行前向联合或一体化,而买主难以进行后向联合或一体化。

2.购买者的议价能力

购买者主要通过其压价与要求提供较高的产品或服务质量的能力,来影响行业中现有企业的盈利能力。其购买者议价能力影响因素主要有以下几个。

(1)购买者的总数较少,而每个购买者的购买量较大,占了卖方销售量的很大比例。

(2)卖方行业由大量相对来说规模较小的企业所组成。

(3)购买者所购买的基本上是一种标准化产品,同时向多个卖主购买产品在经济上也完全可行。

(4)购买者有能力实现后向一体化,而卖主不可能前向一体化。

3.新进入者的威胁

新进入者在给行业带来新生产能力、新资源的同时,将希望在已被现有企业瓜分完毕的市场中赢得一席之地,这就有可能会与现有企业发生原材料与市场份额的竞争,最终导致行业中现有企业盈利水平降低,严重的话还有可能危及这些企业的生存。竞争性进入的威胁严重程度取决于两方面的因素,这就是进入新领域的障碍大小与预期现有企业对于进入者的反应情况。

进入障碍主要包括规模经济、产品差异、资本需要、转换成本、销售渠道开拓、政府行为与政策、不受规模支配的成本劣势、自然资源、地理环境等方面,这其中有些障碍是很难借助复制或仿造的方式来突破的。预期现有企业对进入者的反应情况,主要是采取报复行动的可能性大小,这取决于有关厂商的财力情况、报复记录、固定资产规模、行业增长速度等。总之,新企业进入一个行业的可能性大小,取决于进入者主观估计进入所能带来的潜在利益、所需花费的代价与所要承担的风险这三者的相对大小情况。

4.替代品的威胁

两个处于不同行业中的企业,可能会由于所生产的产品是互为替代品,从而在它们之间产生相互竞争的行为,这种源自替代品的竞争会以各种形式影响行业中现有企业的竞争战略。

(1) 现有企业产品售价以及获利潜力的提高,将由于存在着能被用户方便接受的替代品而受到限制。

(2) 替代品生产者的侵入,使得现有企业必须提高产品质量,或者通过降低成本来降低售价,或者使其产品具有特色,否则其销量与利润增长的目标就有可能受挫。

(3) 源自替代品生产者的竞争强度,受产品买主转换成本高低的影响。

总之,替代品价格越低、质量越好、用户转换成本越低,其所能产生的竞争压力就强;而这种来自替代品生产者的竞争压力的强度,可以具体通过考察替代品销售增长率、替代品厂家生产能力与盈利扩张情况来加以描述。

5. 同行业竞争者的竞争程度

大部分行业中的企业,相互之间的利益都是紧密联系在一起的,作为企业整体战略一部分的各企业竞争战略,其目标都在于使得自己的企业获得相对于竞争对手的优势,所以,在实施中就必然会产生冲突与对抗现象,这些冲突与对抗就构成了现有企业之间的竞争。现有企业之间的竞争常常表现在价格、广告、产品介绍、售后服务等方面,其竞争强度与许多因素有关。

一般来说,出现下述情况将意味着行业中现有企业之间竞争的加剧,这就是行业进入障碍较低,势均力敌的竞争对手较多,竞争参与者范围广泛;市场趋于成熟,产品需求增长缓慢;竞争者企图采用降价等手段促销;竞争者提供几乎相同的产品或服务,用户转换成本很低;一个战略行动如果取得成功,其收入相当可观;行业外部实力强大的公司在接收了行业中实力薄弱企业后,发起进攻性行动,结果使得刚被接收的企业成为市场的主要竞争者;退出障碍较高,即退出竞争要比继续参与竞争代价更高。在这里,退出障碍主要受经济、战略、感情,以及社会政治关系等方面考虑因素的影响,具体包括:资产的专用性、退出的固定费用、战略上的相互牵制、情绪上的难以接受、政府和社会的各种限制等。

二、市场竞争的一般战略

市场竞争战略就是企业为了自身的生存和发展,为在竞争中保持或提高其竞争地位和市场竞争力而确定的企业目标及为实现这一目标而采取的各项策略的组合。企业应根据竞争态势和自身资源、目标的不同制定不同的市场竞争战略。波特提出的一般市场竞争战略有三种。

1. 成本领先战略

成本领先战略是指通过有效途径,使企业的全部成本低于竞争对手的成本,以获得同行业水平以上的利润。在 20 世纪 70 年代,随着经验曲线的普及,这种战略已经逐步成为企业共同采用的战略。实现成本领先战略需要有一整套具体政策,即要有高效率的设备,积极降低经验成本,紧缩成本和控制间接费用,以及降低研究开发、服务、销售、广告等方面的成本。要达到这些目的,必须在成本控制上进行大量的管理工作,即不能忽视质量、服务及其他一些领域工作,尤其要重视与竞争对手有关的低成本的任务。

成本领先战略的优缺点及适用条件如下。

(1) 优点。

①在与竞争对手的斗争中,企业由于处于低成本地位上,具有进行价格战的良好条件,即使竞争对手在竞争中处于不能获得利润、只能保本的情况下,本企业仍可获益。②面对强有力的购买者要求降低产品价格的压力,处于低成本地位上的企业仍可以有较好的收益。③在争取供应商的斗争中,由于企业的低成本,相对于竞争对手具有较大的对原材料、零部件价格上

涨的承受能力,能够在较大的边际利润范围内承受各种不稳定经济因素所带来的影响;同时,由于低成本企业对原材料或零部件的需求量大,因而为获得廉价的原材料或零部件提供了可能,同时也便于和供应商建立稳定的协作关系。④在与潜在进入者的斗争中,那些形成低成本地位的因素常常使企业在规模经济或成本优势方面形成进入障碍,削弱了新进入者对低成本的进入威胁。⑤在与替代品的斗争中,低成本企业可用削弱价格的办法稳定现有顾客的需求,使之不被替代产品所替代。当然,如果企业要较长时间地巩固现有竞争地位,还必须在产品及市场上有所创新。

(2) 缺点。

①投资较大。企业必须具备先进的生产设备,才能高效率地进行生产,以保持较高的劳动生产率,同时,在进攻型定价以及为提高市场占有率而形成的投产亏损等方面也需进行大量的预先投资。②技术变革会导致生产过程工艺和技术的突破,使企业过去大量投资和由此产生的高效率一下子丧失优势,并给竞争对手造成以更低成本进入的机会。③将过多的注意力集中在生产成本上,可能导致企业忽视顾客需求特性和需求趋势的变化,忽视顾客对产品差异的兴趣。④由于企业集中大量投资于现有技术及现有设备,提高了退出障碍,因而对新技术的采用以及技术创新反应迟钝甚至采取排斥态度。

(3) 适用条件。

①市场需求具有较大的价格弹性。②所处行业的企业大多生产标准化产品。③实现产品差异化的途径很少。④多数客户以相同的方式适用产品。⑤用户购物从一个销售商改变为另一个销售商时,不会发生转换成本,因而特别倾向于购买价格最优惠的产品。

2. 差异化战略

差异化战略是指为使企业产品与竞争对手产品有明显的区别,形成与众不同的特点而采取的战略。这种战略的重点是创造被全行业和顾客都视为独特的产品和服务,以及企业形象。实现差异化的途径多种多样,如产品设计、品牌形象、技术特性、销售网络、用户服务等。

差异化战略的优缺点及适用条件如下。

(1) 优点。

①实行差异化战略是利用了顾客对其特色的偏爱和忠诚,由此可以降低对产品价格的敏感性,使企业避开价格竞争,在特定领域形成独家经营的市场,保持领先。②顾客对企业(或产品)的忠诚性形成了强有力的进入障碍,进入者要进入该行业则需花很大气力去克服这种忠诚性。③产品差异可以产生较高的边际收益,增强企业对供应者讨价还价的能力。④由于购买者别无选择,对价格的敏感度又低,企业可以运用产品差异战略来削弱购买者讨价还价的能力。⑤由于企业具有特色,又赢得了顾客的信任,在特定领域形成独家经营的市场,便可在与替代品的较量中,比其他同类企业处于更有利的地位。

(2) 缺点。

①保持产品的差异化往往以高成本为代价,因为企业需要进行广泛的研究开发、产品设计、高质量原料和争取顾客支持等工作。②并非所有的顾客都愿意或能够支付产品差异所形成的较高价格。同时,买主对差异化所支付的额外费用是有一定支付极限的,若超过这一极限,低成本低价格的企业与高价格差异化产品的企业相比就显示出竞争力。③企业要想获得产品差异,有时要放弃获得较高市场占有率的目标,因为它的排他性与高市场占有率是矛盾的。

(3)适用条件。

①有多种使产品或服务差异化的途径,而且这些差异化是被某些用户视为有价值的。②消费者对产品的需求是不同的。③奉行差异化战略的竞争对手不多。④企业具有很强的研究开发能力,研究人员有创造性的眼光。⑤企业具有以其产品质量或技术领先的声望。⑥企业具有很强的市场营销能力。

3. 集中战略

集中战略是指企业把经营的重点目标放在某一特定购买者集团,或某种特殊用途的产品,或某一特定地区上,来建立企业的竞争优势及市场地位。由于资源有限,一个企业很难在其产品市场展开全面的竞争,因而需要抓住一定的重点,以期产生巨大有效的市场力量。此外,一个企业所具备的不败的竞争优势,也只能在产品市场的一定范围内发挥作用。

集中战略的优缺点及适用条件如下。

(1)优点。

①经营目标集中,可以集中企业所有资源于一特定战略目标之上。②熟悉产品的市场、用户及同行业竞争情况,可以全面把握市场,获取竞争优势。③由于生产高度专业化,在制造、科研方面可以实现规模效益。

(2)缺点。

①以广泛市场为目标的竞争对手,很可能将该目标细分市场纳入其竞争范围,构成对企业的威胁。②该行业的其他企业也采用集中战略,或者以更小的细分市场为目标,构成对企业的威胁。③由于社会政治、经济、法律、文化等环境的变化,技术的突破和创新等多方面原因引起替代品出现或消费者偏好发生变化。

(3)适用条件。

具备下列四种条件,采用集中战略是适宜的。①具有完全不同的客户群,这些用户或有不同的需求,或以不同的方式使用产品。②在相同的目标细分市场中,其他竞争对手不打算实行重点集中战略。③企业的资源不允许其追求广泛的细分市场。④行业中各细分部门在规模、成长率、获利能力方面存在很大差异,致使某些细分部门比其他细分部门更有吸引力。

三、不同市场地位的竞争战略

每个企业都要依据自己的目标、资源和环境,以及在目标市场上的地位,来制定竞争战略。即使在同一企业中,不同的业务、不同的产品也有不同要求。因此企业应当先确定自己在目标市场上的竞争地位,然后根据自己的市场定位选择适当的营销战略。企业在市场中的竞争地位主要有四种类型:市场领先者、市场挑战者、市场跟随者和市场补缺者。

(一)市场领先者

市场领先者是指在相关的产品市场中占有最大的市场份额,并且在价格变化、新产品开发、分销及促销手段上,对其他企业起着领导作用的企业。市场领先者是行业所有竞争者中的一个导向点,某一竞争者可以向他提出挑战,或模仿或避免与他竞争。

一般来说,市场领先者为了维护自己的优势,保持自己的领先地位,通常可采取三种策略:

1. 扩大市场需求量

处于市场主导地位的领先企业,其营销战略首先是扩大总市场,即增加总体产品需求数量。通常可以运用三条途径。

(1)发现新的用户。通过发现新用户来扩大市场需求量,其产品必须具有能够吸引新的使用者、增加购买者数量的竞争潜力。可以运用有效策略寻找到新的使用者。

(2)开辟产品的新用途。通过开辟产品的新用途扩大市场需求量。领先者企业往往最有能力根据市场需求动态,为自己的产品寻找和开辟新的用途。美国杜邦公司不断开辟尼龙产品的新用途就是一个公认的成功的范例。

(3)增加用户的使用量。通过说服产品使用者增加使用量也是扩大市场需求量的有效途径。

2. 保持现有市场份额

领先者企业必须防备竞争对手的进攻和挑战,保护企业现有的市场阵地。最佳的战略方案是不断创新,以壮大自己的实力。还应抓住竞争对手的弱点主动出击。当市场领先者不准备或不具备条件组织或发起进攻时,至少也应使用防御力量,坚守重要的市场阵地。防御战略的目标是使市场领先者在某些事关企业领导地位的重大机会或威胁中采取最佳的战略决策。可以选择采用六种防御战略。

(1)阵地防御。市场领先者在其现有的市场周围建造一些牢固的防卫工事。以各种有效战略、战术防止竞争对手侵入自己的市场阵地。这是一种静态的、被动的防御,阵地防御是最基本的防御形式。

(2)侧翼防御。市场领先者建立一些作为防御的辅助性基地。对挑战者的侧翼进攻要准确判断,改变营销战略战术。用以保卫自己较弱的侧翼,防止竞争对手乘虚而入。

(3)先发制人防御。在竞争对手尚未动作之前,先主动攻击,并挫败竞争对手,在竞争中掌握主动地位。具体做法是当某一竞争者的市场占有率达到对本企业可能形成威胁的某一危险高度时,就主动出击,对它发动攻击,必要时还需采取连续不断的正面攻击。

(4)反攻防御。面对竞争对手发动的降价或促销攻势,主动反攻入侵者的主要市场阵地。可实行正面回击战略,也可以向进攻者实行"侧翼包抄"或"钳形攻势"以切断进攻者的后路。

(5)运动防御。市场领先者把自己的势力范围扩展到新的领域中去,而这些新扩展的领域可能成为未来防御和进攻的中心。市场扩展可通过两种方式实现:市场扩大化和市场多角化。

(6)收缩防御。市场领先者逐步放弃某些对企业不重要的、疲软的市场,把力量集中用于主要的、能获取较高收益的市场。

3. 提高市场占有率

市场领先者实施这一战略是设法通过提高企业的市场占有率来增加收益,保持自身成长和市场主导地位。市场占有率是影响投资收益率最重要的变数之一,市场占有率越高,投资收益率就越大。

市场领先者要保持并扩大市场占有率,可以采取以下措施。①通过各种方式了解顾客对产品的意见和要求。②根据顾客的要求来不断地完善产品,提高质量。③以多种产品组合来防范竞争者的进入。④用自己著名的品牌推出新产品,实施品牌扩张战略。⑤保持较大的广告投入,以巩固和提高产品在顾客心中的地位。

需要注意提高市场占有率不一定能给企业增加利润。只有当具备以下两项条件时利润才会增加:第一,产品的单位成本能够随市场占有率的提高而下降,市场领先者常常拥有较高的生产和经营能力,能够通过提高市场占有率来获得规模经济成本,追求行业中的最低成本,并以较低的价格销售产品。第二,产品价格的提高超过为提高产品质量所投入的成本。通常,具有较高质量的产品才能得到市场的认可,并有可能获取较高的市场占有率。但高质量并不意味过高的投入成本。美国管理学家克劳斯比指出,质量是免费的,因为质量好的产品可减少废品损失和售后服务的开支,所以保持产品的高质量并不会花费太多的成本,而且,高质量的产品会受到顾客的欢迎,使顾客愿意付较高的价格。

知识拓展1

谁将是短视频第一股

作为已经深耕九年的行业老大哥,快手早就画好了上市蓝图。

快手成立于2011年,最初瞄准的并不是短视频市场,仅仅是个人开发的GIF动图制作软件,2013年才转型短视频社区。随着直播市场爆发,快手在2015年初日活破千万、2017年底日活破亿,迅速成为短视频赛道的巨头之一。

抖音是互联网近年最大的"黑马"之一,其前身A.me于2016年9月正式上线,年底更名抖音,至今不过六年光景。抖音最初定位是音乐短视频软件,并且凭借赞助当年现象级综艺《中国有嘻哈》迅速在年轻受众群中打开市场。

抖音依托头条系资源很快后来居上,在用户数和营收上都与快手拉开距离。此前媒体报道显示,字节跳动中国业务2019年的营收约为160亿美元,其中抖音占比过半,即超过80亿美元(超过500亿元);同期快手收入500亿元左右。

快手在2020年1月公布的DAU数据超过3亿,而2020年8月的数据显示,抖音短视频、抖音极速版和抖音火山版DAU达到约6亿,拉开了与快手的日活数据差距。

不过,抖音和其他头条系产品此前对上市并未表现出强烈兴趣。作为估值仅次于蚂蚁集团的独角兽,张一鸣多次被问到何时上市。2019年底,今日头条CEO朱文佳在接受采访时曾透露,"上市这个事情比较大,要延迟满足感,再等一等"。彼时,张一鸣的头条帝国正试图通过TikTok打下更大的市场,为字节跳动赢得更高的估值。但TikTok在海外的一系列遭遇,不得不让张一鸣对上市"松口"。

2020年7月,TikTok业务在美受阻后,才有外媒称字节跳动正考虑其国内业务在我国香港或上海上市,并透露中国业务若单独上市,估值将超过1000亿美元。

经历用户、商业化多轮鏖战之后,抖音和快手几乎同期选择在港交所上市,竞争意味明显。

市场竞争的目的在于追求利益,实现利润。市场竞争的功效是存优汰劣,淘汰劣质产品和服务,淘汰技术和经营管理水平低下的企业。企业要通过扩大规模、充实人财物资源和强化管理来提高实力,随时掌握顾客、竞争者及自身的各种信息,在知己知彼的基础上更好地运用潜在竞争力量。

知识拓展2

市场占有率72.4%,德芙巧克力的独家生意经

"你不能拒绝巧克力,就像你不能拒绝爱情。"这是电影《浓情巧克力》里面的一句经典台词。电影的女主人公薇安拥有着某种神奇的魔力,可以做出令小镇上人人都满意的巧克力甜品。而在现实生活中,将巧克力的甜美引入人们生活的则是德芙,你或许不爱吃巧克力,但我想你不会不知道德芙。

德芙于1989年进入中国市场,是最早进入中国的巧克力品牌,至今在中国市场仍享有超高的市场占有率,德芙的成功固然有着最先开垦中国巧克力市场的加成,但是究其根本,德芙从定位到受众,一路走来步步为营。

首先便要提到德芙准确的受众和市场定位了。德芙将受众定位在18～24岁的单身女性,以及15～35岁的情侣、伴侣。主要是瞄准年轻的女性受众,这个阶段的女性具有较强的购买力和购买欲望,是购买零食的主力军。

而在市场方面,德芙给自己的定位是中高端,区别于那些口味甜腻、价格低廉的巧克力,却又不至于可望而不可即。确定好了定位,接下来德芙是如何让自己的巧克力与众不同的呢?

将醇香甜蜜的巧克力与爱情联系起来,大概是巧克力行业公开的定义。德芙在这个定义之下,给自己的巧克力赋予了一个凄婉动人的爱情故事。男女主人公相爱却无法相守,最后只有一句不曾被看到的告白"Do You Love Me?"这句告白也被德芙当成了自己的标志"DOVE"印在了每一块德芙巧克力上。

背后的爱情故事让德芙巧克力镀上了一层浪漫的光环,对于德芙本身定位的受众,年轻女性也是有着强大吸引力的,我们不得不说,女孩子更容易被这样的感性故事打动,陷入这样的"甜蜜陷阱"。

以上两点让德芙在中国的巧克力市场站稳了脚跟,后续也通过各种方式,不断扩大巧克力市场,比如推出新的口味、分享装、礼盒装,等等。其在广告宣传方面也是多点开花,有与电视剧、电影的合作,也有与现象级游戏《恋与制作人》的二次元相关合作,旨在拉近与年轻人的距离。

(二)市场挑战者

市场挑战者是指那些积极向行业领先者或其他竞争者发动进攻来扩大其市场份额的企业,这些企业可以是仅次于市场领先者的大公司,也可以是那些让对手看不上眼的小公司。只要是为了扩大市场份额,对其他企业发动进攻的企业,都可以称之为市场挑战者。也指那些相对于市场领先者来说在行业中处于第二、第三和以后位次的企业,如美国汽车市场的福特公司、软饮料市场的百事可乐公司等企业。处于次要地位的企业如果选择"挑战"战略,向市场领先者进行挑战,首先必须确定自己的策略目标和挑战对象,然后选择适当的进攻策略,即该公司以积极的态度,提高现有的市场占有率。

1. 确定战略目标和挑战对象

大多数市场挑战者的战略目标是提高市场占有率,进而达到提高投资收益率和利润率的目标。挑战者在明确战略目标时,必须确定谁是主要竞争对手。一般来说,挑战者可以选择下列几种类型的攻击目标:

(1)攻击市场的领先者。这是一种既有风险又具潜在价值的战略。一旦成功,挑战者企业的市场地位将会发生根本性的改变,因此颇具吸引力。企业采用这一战略时,应十分谨慎,周密策划以提高成功的可能性。

进攻领先者需要满足的基本条件:①拥有一种持久的竞争优势,比如成本优势或创新优势。以前者之优创造价格之优,继而扩大市场份额;或以后者之优创造高额利润。②在其他方面程度接近。挑战者必须有某种办法部分或全部地抵消领先者的其他固有优势。③具备某些阻挡领先者报复的办法。必须使领先者不愿或不能对挑战者实施旷日持久的报复。

(2) 攻击与自身实力相当的企业。抓住有利时机,向那些势均力敌的企业发动进攻,把竞争对手的顾客吸引过来,夺取它们的市场份额,壮大自己的市场。这种战略风险小,若几番出师大捷或胜多败少的话,可以对市场领先者造成威胁,甚至有可能改变企业的市场地位。

(3) 攻击实力较弱的企业。当某些中、小企业出现经营困难时,可以通过兼并、收购等方式,夺取这些企业的市场份额,以壮大自身的实力和扩大市场占有率。

2. 选择进攻策略

(1) 正面进攻。市场挑战者集中优势兵力向竞争对手的主要市场阵地正面发动进攻,即进攻竞争对手的强项而不是它的弱点。采用此战略需要进攻者必须在提供的产品(或劳务)、广告、价格等主要方面大大超过竞争对手,才有可能成功,否则采取这种进攻战略必定失败。为了确保正面进攻的成功,进攻者需要有超过竞争对手的实力优势。

(2) 侧翼进攻。市场挑战者集中优势力量攻击竞争对手的弱点。此战略进攻者可采取"声东击西"的做法,佯攻正面,实际攻击侧面或背面,使竞争对手措手不及。具体可采取两种策略:①地理性侧翼进攻。即在某一地理范围内针对竞争者力量薄弱的地区市场发动进攻。②细分性侧翼进攻。即寻找还未被领先者企业覆盖的商品和服务的细分市场,迅速填空补缺。

(3) 围堵进攻。市场挑战者开展全方位、大规模的进攻策略。市场挑战者必须拥有优于竞争对手的资源,能向市场提供比竞争对手更多的质量更优、价格更廉的产品,并确信围堵计划的完成足以能成功时,可采用围堵进攻策略。例如,日本精工公司对美国手表市场的进攻就是采用围堵进攻战略成功的范例。

(4) 迂回进攻。市场挑战者完全避开竞争对手现有的市场阵地而迂回进攻。具体做法有三种:①实行产品多角化经营,发展某些与现有产品具有不同关联度的产品。②实行市场多角化经营,把现有产品打入新市场。③发展新技术产品,取代技术落后的产品。

(5) 游击进攻。以小型的、间断性的进攻干扰对方,使竞争对手的士气衰落,不断削弱其力量。向较大竞争对手市场的某些角落发动游击式的促销或价格攻势,逐渐削弱对手的实力。

(三) 市场跟随者

市场跟随者是在某一产品或服务市场居次要位置的企业或营销组织。它常常希望维持其市场份额,以实现自身平稳发展。市场跟随者必须懂得如何维持现有顾客,并争取一定数量的新顾客,必须设法给自己的目标市场带来某些特有的利益,还必须尽力降低成本并保持较高的产品质量和服务质量。

1. 紧密跟随

战略突出"仿效"和"低调"。跟随企业在各个细分市场和市场营销组合,尽可能仿效领先者。以至于有时会使人感到这种跟随者好像是挑战者,但是它从不激进地冒犯领先者的领地,在刺激市场方面保持"低调",避免与领先者发生直接冲突。有些甚至被看成是靠拾取主导者的残余谋生的寄生者。

2. 距离跟随

战略突出在"合适地保持距离"。跟随企业在市场的主要方面,如目标市场、产品创新与开发、价格水平和分销渠道等方面都追随领先者,但仍与领先者保持若干差异,以形成明显的距离。对领先者既不构成威胁,又因跟随者各自占有很小的市场份额而使领先者免受独占之指责。采取距离跟随策略的企业,可以通过兼并同行业中的一些小企业而发展自己的实力。

3. 选择跟随

战略突出在选择"追随和创新并举"。跟随者在某些方面紧跟领先者,而在另一些方面又别出心裁。这类企业不是盲目跟随,而是择优跟随,在对自己有明显利益时追随领先者,在跟随的同时还不断地发挥自己的创造性,但一般不与领先者进行直接竞争。采取这类战略的跟随者之中有些可能发展成为挑战者。

(四)市场补缺者

市场补缺者是指那些选择不大可能引起大企业兴趣的市场的某一部分进行专业化经营的小企业。这些企业为了避免同大企业发生冲突,往往占据着市场的小角落。它们通过专业化的服务,来补缺可能被大企业忽视或放弃的市场,进行有效的服务。由于这些中小企业集中力量来专心致力于市场中被大企业忽略的某些细分市场,在这些小市场上专业化经营,因而获取了最大限度的收益。这些可以为中小企业带来利润的有利市场位置称为"利基(Niche)",因而市场补缺者又被称为市场利基者。

一般来说,一个理想的补缺基点具有以下几个特征:①理想的补缺基点应该有足够的市场潜力和购买力;②理想的补缺基点应该有利润增长潜力;③理想的补缺基点对主要竞争者不具有吸引力;④企业应该具备占有理想补缺基点所需的资源、能力和足以对抗竞争者的信誉。

1. 市场补缺者的主要战略是专业化市场营销

专业化市场营销即专门致力于为某类最终用户服务的最终用户专业化;专门致力于分销渠道中的某些层面的垂直层面专业化;专门为那些被大企业忽略的小客户服务的顾客规模专业化;只对一个或几个主要客户服务的特定顾客专业化;专为国内外某一地区或地点服务的地理区域专业化;只生产一大类产品的某一种产品或产品线专业化;专门按客户订单生产预订的产品的客户订单专业化;专门生产经营某种质量和价格的产品的质量和价格专业化;专门提供某一种或几种其他企业没有的服务项目专业化;专门服务于某一类分销渠道的分销渠道专业化等。

2. 创造补缺市场、扩大补缺市场、保护补缺市场

企业不断开发适合特殊消费者的产品,这样就开辟了无数的补缺市场。每当开辟出这样的特殊市场后,针对产品生命周期阶段的特点扩大产品组合,以扩大市场占有率,达到扩大补缺市场的目的。最后,如果有新的竞争者参与时,应保持其在该市场的领先地位,保护补缺市场。作为补缺者选择市场补缺基点时,多重补缺基点比单一补缺基点更能增加保险系数,分散风险。因此,企业通常选择多个补缺基点,以确保企业的生存和发展。总之,只要善于经营,随时关注市场上被大企业忽略的细小部分,通过专业化经营,精心服务于顾客,小企业总有机会获利。

 知识拓展3

做一个市场补缺者

理查德·布兰森是英国维珍集团董事长兼总裁,同时他还是被英国女王授予爵士头衔的商界奇人,他的维珍集团拥有旗下子公司200多个,涉及航空、金融、铁路、唱片、婚纱、汽车、书籍出版等行业,俨然是英国半个国民生产部门。理查德·布兰森打破了大鱼吃小鱼的商业规律,创造了小鱼吃大鱼的神话。理查德·布兰森的每一次决定在外人看来是那么的不可能和

困难重重,但是他总是能给人们一个惊喜。理查德·布兰森在决定进入一个行业时,所面临的情况都是已经拥有了相当成熟的市场,并且已经被一些大公司占据了绝大市场。而就是在这种情况下,布兰森却认为,与其在一个完全陌生的行业里摸着石头过河,冒着随时都会被河水冲走的危险,还不如在一个成熟的市场环境里竞争,这样一来不仅有了目标市场,同时还大大地降低了成本、回避了风险。很多大企业自身对市场把控不准、管理者思想僵化、新的创意越来越少、消费者在价格上的比较使得大企业很快进入了"老年"。而这也恰恰成了维珍集团展示自己的机会,维珍提供给顾客的是那些大企业所没有想到,或者是不愿意去做,而消费者其实很欢迎、很需要,并能够从中得利的产品和服务。维珍集团以它天马行空的经营思路,所经营范围涵盖了生活的方方面面,但是所有产品和服务的目标客户群都锁定在"不循规蹈矩的、反叛且人数最多的年轻人"身上。

虽然在各个行业里维珍集团都不是行业的老大,但是布兰森却提出了维珍要做年轻人心目中的"品牌领先者"。在维珍看来,一个公司能够树立良好的品牌信誉主要是基于以下五个关键因素:产品物有所值、保证产品质量、时刻创新、挑战精神,还有就是很难定义但却可以感觉得到的一点即带给消费者一种情趣。正是因为他对目标市场把控得比较准,再加上不断为大企业的不足做补缺,才使得他很快就赢得了市场,并令那些行业老大们可叹而不可即。

今天大家都说生意不好做,可是为什么有些企业总是能走在市场的最前端,引领流行时尚。古人讲:"行由不得,反求诸己。"我想在市场竞争如此激烈的情况下,企业要想生存下去,唯一的办法就是不失时机地抓住消费者的心理,且不断在原有的基础上对自己的产品进行改革和升级,使之成为消费者最满意的产品。因为消费决定着生产,消费者决定着利润。而这些问题恰恰是我们很多企业所忽略掉的。"生于忧患,死于安乐",居安思危是我们每个企业都应该力行的,因为只有这样,才会有利于企业长期和健康地发展。

案例简析:理查德·布兰森的成功不是运气也并非巧合,而是众望所归。在今天企业通过杀价格、做推广、以劣充优等不正当手段扰乱市场秩序和欺瞒消费者来相互竞争获取利润的时候,我们不得不向理查德·布兰森看齐,不得不向理查德·布兰森和他的维珍集团学习,学习他们不怕竞争,学习他们挑战竞争,面对竞争不仅不能回避,更应该激流勇进,做出更好的产品,提供更好的服务,永远做一个"市场的补缺者"和"品牌的领先者"。

任务三 认知企业成长战略

 任务描述

企业成长战略是在现有战略起点的基础上,向高一级目标发展的一种总体战略类型,它一般是在企业处于良好的经营条件下,可供企业选择的一种总体战略方案。因企业经营良好的程度、状态有所不同,又可分为多种具体方案类型可供选择。企业成长战略主要包括密集型成长战略、一体化成长战略和多元化成长战略。

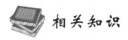相关知识

一、密集型成长战略

密集型成长战略就是集中生产单一的或少数几种产品或服务,面向单一或较窄的市场,或采用单一的专业技术,不开发或少开发新产品或新服务。企业的发展主要通过市场渗透和市场开拓,努力提高市场占有率或拓展市场需求,来实现生产规模的扩大和利润的增长。采用这种战略时,企业的扩张速度随着产品发展的不同阶段有所不同,例如产品处于成长期,速度可能很快,反之,产品如已进入成熟期,速度就可能放慢;扩张速度还因企业采用的市场营销策略不同而不同,如策略正确而有效,则速度可望加快。这种战略的重点是加强对原有市场的开发或对原有产品的开发。

1. **市场渗透**

市场渗透是指通过采取更加积极有效的、更富进取精神的营销措施,如增加销售网点、短期调低价格、加强广告宣传等促销活动,努力在现有市场上扩大现有产品的销售量,从而实现企业业务增长。具体形式有三种:①刺激现有顾客更多地购买本企业现有的产品;②吸引竞争对手的顾客,提高现有产品的市场占有率;③激发潜在顾客的购买动机,促使他们也来购买本企业的产品。

2. **市场开发**

市场开发是指通过努力开拓新市场来扩大现有产品的销售量,从而实现企业业务的增长。其主要形式是扩大现有的销售地区,直至进入国际市场。实施这种策略的关键是开辟新的销售渠道,并配合大规模的广告宣传等促销活动。市场开发的方式主要有以下几种:

(1) 在原有销售地区内增加新的目标市场,通过社会舆论和广泛宣传,引导新的目标顾客购买和使用企业产品。

(2) 增加新的销售渠道。改变传统销售渠道,增加电商销售、抖音、快手等短视频直播、社区电商销售等新的渠道。

(3) 增加新的销售地区。将单一的内销产品打入国际市场,或用外销产品占领国内市场,或通过农村电商等扩大产品市场,从而使产品掀起一个新的销售高潮。

3. **产品开发**

产品开发是指通过向现有市场提供多种改进型变异产品,如增加花色品种、增加规格档次、改进包装、增加服务等,以满足不同顾客的需要,从而扩大销售,实现企业业务增长。实施这种策略的重点是改进产品设计,同时也要大力开展以产品特征为主要内容的宣传促销活动。例如,茅台酒企业就开发有多个不同档次不同价位的子品牌产品,以求占领更多市场份额。

知识拓展

"内外开花"多元化跨界扩张 字节跳动扩张之下露"野心"

当拼多多市值再创新高超 800 亿,行业内纷纷热议拼多多这个"后浪"如何超越京东成为中国互联网市值第四的位置的时候,大家往往可能忽略没有上市的互联网巨头,其中就包括传言即将在香港上市并且市值超千亿的字节跳动。

虽然暂时没有股价涨跌带来的关注，但是字节跳动却丝毫没有放慢大步扩张的脚步，从海外高管的加盟到业务频频多元化的跨界扩张，字节跳动成了在疫情之下发展最为迅猛的互联网企业之一，也彰显了如今字节跳动的"野心"。

1. "内外开花"，疫情无阻扩张势头

"疫情之下虽然我们不能回办公室办公，但是日常的工作丝毫没有停顿。"据一位字节跳动员工向南方日报记者表示，作为互联网企业，疫情对于字节跳动这样的企业影响相对较小，在一边积极抗疫的同时，字节跳动的大多数业务都在加快推进。

字节跳动宣布，任命凯文·梅耶尔（Kevin Mayer）为字节跳动首席运营官（COO）兼TikTok全球首席执行官。据悉，凯文·梅耶尔将负责TikTok、Helo、音乐、游戏等业务，同时负责字节跳动全球职能部门（不含中国），将直接向字节跳动创始人兼首席执行官（CEO）张一鸣汇报。资料显示，凯文·梅耶尔在迪士尼工作过多年，曾任公司高级执行副总裁兼首席战略官。

此前有消息称字节跳动已决定将TikTok欧洲业务中心设立在英国伦敦，并将在伦敦招聘大量人工智能工程师和软件开发人员。据悉，世界范围内TikTok规模最大的办公地位于美国洛杉矶，此次新设的伦敦办公中心规模与洛杉矶规模相近，是TikTok第二大办公区。作为字节跳动在全球化的重要布局，TikTok在App Store与Google Play总下载量已突破20亿次，2020年第一季度即达到3.15亿次下载量。

在海外招兵买马的同时，字节跳动同时也在国内"多点开花"。据资料显示，字节跳动分别在在线教育、云计算、百科网页、长视频、办公软件、网络游戏等多个领域有所"动作"，不仅业务范围不再局限于资讯和短视频等领域，业务扩展的方式还涵盖了自研和投资，在不少业内人士看来，疫情丝毫没有阻碍字节跳动的扩张脚步，反而在疫情期间依然动作频频，显现了字节跳动的那份"野心"。

2. 多点布局，向互联网"巨头"靠拢

资料显示，字节跳动从资讯分发、内容分发起步，旗下抖音、今日头条、西瓜视频等多个产品在资讯、短视频等领域占据了头部的地位，乘着移动互联网的东风和迎合用户使用趋势的改变，在国内的互联网领域中硬是从BAT三巨头手中的流量池中分得了一杯羹。而在获得了如今互联网当中最珍贵的流量后，如何将流量在自身的生态内进行变现，无疑是字节跳动要成为一家像阿里巴巴或者腾讯那样的巨头所要补全的短板。

字节跳动游戏业务负责人严授发布微头条称，字节跳动游戏业务将会在2020年继续招聘超1000人，以满足多条游戏产品线的研发需求。严授表示："我们很看好游戏这个方向，会有耐心地持续投入。游戏是内容行业，只要有耐心，内容行业是很难被垄断的。"严授口中的"垄断"，难免让外界将游戏行业的"老大"与之联想在一起。

据南方日报记者了解，游戏业务是字节跳动内部定下的长期业务方向，对待游戏业务，字节跳动内部的共识是，"长期看好，持续投入，不会计较短期得失"。字节跳动加大了对自研游戏开发以及海外游戏发行的力度。据悉，字节跳动游戏业务的人数已经超过1000人，在疫情影响全球经济的背景下，字节跳动仍持续扩招1000人，将体量翻倍，也体现了字节跳动对游戏业务长久投入的决心。

字节跳动布局游戏领域的举措无疑让外界联想到了腾讯这家"靠社交闻名的游戏公司"，作为如今互联网行业中最"暴利"的领域，字节跳动对于游戏业务的投入，无疑也是其流量变现的最好方向之一。

资料显示,不仅是希望打破内容行业的"垄断",在搜索和电商等与百度和阿里巴巴对标的领域,字节跳动同样已经涉足。早在2019年8月,"头条搜索"已经上线,而后,字节跳动更上线了"头条百科"网页产品。而在疫情期间,字节跳动旗下的今日头条、西瓜视频、抖音通过在App内设立"战疫助农"话题专区,发起县长直播等方式,提高农产品供需信息对接效率,帮助农产品进行品牌传播和销售。截至2020年5月10日,已有81位市长、县长走进直播间,联合多位平台创作者销售农产品超过175万件,销售额达9252万元。

3. "大步快跑",将面对挑战与纷争

据南方日报记者从企查查平台的数据,我们了解到字节跳动成立至今短短几年的时间里,涉及的立案信息已经超过400起,裁判文书超过1800份,开庭公告更是超过了2300份,而行政处罚也达到了47次。南方日报记者从相关数据中发现,这些诉讼不仅有快手、爱奇艺这样的视频赛道上的直接竞争对手,还有来自网易、百度、腾讯这样的互联网巨头,而涉及的诉讼范围包括不正当竞争、名誉权纠纷、侵权等多个方面,在业内人士看来,字节跳动频频与同行和巨头发生纷争,背后除了竞争的因素外,更重要的是其在快速发展的同时,技术、内容、管理和模式跟不上扩张的步伐,导致其成为行业竞争对手又怕又恨的一个"角色"。

作为互联网巨头中的"后浪",字节跳动在快速发展中无疑可以借鉴"前浪"们的经验和教训,而在近来字节跳动的扩张方式和手段上,也看到了一些转变。

因为疫情的影响,春节档的电影全军覆没,无法登陆院线,但是字节跳动却另辟蹊径,先后花巨资购买了《囧妈》《大赢家》两部电影的版权,随后又相继拿下了《疯狂的外星人》《捉妖记》《唐人街探案》等大电影的播放权,绕过院线在西瓜视频、抖音、今日头条等平台上播放,此举不仅使其在疫情期间大大增加了用户数量和活跃度,也通过版权的购买向公众展示了其进入长视频领域的决心。

在游戏领域,除了招募开发人员推进自研游戏外,早在2019年,字节跳动已经通过收购的方式开展游戏开发的工作。此外,字节跳动也完成了对医学科普知识平台百科名医网的全资收购……

投资人沈南鹏在谈到腾讯和头条的纷争结局会怎样时就曾表示双方会"长期共存",这无疑也是在互联网下半场中,字节跳动作为巨头中的"后浪",与"前浪"们竞争发展下的一种常态。

二、一体化成长战略

一体化成长战略,是指一个企业把自己的营销活动伸展到供、产、销构成的企业价值链的不同环节,而使自身得到发展的营销战略。一体化成长战略是在现有业务基础上,通过收购、兼并、联合、参股、控股等方式,向现有业务的上游或下游方向发展,形成产、供、销一体化。一体化成长战略包括后向一体化、前向一体化和横向一体化三种形式。

1. 后向一体化

后向一体化是指企业在现有业务基础上,向上游的业务发展,即通过购买、兼并、联合等形式,拥有或控制企业的原材料、零部件及其他供应系统,实行供、产一体化。例如汽车公司将汽车零配件生产厂家兼并,化工厂与化工原料厂合并为一体等。后向一体化不仅扩大了现有业务,而且有利于保证原材料、零部件的供应及质量,因而也促进了现有业务的发展。

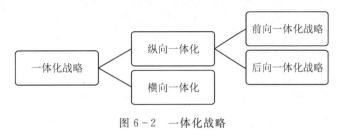

图 6-2 一体化战略

2. 前向一体化

企业向自己所处价值链的下游方向,也就是自己原有客户方向发展,例如,组建自行销售产品或服务的网点直接面向用户,或者将产品进行深加工后再销售等,称为前向一体化战略。企业可以通过对其产品的加工或销售取得控制权甚至直接拥有,以便自己更好地控制销售渠道,贯彻销售目标,获得更多利益。例如,批发企业自办零售商店、汽车生产商自设销售机构或与汽车经销商形成紧密合作关系,纺织企业兼营印染进行服装和床上用品制造,造纸企业兼营印刷,胶合板企业制造优质家具,水泥生产企业制造水泥构件等。

3. 横向一体化

横向一体化战略又称水平一体化战略,即企业通过接办或兼并同行业企业来寻求成长的机会。由于购并的是与本企业存在竞争关系的企业,企业在现有市场上的营销规模和优势得以扩大,拥有的产品品种和品牌增多,在体现规模效益的同时又减少了竞争对手的数目。

我国实行横向一体化战略的企业正日益增多。在国家扶植国内大中型企业、调整不合理的生产和产品结构、促进行业规模经济效应形成的鼓励兼并政策支持下,国内的三大汽车集团——上汽、一汽和东风都曾经先后在全国各省市兼并了数十家汽车行业生产厂家,长虹、康佳等电视机生产企业也已纷纷展开兼并浪潮,这些都属于横向一体化战略范畴。近年来,这股兼并浪潮也逐步蔓延到互联网行业中。2012年3月,优酷和土豆两家国内领先的互联网视频服务商进行了合并,在减少了原先相互间激烈竞争的同时更为牢固地占据了国内市场重要的位置。

知识拓展

携程+去哪儿

携程,成立于1999年10月,创始人梁建章,2003年12月10日在美国纳斯达克上市。

去哪儿,成立于2005年2月,创始人庄辰超,2013年11月1日去哪儿在纽交所上市。

2015年10月26日,携程宣布与百度达成一项股权置换交易。交易完成后,百度将拥有携程普通股可代表约25%的携程总投票权,携程将拥有约45%的去哪儿总投票权。合并后,去哪儿继续作为独立的上市公司运营,百度成为携程股东之一,未来将在多个领域展开旅行相关产品的全面合作。这次合并,百度成为公认的最大赢家,而纪源资本(2013年参与主导优酷土豆合并案)却是携程和去哪儿"合并"幕后的媒人。据悉,2011年百度超3亿美元投资去哪儿时,纪源资本管理合伙人符绩勋就是主要推动者。百度对携程觊觎已久,携程对去哪儿也是虎视眈眈,因此这一合并案在纪源资本的撮合下一拍即合。

携程称,未来去哪儿将继续作为独立的上市公司运营,与携程在在线旅行市场切磋并进,为旅行者创造差异化的产品与价值;去哪儿网称,未来独立发展计划不变,与携程协商双方公司的协作、竞争机制,各自选定并加强主攻的市场。虽然公告中没有谈及庄辰超及去哪儿其他高管的安排,但庄辰超出走,携程接管或成为一个皆大欢喜的结局,有人套现上岸,有人如愿接盘,继续一统江湖。

三、多元化成长战略

企业探索全新的领域,开发全新的业务,称之为多元化发展战略。多元化发展战略是指企业利用现有资源和优势,运用资本运营的各种方式,投资发展不同行业的其他业务的营销战略。根据所利用的资源的不同,多元化战略又可分为同心多元化、水平多元化和复合多元化三种类型。

1. 同心多元化

同心多元化战略,是指企业利用现有物质技术力量开发新产品,增加产品的门类和品种,犹如从同一圆心向外扩大业务范围,以求新的成长。这种经营有利于发挥企业原有的设备技术优势,风险较小,易于成功。其突出的特点是:新增的产品或服务与原有产品或服务在大类别上、生产技术上或经营方式上是相似的、相关联的,可以继续利用本企业的专门技能和技术经验、设备或生产线、销售渠道和顾客基础,所以这种战略又称为相关多元化战略。采用这种战略一般不会改变企业原来所属的产业部门。

同心多元化战略的采用极为普遍,因为它既可以分散单一集中经营战略面对的风险,又可以充分发挥企业原有的专长,收到协同效果,且扩张起来较容易。世界上许多著名的公司,都是在执行同心多元化战略。

在相关多元化经营中,企业的业务领域虽然不同,但是它们之间仍然有某些相适应的地方。与相关多元化经营相适应的特征主要是:共同的技术、共同的劳动技能和劳动要求、共同的分销渠道、共同的供应商和原材料资源、相似的经营方法、相似的管理技能、互相补充的市场营销渠道或者共同的消费者等。这使得企业在其业务活动中能够得到一定的联合利益和固定成本分摊。而且,当一个企业能够在自己原有的业务上建立起有特色的业务领域时,相关的多元化经营就为开发企业的最大潜力和把在一个行业获得的竞争优势转到另一行业提供了捷径。

知识拓展

中车株洲电机公司:绿色发展为了更美好的明天

近年来,中车株洲电机公司充分发挥在轨道交通牵引技术方面的领先优势,开展同心多元化经营,即将轨道交通方面的核心技术延伸至风力发电、特种变压器等多个绿色环保战略性新兴产业,使其高端动力产业链条不断拓展与延伸,取得良好效益。

以创新成就发展。创新,是引领我们不断前行的动力,是我们实现可持续发展的基石。围绕"百亿企业,精益企业,学习型企业"战略愿景,致力于"专业化,集团化,国际化"经营。中车株洲电机成立以来,在追赶行业发展的进程中,始终与行业尖端技术看齐,坚持自主创新、开放创新,全面提升技术创新能力。从而快速实现从制造到创造、从追赶到行业领跑者的蝶变与超越,并以惊人的速度高效快速成长,伴随着我国创新驱动和"走出去"的时代步伐,演绎着现代工业文明随时代变迁而崛起的创业传奇。

公司充分发挥轨道交通牵引技术的领先优势，特别是高铁品牌的竞争优势，让研发与技术走在业界与时代前沿，并将高铁产品的核心技术延伸至风力发电、高效节能和特种变压器等多个绿色环保战略性新兴产业，开展同心多元化经营，向整个高端动力产业链条不断拓展与延伸，以专业化技术打造中国高端动力装备第一品牌。

2. 水平多元化

水平多元化战略，即企业针对现有市场（顾客）的其他需要，增添新的物质技术力量开发新产品，以扩大业务经营范围，寻求新的成长。这就意味着，为企业现有产品的顾客提供他们所需要的其他产品。例如，一家农机制造企业原先生产农用机具，而现在增设化肥厂，实行跨行业经营，但仍然是为农民的农业生产服务。实行这种多元化经营，意味着向其他行业投资，企业应具有相当的风险承受能力和投资实力。不过由于是为原有的顾客服务，可相对降低市场开拓难度，得以利用企业在客户群中的原有良好形象。如在大型百货商场内附设餐厅、酒吧、舞厅等，也是运用水平多元化战略的体现。

由于互联网和移动互联网技术的发展，目前企业对于其既有顾客群信息的把握已经逐渐可以做到精准化、定量化、实时化和低成本。例如，像腾讯公司的QQ和微信这类网络社交服务工具，在服务顾客的同时也积累了巨量且详细的顾客注册信息和各类顾客线上行为，通过对这些数据的掌握就可以很容易地向这些原有服务产品的顾客推送新的服务产品。事实上，腾讯2014年春节前夕利用在微信上发起、示范和推动"抢红包"在线社交活动就几乎在一夜间促进了大量的微信用户尝试和使用该公司新推出的电子支付工具。这种策略有效地扩展了企业在移动互联网产业中的产品线，令社交沟通服务和金融服务在增加用户便利、满足用户需求方面相辅相成，提升了该品牌能够为顾客提供的价值，从而扩展了市场占领。同时，这种"全面服务"策略也进一步增加了既有客户转而使用其他供应商产品时的转换成本，从而得以进一步锁定已经占领的客户群。

3. 复合多元化

复合多元化战略是指企业利用人才优势、资金优势或根据联合经营的需要，投资发展与原有业务无明显关系的新业务的战略。

这是从与现有的事业领域没有明显关系的产品、市场中寻求成长机会的策略，即企业所开拓的新事业与原有的产品、市场毫无相关之处，所需要的技术、经营方法、销售渠道等必须重新取得。复合多元化可以划分为以下四种类型：

（1）资金关系多元化。这是指一般关系的资金往来单位随着融资或增资的发展，上升为协作单位。

（2）人才关系多元化。当发现企业内部具有专利或特殊人才时，就利用这种专利或技术向新的事业发展。

（3）信用关系多元化。这是指接受金融机关的委托，重建由于资本亏本濒临破产的企业或其他经营不力的企业。

（4）联合多元化。这是指为了从事业领域中撤退或者为了发展为大型的事业，采用资本联合的方式进行多样化经营。

多元化经营使企业分散了风险，提高了企业经营的安全性，有利于企业向着有发展前途的新兴行业转移，在促进新兴行业发展的同时，也可能带动原有业务的发展，形成老带新、新促老，使企业不断发展的局面。密集型发展战略、一体化发展战略和多元化发展战略各有利弊，企业在发展新业务的过程中,必须根据自身的条件和外部环境的变化权衡利弊、进行选择,以规避投资风险,促进企业的全面发展。

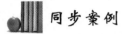

同步案例

产品同质化,海尔差异化

2019年4月15日,第125届广交会开幕。走进家电展区,冰箱、洗衣机、空调等产品琳琅满目。但纵览全场,家电功能卖点多有相似,而在海尔展区,每平方米位置都显示出其差异化,干湿分储、健康洗、卖空气……每平方米都展示出了科技的独一无二。

冰箱:都在卖保鲜,海尔卖干湿分储。

冰箱中具有保鲜、大空间等功能的产品很多,但连续11年销量全球第一的唯有海尔。海尔首创干湿分储冰箱,实现干货不返潮、存果蔬不脱水。早前,第3亿台海尔冰箱在俄罗斯工厂下线,开启由海尔引领的生态冰箱时代。

洗衣机:都在卖干净洗,海尔卖健康洗。

洗衣机功能类似,但有3款独属海尔:颐人洗衣机采用无外桶科技,引领行业"健康洗"趋势;融合纤洗护理机引领分区洗护新趋势;海尔紫水晶滚筒洗干组合,直驱大筒径洗涤更护衣,热泵干衣机5D正反转干衣不缠绕。

空调:都在"卖温度",海尔"卖空气"。

空调中具调温、除湿等功能的产品很多,但是展示从智慧自清洁、净化自清洁和新风自清洁的健康空气解决方案的唯有海尔。海尔发明行业首款能换"新风"的空调,同时保持室内恒温、空气新鲜,不用开窗也能换新风。

热水器:都在卖死水,海尔卖活水。

热水器中主打节能、安全等功能的产品很多,但卖活水的唯有海尔。海尔发明全球首台无水箱太阳能热水器,采用全新换热技术让洗澡水始终处于活水状态,终结污垢沉积难题。同时制热速度提升20%,带来速热活水洗浴新体验。

燃气灶:都在卖大火力,海尔卖"防火墙"。

燃气灶中具大火力、熄火保护等功能的产品很多,但是能防干烧的唯有海尔。海尔发明中国第1台防干烧燃气灶,筑起安全"防火墙",烧干锅1分钟左右,灶具不坐锅3分钟左右自动熄火关气。

冷柜:都在卖冰冻,海尔卖0结霜。

冷柜中主打节能、低噪音等功能的产品很多,但是能进行细胞级冷冻的唯有海尔。海尔行业首创细胞级冷冻,-38℃深冷速冻,锁住食材新鲜营养;通过立体射流送风技术,实现真正0结霜。

在"人单合一"模式指导下,海尔为用户提供个性化家电服务的同时,驱动产品和服务的不断创新,不断升级用户美好生活体验。

结合案例思考:

1. 你如何理解海尔的差异化?
2. 海尔的差异化产品和其营销战略有什么关系?

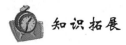 **知识拓展**

小米多元化发展进程

1. 相关多元化

(1) 首先是手机产品的多元化。小米拥有小米系列、红米手机、小米 Note、红米手机 2A 等。小米手机以新产品红米手机杀入千元智能手机市场,在 2012 年出货量为 719 万台。2014 年小米联合中国电信推出红米手机,小米 3 电信版也同时发售。3 月份,小米顺势推出红米 Note 手机。

(2) 手机周边多元化。其周边产品包括耳机、音响、自拍杆、存储卡等。2013 年 6 月公司首款产品小米活塞耳机上市,引发网络抢购热潮,创下 20 秒售罄 2 万条的销售纪录,2015 年 7 月累计销量突破 1300 万条,并获 2014 年 IF 设计奖,为首个获奖国产耳机产品。

(3) 进入智能可穿戴设备行业。其产品包括小米手环、VR 眼镜等。小米手环自 2014 年正式推出以来,经历过小米手环 1 代、小米手环光感版和小米手环 2 代等产品,截至 2017 年 4 月份,小米生态链公司华米科技宣布小米手环全球市场累计出货量已超过 3000 万台,市场占有率达到 17%。

2. 非相关多元化

(1) 进入智能生活电器行业。目前其产品包括净化器、净水器、小米路由器、小米盒子、电视、加湿器、空气净化器等。2017 人工智能电视行业大会上,小米电视斩获"人工智能电视行业贡献奖"。无论是小米电视,还是小米 AI 音箱,都是一把开启智能家庭的钥匙。截至 2017 年小米智能家居联网设备总量已超过 6000 万,并且还在高速增长。

(2) 进入箱包鞋服行业。其产品包括箱包、枕头、智能鞋、沙发、毛巾等。作为小米生态链中第一家在 A 股的上市公司"开润股份",借力于小米手机的成功经验和小米平台的支持,致力于打造优质出行生活场景,是"出行场景化市场(商务、旅游、户外等场景)"的新零售、新电商品牌。

(3) 进入生活周边行业。其产品包括体重秤、血压计、插线板、手电筒等。

(4) 极客酷玩类产品。例如无人机、平衡车、智能玩具、滑板车等。

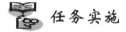 **任务实施**

背景资料:

餐饮行业营销战略实训

背景与情境:互联网时代,任何行业都发展迅速,同时也受到了来自各方面的压力和挑战,本次实训旨在分析当前餐饮行业存在的问题,找到引起问题的关键所在,分析餐饮行业如何制定其市场发展战略。

实训目标:

(1) 素质目标:小组成员密切配合完成既定任务。

(2) 能力目标:能够结合企业实际分析企业成长和扩张战略,以及存在的问题,能够对存在的问题进行分析并提出对策。

(3)知识目标:掌握企业竞争战略和企业成长战略。

实训要求:

(1)每组 6 人,其中 1 人为组长,由组长负责组织组员合理分工,开展讨论,按其分工各司其职、相互沟通、密切配合,完成实训任务。

(2)根据实训要求,找出十项以上食品不安全的事例,并分析当下餐饮行业竞争现状及餐饮行业普遍存在的问题。

(3)各组通过开展调查和讨论研究,结合课本所学知识点,从社会伦理的角度分析为什么会出现这么多食品不安全的事例,餐饮行业应如何制定其市场竞争战略和发展战略。

实训报告:

(1)每组撰写一份调查报告,形成本组有创新点的分析报告

(2)全班交流,各小组选派代表在班级陈述本组分析报告。

(3)培养学生的创新能力。

在学生开始学习本项目内容时,即可开始组建模拟团队,布置本次实训任务。让学生利用课余时间搜集资料,开会研讨并完成实训报告。在学习完本项目后,用 2 个课时让各小组讲解展示实训成果,其他小组同学可以发表意见,最终由教师进行点评。

自我检测

项目七 产品策略

📖 项目导入

李学进入工作岗位一段时间了,今天领导给李学一个任务,给了他一款公司新款产品,要求李学制作一份新款商品的推广设计方案,要求突出产品特点及卖点,总结出竞争产品及替代品发展过往,根据公司品牌部门的要求完善现有包装,突出品牌定位。第一次承担独立项目,李学需要对接多个部门,而且方案中众多内容知识还很陌生,李学分外焦急,如何才能完成一份完美的产品设计推广方案呢?

📋 项目分析

对于职场新人,拿到一款新产品,我们需要深度了解产品及产品周边,只有知己知彼才能保障后续工作的有效进行。

为了帮助李学完成领导交派的工作,我们开始本项目的学习与训练。任何一款产品的成功推广都是多方面原因的集成,精准定位需要依据产品品质,通过学习产品概念,可以明确突出产品特点,帮助销售人员提炼卖点。本章还专项学习新产品推广技巧,用产品品牌与包装策略吸引产品客户。

✏️ 学习目标

知识目标:

(1)了解营销产品的概念和组合策略。
(2)掌握营销产品组合和产品线决策。
(3)熟悉营销品牌和包装策略。
(4)熟悉产品生命周期理论和判断方法。
(5)掌握新产品的研发程序和市场推广技巧。
(6)了解新产品研发趋势。

能力目标:

(1)能运用产品组合原理帮助企业设计产品组合策略。
(2)能帮助企业正确选择品牌策略。
(3)能运用产品生命周期理论判断企业产品所处的阶段及应采用的市场营销策略。

知识框架

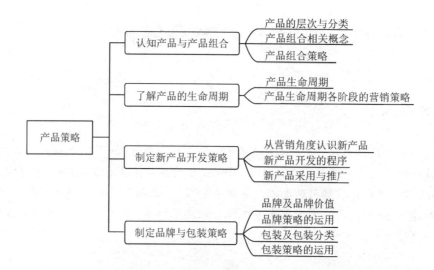

任务一　认知产品与产品组合

 任务描述

本任务主要带领大家学习产品的认知,能够辨别产品分类,学习产品组合相关知识,运用产品组合营销策略进行实践活动。

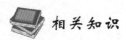 **相关知识**

一、产品的层次与分类

(一)产品的整体概念

产品是指通过交换满足人们需要和欲望的因素和手段,它包括提供给市场、能满足消费者或用户某一需求和欲望的有形产品和无形产品。

(二)产品五个层次

第一个层次:

核心产品(Core Benefit),即顾客真正需要的基本服务或利益。如旅馆的核心产品包括休息与睡眠。

第二个层次:

形式产品(Basic Product),即实现产品功能或服务的基本形式。如旅馆的形式产品包括床、浴室、毛巾、衣柜、厕所等。现代社会竞争日益激烈,在产品的设计上,企业除了要充实产品的核心利益外,还应重视对产品内在质量、包装、造型、商标的设计和营销策略的运用。例如,海尔洗碗机就以"海尔"的品牌名称、臭氧消毒、液晶显示、快速烘干等特征,一流的质量水平,独特的外观造型出现在市场上,产品不但能满足顾客所需要的核心利益,而且功能完善,直观设定洗涤程序,让洗碗变得更轻松、更快捷。

第三个层次:

期望产品(Expected Product),即购买者在购买产品时通常期望或默认的一组属性和条件。如旅馆的期望产品包括干净的床、新的毛巾、清洁的厕所、相对安静的环境。顾客通过期望产品来获得满意。

第四个层次:

延伸产品也称附加产品,是指顾客购买形式产品和期望产品时,附带获得的各种利益的总和,包括产品说明书,提供信贷、质量保证、安装、维修、运送、技术培训等。例如,旅馆人性化的服务、鲜花与免费早餐等。附加产品超越顾客的期望,会给顾客带来额外的惊喜与满足。可以预见,在大多数企业更新换代水平逐步加快、信息技术高度发达的今天,利用产品实体的因素来赢得竞争主动权的机会将越来越小,营销人员争夺顾客的主战场将逐步转移到售后服务上来。因此,能够有效提供附加产品的公司,必将在竞争中获胜。

第五个层次:

潜在产品是现有产品的延伸和演进,最终可能发展成为未来的实质产品。许多企业通过对现有产品的附加和扩展,不断提供潜在产品,给予顾客的不仅仅是满意,还能使顾客在获得这些新功能的时候感到喜悦。潜在产品指出了产品未来的发展方向,也使顾客对产品的期望越来越高,这就要求企业必须不断寻求满足顾客的新方法,不断将潜在产品变为现实产品,这样才能给顾客更多的惊喜。这正如美国学者西奥多·莱维特指出的:"现代竞争的关键,并不在于各家公司在其工厂中生产什么,而在于它们能为其产品增加些什么内容。诸如包装、服务、广告、用户咨询、融资信贷、及时送货、仓储,以及人们所重视的其他价值。每一家公司应寻求有效的途径,为其产品提供附加价值。"能正确发展附加产品的公司必将在竞争中获得优势。如图7-1所示。

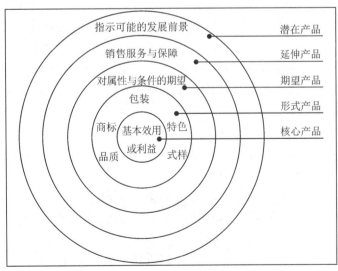

图7-1 产品五个层次

同步案例

智能时代下,老年人该如何跟上时代步伐?

2020年10月25日重阳节,央视CCTV13《共同关注》节目提到2019年我国60周岁及以上人口2亿5388万人中,将近2亿老人未接触过网络。

随着互联网的不断进步和发展,移动互联网使我们的生活越来越方便,但同时,也给很多人带来了不便。

其中,大部分人为老年人,包括不识字的老年人,以及五六十年代出生的有知识有文化的老年人。智能手机目前已很普及,但是有多少老年人能熟练地使用智能手机和手机中的应用呢?

这种情况在随着今年新冠疫情的持续控制下被放大,只要出门,不管去哪儿都需要提供健康码,超市、公交、银行、市场等场所几乎都需要提供健康码。

我们常常能看到因为没有健康码而被拒之门外的老人,没有健康码可以说是寸步难行。

不仅是健康码,目前各行各业都在向移动互联网转型,力争实现无纸化、自动化,各种移动应用层出不穷,导致老年人与这个社会的脱轨现象显得尤为突出。

现状分析:

纵观身边六十岁以上的老人,因智能手机使用不熟练,影响老年人生活,对老年人日常出行、生活造成影响的有几种情况,来举几个例子。

1. 网络支付

现象描述:很多老年人不敢把钱放在软件里,更不敢绑定银行卡,恐怕哪天不小心把钱全部支付出去,钱怎么花出去的都不知道。他们对网络支付操作不熟练,不敢放心使用。

造成结果:网络支付已很普遍,手机支付不会用,出门买东西商家找不开零钱。

2. 网约车

现象描述:近几年网约车越来越普遍,在需要打车时,都是先在网上约车,等待司机来接,很少再有路边拦车打车的现象。

造成结果:老年人不会网约车,出门想打个车很困难,就是看到空车也拦不下。

3. 银行认证

现象描述:银行的好多业务目前已实现自动化,需要手机配合操作完成业务。

造成结果:辛辛苦苦跑一趟银行,但因手机使用不熟练,或者需要下载相关的应用,导致业务无法顺利办理。

4. 火车票

现象描述:外出前使用手机线上查票、购票,余票数量等信息透明可查,筛选、退票、改签均可操作,赶上节假日,提前30天即可购票。

造成结果:老年人不会使用购票软件,在不知是否有票的情况下只能去车站窗口排队碰碰运气,退票、改签等也只能跑窗口。节假日购票需求量大,去窗口买到票的概率非常小。

5. 医院挂号

现象描述:在线预约挂号的方式越来越普遍,医院一般提前五天放号,用户可以在网上提前预约挂号。如不在网上预约,医院里大多也采用自助机挂号和取号的方式,人工窗口越来

越少。

造成结果:老年人在不会使用软件挂号和自助机挂号的情况下,只能到窗口排队挂号,需要起很早去排队,即便如此,也不一定能成功挂到号,给老年人看病带来不便。

社会的进步使信息化得到快速发展,互联网时代,越来越多的智能化应用让我们足不出户,只要动一动手指,吃穿住行都能解决,包括外卖、打车、购物、购票、就医等。

我们在追求更快更好更高效,在夸赞当今科技发达、社会进步的同时,是否听到身边的老人也在感叹:"现在真好,什么都能手机操作,可就是学不会,不会用呀!"这句话提醒我们,老年人是想用想学的,但由于自身能力和身边环境的问题,学起来困难,学不会。他们并没有享受到智能化带来的便捷,反而却是因种种原因感受到各种不便。

进入社区市场,除了摆满的菜品外,还多了样东西,就是收款码,客户买完东西后,直接扫描二维码进行支付,但实际上市场的主力军多为老年人,网络支付明显不太适用。相比之下,老年人现金支付使用得更多。那么,老年人为什么不使用,甚至是不愿意学着使用智能手机和应用呢?

不愿意学,觉得自己这么大岁数了,还要学习,从心底里抵触。

记不住,功能多、步骤多,操作复杂。

安全意识,觉得网络不安全,怕被骗。

智能手机、智能应用软件操作复杂、功能烦琐,在用户目标定位上主要面向的还是中青年,面向老年人、适合老年人使用的软件相对较少。有的应用虽然有使用教程,使用说明等,但对于老年人来说还是很难学。很多子女与老年人不住在一起,回家了教一教,老人当时会用,但是过后还是不会。很多老年人只能是自己琢磨使用,但学起来还是比较吃力。还有一个原因就是怕弄坏,不敢盲目使用和操作。有些老年人使用智能设备聊天、看视频、看新闻等,也仅限于最基本的操作。对于复杂一点的,如设置密码、人脸识别、注册登录、发送验证码等这些操作还是有难度的,他们仅仅还是停留在最基本的、表面的功能使用方面,藏的稍微深一点的功能就找不到不会用了。

老年人脑力及体力的退化,在快速发展的时代,可以说他们已经没有能力来接受新事物,与时代奔跑。那么在应用产品的设计上,尤其是工具类,智能应用场景等,是否该多考虑一下使用群体,注重适合老年人使用的设计呢?

结合案例思考:

1. 在现代市场竞争中,企业应该向老年人提供什么样的产品?

2. 从本案例中你受到哪些启发?

 知识拓展

以手机为例进行的产品层次分析

1. **核心利益层次**

核心利益层次是指产品能够提供给消费者的基本效用或益处,是消费者真正想要购买的基本效用或益处。比如手机的核心利益就是消费者用手机来进行交流联系,培养感情,扩大交际圈,方便联系,这是大多数人对手机的基本需求。

2. 有形产品层次

有形产品层次是产品在市场上出现时的具体物质形态,主要表现在品质、特征、式样、商标、包装等方面,是核心利益的物质载体。比如手机的外观,手机的包装,手机的相关配件如充电器、耳塞、电池、说明书、保修卡等具体的物质形态。

3. 期望产品层次

期望产品层次就是顾客在购买产品前对所购产品的质量、使用方便程度、特点等方面的期望值。比如购买手机时考虑的质量问题,是否方便使用、携带,有什么特别的功能,如摄影功能、上网功能等。

4. 延伸产品层次

延伸产品层次是指由产品的生产者或经营者提供的购买者有需求的产品层次,主要是帮助用户更好地使用核心利益和服务。比如手机的保修期,免费维修电话,全国联保,免费咨询,送货上门等。

5. 潜在产品层次

潜在产品层次是在延伸产品层次之外,由企业提供能满足顾客潜在需求的产品层次,它主要是产品的一种增值服务。比如手机的移动电子商务,在线金融交易,无线网络连接,网络资源共享。

(三)产品的分类

在现代市场营销观念下,每一个产品类型都有与之相适应的市场营销组合策略。所以要制定科学的市场营销策略就必须对产品进行科学的分类。根据不同特征可以将产品划分为不同类别。

1. 按产品的耐用性和有形性划分

按产品的耐用性和有形性可将产品划分为耐用品、非耐用品、服务几种类型。耐用品,是指在正常情况下能够多次使用的物品,如住房、汽车;非耐用品,是指在正常情况下一次或几次使用即被消费掉的有形物品,如食品、化妆品;服务,是非物质实体产品,是为出售而提供的活动或利益,如修理、理发、教育等。

2. 按产品的用途划分

按产品的用途可将产品分为消费品和工业品两大类。

(1)消费品按消费者的购买习惯又可分为下列四种:

①便利品,是指消费者通常频繁购买或需要随时购买,并且只花最少精力和最少时间去比较品牌、价格的消费品。例如,肥皂、报纸等。便利品可进一步分成常用品、冲动品,以及救急品。常用品是顾客经常购买的产品,如牙膏;冲动品是顾客未经过计划或搜寻而顺便购买的产品;救急品是顾客的需求十分紧迫时购买的产品。

②选购品,是指消费者为了物色适当的物品,在购买前往往要去许多家零售商店了解和比较商品的花色、式样、质量、价格等的消费品。例如,儿童衣料、女装、家具等都是选购品。选购品挑选性强,消费者不知道哪家的更合适,且因其耐用程度较高不需经常购买,所以消费者有必要和可能花较多的时间和精力去许多家商店物色合适的物品。选购品可划分为同质品和异质品。同质选购品质量相似,但价格却明显不同,需要选购。而对于服装、家具等异质选购品,产品特色比价格更重要。

③特殊品,是指消费者能识别的独特产品或名牌产品,而且习惯上愿意多花时间和精力去

购买的消费品,如特殊品牌和造型的奢侈品、名牌男服、供收藏的特殊邮票和钱币等。消费者在购买前对要物色的特殊品的特点、品牌等均有充分认识,这一点同便利品相似;但是,消费者只愿购买特定品牌的某种商品,而不愿购买其他品牌的某种特殊品,这又与便利品不同。

④非渴求物品,是指顾客不知道的物品,或者虽然知道却没有兴趣购买的物品。例如,刚上市的新产品、墓地、人寿保险等。非渴求商品的性质,决定了企业必须加强广告、推销工作,同时切实做好售后服务和维修工作。

(2)对工业品,可以根据它们如何进入生产过程和相对昂贵这两点来进行分类。我们可以把工业品分成三类:材料和部件,资本项目以及供应品与服务。

①材料和部件,是指完全要转化为制造商所生产的成品的那类产品。它们可分成两类:原材料、半成品和部件。原材料本身又可以分成两个主类:农产品和天然产品。半成品和部件可以用构成材料(如铁、棉纱)与构成部件(如马达、车胎)来加以说明。构成材料和构成部件通常具有标准化的性质,意味着价格与服务是影响购买的最重要因素。

②资本项目,是指部分进入产成品中的商品。包括两个部分:装备和附属设备。装备包括建筑物(如厂房)与固定设备(如电梯)。附属设备包括轻型制造设备和工具(如手用工具),以及办公设备(如打字机、办公桌)。这种产品不会成为最终产品的组成部分,但在生产过程中起辅助作用。

③供应品和服务,是指根本不会形成最终产品的那类物品。供应品可以分为两类:操作用品(如润滑油、打字纸)和维修用品(如油漆、钉子)。供应品相当于工业领域内的方便品。商业服务包括维修或修理服务(如清洗窗户、修理打字机)和商业咨询服务(如法律咨询、广告设计)。

二、产品组合相关概念

(一)产品组合

产品组合是某一企业或公司出售的各种产品系列的组合,包括厂家生产的所有的产品系列或商业部门经销的所有产品系列,也是指一个企业所经营的全部产品组合方式。

产品组合包括三个因素:产品系列的宽度、产品系列的深度和产品系列的关联性。这三个因素的不同,构成了不同的产品组合。例如,柯达照相器材公司所有产品,包括照相机、摄影器材、冲洗药品等是公司的产品组合。照相机系列产品是其中的一种产品系列,而柯达公司生产的柯达牌"快迅照相机"又是相机系列产品中一个产品项目。柯达公司在一定时期内向市场推出的产品组合就是由关联性较强的相机、摄影器材,冲洗药品构成。

(二)产品线

产品线也称产品大类、产品系列,是指一组密切相关的产品项目。这里的密切相关或是使用相同的生产技术,产品有类似的功能,同类的顾客群,或同属于一个价格幅度。对于一个家电生产企业来说,可以有电视机生产线、电冰箱生产线。产品组合的宽度说明了企业的经营范围大小、跨行业经营甚至实行多角化经营程度。增加产品组合的宽度,可以充分发挥企业的特长,使企业的资源得到充分利用,提高经营效益。此外,多角化经营还可以降低风险。

(三)产品项目

产品项目是指产品线内各种不同的产品。一种由型号、规格、品种、外观等构成的具体产品就是一个产品项目,它是企业产品目录中列出的每一个具体的产品单位。

(四)产品组合的长度

产品组合的长度指一个企业的产品项目总数。产品项目指列入企业产品线中具有不同规格、型号、式样或价格的最基本产品单位。通常,每一产品线中包括多个产品项目,企业各产品线的产品项目总数就是企业产品组合长度。

(五)产品组合的深度

产品组合的深度是指产品线中每一产品有多少品种。如 M 洗发水产品线下的产品项目有三种,a 洗发水是其中一种,而 a 洗发水有三种规格和两种配方。

(六)产品组合的长度和深度反映了企业满足各个不同细分子市场的程度

增加产品项目,增加产品的规格、型号、式样、花色,可以迎合不同细分市场消费者的不同需要和爱好,招徕、吸引更多顾客。

(七)产品组合的关联性

产品组合的关联性指一个企业的各产品线在最终用途、生产条件、分销渠道等方面的相关联程度。较高的产品的关联性能带来企业的规模效益和企业的范围效益,提高企业在某一地区、行业的声誉。企业产品系列之间是有某种联系的,即各种产品系列之间在最终用途、生产条件、销售渠道或其他方面都存在某种联系,各种产品系列之间的关联程度称为关联性。

一般来说有下列联系:①这些产品满足同样的需求;②这些产品互为补充和可一起使用;③这些产品的销售是同一主顾;④这些产品通过同一中间商销售;⑤这些产品是按不同的价格水平的同一组价格销售的。

 做中学

表 7-1 茅台集团公司产品组合宽度和产品线长度表(从茅台企业网查阅)

	产品组合的宽度			
	白酒	啤酒	红酒	饮料
产品线长度	茅台酒	茅台啤酒	茅台干红葡萄酒	(没有相关资料)
	茅台王子酒			
	茅台迎宾酒			
	习酒			

问题:
茅台集团产品组合宽度、深度和关联度如何?

三、产品组合策略

分析产品组合的宽度、长度、深度和关联性,有助于企业更好地制定产品组合策略。企业在进行产品组合决策时,应根据市场需求、企业资源、技术条件、竞争状况等因素,经过科学分析和综合权衡,确定合理的产品结构。由于这些因素都是处在不断的发展变化之中,同时产品

本身又具有市场生命周期,所以产品组合不是静态的而是动态的,即使是极其合理的产品组合都是暂时的。因此,企业必须对现有产品组合进行评价,不断调整产品组合,增删部分产品线及产品项目,使产品组合经常处于一种较佳或最佳的状态。企业决定调整产品组合时,根据情况的不同,可选择以下策略。

(一)产品线的延伸

产品线延伸是针对产品的档次而言的,在原有档次的基础上向上、向下或双向延伸都是产品线的延伸。

(1)向下扩展,即在原有的产品线下面增加一些低档产品。该方法常常是在企业的高档产品增长速度缓慢、受到激烈竞争,或者企业原来推出的高档产品已树立起其质量形象,或者想借此填补市场空隙时采用。实行这种策略会使企业原有高档产品的声誉和品牌形象受到影响,造成市场收缩,也可能招致新的竞争对手。例如:早年美国的"派克"钢笔质优价贵,被视为身份的象征。然而1982年新任总经理上任后,盲目向下延伸品牌,把"派克"品牌用于每支售价3美元的低档笔,由此毁坏了"派克"在消费者心目中的形象,丧失了部分高档笔市场。

(2)向上扩展,即原定位于低档产品的企业进入高档产品市场,在原来产品线上增加高档产品。通过这一方法,可以提高企业的产品声誉和市场地位,给企业带来丰厚的利润,但同时有一定的风险,消费者对低档产品企业生产高档产品可能缺乏信任,也可能使原先生产高档产品的竞争对手在低档产品领域与其展开竞争。

产品线向上延伸的条件:企业原有的声誉比较高,企业具有向上延伸的足够能力,实际存在对较高档次产品的需求,能应付竞争对手的反击。

(3)双向扩展,指原位于市场中间范围的企业在占据市场优势之后,决定朝产品线的上下两个方面扩展,同时增加高档产品和低档产品,扩大市场阵地。采用这种策略的企业主要是为了取得同类产品的市场份额,扩大经营,增强企业的竞争能力。但应注意,只有在原有中档产品已取得市场优势,而且有足够资源和能力时,才可进行双向延伸,否则还是单向延伸较为稳妥。

(二)扩展产品组合

扩展产品组合包括扩展产品组合的宽度和深度。

(1)扩展产品组合的宽度是在原产品组合中增加一个或几个产品大类,扩大产品经营范围。当企业预测现有产品大类的销售额和利润额在未来一段时间内有可能下降时,就应考虑扩展产品组合的宽度。例如:某家电厂原来生产电冰箱,现在扩大生产,开始生产洗衣机、空调。

(2)扩展产品组合的深度是在原有产品大类中增加新的产品项目。当企业打算增加产品特色或为更多的子市场提供产品时,可选择在原有产品大类内增加新的产品项目。例如:某家电厂原来生产电冰箱,以前只生产单开门,现在为满足消费者需求同时生产双开门冰箱。

一般而言,扩展产品组合,可使企业充分地利用人、财、物资源,分散风险,增强市场应变能力和竞争能力。

(三)缩减产品组合

随着产品线的延长,设计、工程、仓储、运输、促销等市场营销费用也随之增加,最终有可能减少企业的利润。尤其是当市场不景气或原料、能源供应紧张,或者产品线中出现大量难以销售的存货时,企业就应该考虑产品组合,从产品组合中剔除那些获利很少甚至不能获利的产品线或产品项目,使企业可以集中力量发展获利多的产品线或产品项目,从而保存企业实力。该策略是灵活的,当市场需求回升时,曾经被删减的项目仍可以恢复生产。

任务二　了解产品的生命周期

 任务描述

通过学习了解产品生命周期各个阶段特点,结合实际针对产品生命周期各阶段的营销策略,运用新产品策略、品牌策略、包装策略全方面打造产品。

一、产品生命周期

20世纪50年代,乔尔·笛安在他的关于有效定价政策的讨论中采用了"产品生命周期"的概念。他阐述了市场开拓期、市场扩展期和成熟期等阶段,对产品从进入市场到被淘汰退出市场的全部运动过程进行了理论分析。1965年,西奥多·莱维特(Theodora Levitt)在发表于《哈佛管理评论》上的《利用产品生命周期》一文中对这一概念给了高度的肯定。美国哈佛大学教授雷蒙德·弗农(Raymond Vernon)1966年在其《产品周期中的国际投资与国际贸易》一文中首次提出产品生命周期理论。从此,产品生命周期理论经过多位学者的完善和推广,成为一种比较成熟的理论,为提高市场营销活动的效率提供了很好的理论支持。

(一)产品生命周期的含义

产品生命周期是指产品从进入市场到被市场淘汰的全过程,也称产品的市场寿命。它是通过产品的市场销售收入和利润的变化来进行分析判断的,反映的是产品的销售情况及获利能力在时间上的变化规律。在实际经营中,应用产品生命周期理论更多的是分析产品品种或具体品牌。但是产品生命周期不等于产品使用寿命,它特指的是一类产品的市场寿命。典型的产品生命周期可分为引入期、成长期、成熟期和衰退期(见图7-2)。

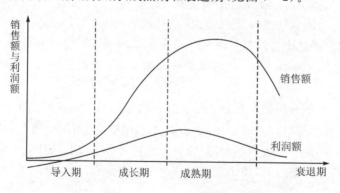

图7-2　产品生命周期

(二)产品生命周期各阶段的特点

(1)导入期:产品刚刚投入市场试销的阶段。这一阶段的特征是:销售量低,生产成本高,

(2) 成长期：产品通过试销取得成功之后，产品工艺基本定型，转入成批生产和扩大市场销售的阶段。这一阶段的特征是：销售量剧增，销售额增长快，生产成本有所下降，利润开始增长，同类商品的供给者开始增多。

(3) 成熟期：当市场需求趋向饱和时，潜在的顾客已经很少，销售增长率在达到某一点后放慢步伐时标志着产品进入了成熟期。在这一阶段，竞争逐渐加剧，产品售价降低，促销费用增加，企业利润达到最大值后开始下降。成熟期相较前两个阶段更长，向营销机构提出挑战。

(4) 衰退期：随着科学技术的发展，新产品或新的代用品出现，将使顾客的消费习惯发生改变，转向其他产品，从而使原来产品的销售额和利润额迅速下降。价格下降迅速，甚至低于成本，多数企业无利可图被迫退出市场。于是，产品进入了衰退期。如表7-2所示：

表7-2 产品各生命周期的特点

周期	顾客	毛利与净利	风险	利润率	竞争者	投资需求
导入期	需要培训 早期采用者	处于试验阶段，质量没有标准，也没有稳定的设计，设计和发展带来更大的成功	高	高价格 高毛利率 高投资 低利润	少	最大
成长期	更广泛接受 效仿购买	产品的可靠性、质量、技术性和设计产生差异	较高	利润最高 公平的高价和高利润率	参与者增加	适中
成熟期	巨大市场 重复购买 品牌选择	各部门之间标准化的产品	较低	价格下降 毛利和利润下降	参与者最多	减少
衰退期	有见识 挑剔	产品范围缩减 质量不稳定	低	降低流程和毛利 选择合理的高价和利润	一些竞争者退出	最小或者没有

同步案例

16家党报一起"动"，AR会是纸媒的新出路吗？

3月12日，植树节当日，《人民日报》在第6版推出了节日特别报道——《春风好借力植绿正当时》。不同于一般的图文报道形式，此次报纸版面中来自"影像中国"的图片报道可以通过人民视频客户端的"AR"扫描功能获取更多信息。

通过AR扫描报纸上的图片后，即可生成图文动画，了解我国近两年国土绿化事业取得的新成绩。

据了解，此次AR图文报道是由《人民日报》联手《解放军报》《光明日报》《新华日报》《陕西日报》《云南日报》《新疆日报》《北京日报》《广西日报》《山西日报》《河南日报》《襄阳日报》《广州日报》《郑州日报》《金华日报》《河北经济日报》共 16 家报纸推出的。

同时,当日出版的这 16 家报纸,分别在各自版面上以"同一照片、同一视频"的形式进行了 AR 联动报道,读者均可以通过人民视频客户端的 AR 功能扫描这 16 家报纸上的识别图片体验 AR 报道。此次报道让 AR 扫描看报纸这一形式在央媒和省市三级报纸中呈现出树状传播矩阵。

AR 扫描技术让原本静止的图片报道有了新闻增量,生动直观的呈现方式让新闻报道从形式到内容都实现了质的提升,不仅改善了报纸版面的限制,让报纸承载了更多信息和内容,还以动态形式改变了过去报纸内容的呈现方式,赋予了报纸更多元丰富的观看形态,为传统纸媒赋能,探索了报纸向全媒体跃升的可能路径。

1. AR,纸媒的另一条"求生路"

AR 即增强现实技术,其能将原本单向传播的信息变为双向的人机互动,帮助报纸、杂志、书籍等平面媒体"动起来",立体化、拓展化、交互化地提供信息增量,让报道更具深度,给读者带来全新体验。

在纸媒的"自救"道路上,数字化转型并没有挽救其衰落的命运,因此,AR 出现后,很多人将这项技术视作纸媒的新机遇。

事实上,纸媒与 AR 的结合并不是新生事物。2012 年 8 月,《成都商报》发布"拍拍动"移动终端应用软件,率先将 AR 技术融入报纸,提供多种感官视觉体验式的丰富信息给读者。比如,在看体育版面时,用手机扫描新闻,可以呈现出立体三维的体育人物形象。

美国的《纽约时报》《华尔街日报》和英国的《金融时报》也曾试过用手机拍一拍呈现"二级界面"。最成功的案例是 2013 年日本的《东京新闻》,为了吸引更多儿童看报,其专门设计了 AR 模块:当孩子们通过智能手机扫描报纸上的版面时,手机屏幕中的报纸就会发生神奇的改变,文章可以翻转,标题通过动画的方式出现,有时还会有卡通人物跑出来。

AR 技术不仅能带来报纸空间容量的增加,还能让报纸所承载的内容和表达方式发生质的变化,让报纸可以看视频,可以进行投票、购买等,借助图片、声音、视频等形式与读者产生更多交互,提升阅读体验,进而吸引更多读者,在新媒体时代脱颖而出。

2. AR 为纸媒的创意营销提供了可能

AR 技术可以创造新的阅读环境,而"报纸+AR"所营造的全新读报方式、沉浸式的读报体验,也可以让报刊与读者连接得更加紧密,同时能为广告内容带来震撼性的体验,在广告经营上开拓新的模式。

如果纸媒能在广告视觉内容上做出新颖的创意,为广告客户提供更加多元的内容服务,做独特的创意营销,或许也是一条出路。

2018 年 6 月,《南国早报》推出"献礼广西南宁绽放——AR 城市名片"版面成为一大亮点,使用手机 QQ 扫一扫,平面报纸便变身涵盖有声影像的多媒体立体视频图画,借助 AR 技术,报纸一如巨幕电影突破了传统视野与平铺版面。

这是《南国早报》与合景泰富地产、聚象科技联合推出的一份科技礼包,将传统纸媒内容 AR 化,扩展了纸媒的多面性,促进纸媒内容丰富化、发展多元化。

在房地产广告上,纸媒与 AR 融合后可以加入很多内容,比如样板房里面的空间效果图、入户体验等。但在过去,这些内容很难在报纸版面上生动直观地体现出来,AR 为纸媒做好房地产宣传提供了更好的方式。

手机产品也曾采用AR技术结合传统纸媒进行广告营销。去年,《深圳商报》推出首个纸媒AR广告,用手机QQ扫描《深圳商报》封面报眼广告时版面"秒变"屏幕画面,变成一段精彩视频。这是《深圳商报》精心打造的第一个报纸AR广告,这种全新AR技术曾在朋友圈和读者圈引起了不小的轰动。

另外,在扫描汽车广告图片时,同样可以看到出现汽车行驶的动态图片。AR增强现实与虚拟之间的互动,能让读者在阅读时得到更多信息,为纸媒的广告营销找到了新的突破口。

从过往的一些案例来看,AR版报纸出现后,曾多次出现"一报难求"的情况,也有不少AR广告赚足了眼球,AR技术的确为纸媒的报道形式和广告营销提供了更多可能。但值得注意的是,目前还没有一家纸媒真正地长期使用"报纸+AR"的形式,而是多以"特别刊""纪念版"的出版形式出现,故而,对纸媒的内容和形式本身没有带来太多改变。

同时,由于开发成本较大,且用户需要安装App、扫描、花费流量等烦琐的流程和使用的局限性,"纸媒+AR"技术也并没有形成大势所趋的发展态势,AR技术在纸媒行业尚未得到很好的推广。

而眼下,随着5G时代的加速到来以及相关技术的成熟,媒体行业有可能迎来规模化的"AR+"。此次16家报纸联动进行AR报道就是一次有力的印证,这既是AR技术拓展媒介运用场景的一次探索,也是推进全国党媒深度融合发展,创意共享、技术共享、内容共享的有益尝试。未来,纸媒的"AR化"或许会更加广泛和便捷。

结合案例思考:

通过案例,分析纸媒行业是如何延长产品的生命周期的。结合实际,谈谈你对产品生命周期的理解。

二、产品生命周期各阶段的营销策略

典型的产品生命周期,基于其四个阶段的不同特点、不同时期,领导者应该有不同战略,才能使产品在生命周期中走得更长久。

(一)导入期策略

策略重点要突出一个"快"字。具体营销核心是:抓好产品质量,取得消费者的信任;进行促销宣传,提高产品的知名度;用优惠、免费等方式吸引顾客试用,使产品尽快为顾客所接受;争取中间商的支持,给其优惠或资助。

不同企业在推出新产品时所用的营销策略不尽相同,大体说来有四种营销策略。

(1)快速撇脂策略。即以高价格和高促销推出新产品。实行高价格是为了在每一单位销售额中获取最大的利润,高促销费用是为了引起目标市场的注意,加快市场渗透。成功地实施这一策略,可以赚取较大的利润,尽快回收新产品开发的投资。实施该策略的市场条件是:市场上有较大的需求潜力,目标顾客具有求新心理,急于购买新产品,并愿意为此付出高价。企业面临潜在竞争者的威胁,需要及早树立名牌。

(2)缓慢撇脂策略。即以高价格、低促销费用将产品推入市场。高价格和低促销水平结合可以使企业获得更多利润。实施该策略的市场条件是:市场规模相对较小,竞争威胁不大;市场上大多数用户对该产品没有过多疑虑;适当的高价能为市场所接受。

(3)快速渗透策略。即以低价格和高促销费用推出新产品。其目的在于先发制人,以最快的速度打入市场。该策略可以给企业带来最快的市场渗透率和最高的市场占有率。实施这一市场策略的条件是:产品市场容量很大;潜在消费者对产品不了解,且对价格十分敏感;潜在竞争比较激烈;产品的单位制造成本可随生产规模和销售量的扩大迅速下降。

(4)缓慢渗透策略。即企业以低价格和低促销费用推出新产品。低价格是为了促使市场迅速地接受新产品,低促销费用则可实现更多的净利润,企业坚信该市场需求价格弹性较高,而促销弹性较小。实施这一策略的基本条件是:市场容量较大;潜在顾客易于了解此项新产品且对价格比较敏感;有相当的潜在竞争者准备加入竞争行列。

这个阶段,企业家需要面临很多不确定性,并且需要投入大量金钱、时间、精力,来尝试哪一种产品适合哪一种人群,满足哪一种需求,在这个阶段,企业家不要想怎么赚更多的钱,这个时候需要思考怎么生存才是关键,只有熬过生死劫,才能在日后讨论赚钱的事。此时企业家需要有强大的内心和耐力面临市场、商业中的种种挫折和困境,这个时期会有两种情况:

第一种情况:能够顺势而为,赶上好的时机,无心插柳柳成荫,轻轻松松打响投入期第一站。这个时候还会赚到钱,如果没有妥善经营,则很快在产品或服务上被竞争对手超越,如果你是第一种情况的企业家,你需要尽快找到成功的因素,将成功的因素拓宽,因素分析要从市场、客户、需求、时机、政策方面进行分析,切记不能把成功一味地放在运气好上。

第二种情况:没有赶上好的趋势,但是看到了市场漏洞以及需求的未满足。这个时候,就需要领导者找到核心人群,进行小范围测试,在不断尝试中,使人群更加精准,产品能否进入下一个阶段,完全取决于人群够不够精准。

创业者应该根据市场需求,迎合用户的心理来做产品,如果你的产品不够新颖,生不逢时,甚至是硬生生的模仿,那么死于襁褓之中也不足为奇。不管是哪种情况,这个阶段的关键在于如何吸引用户以及产品定位,是想要产品定位人群,还是人群定位产品。

(二)成长期策略

策略重点要突出一个"好"字。具体营销核心:提高产品质量,增加花色品种,增强产品的市场竞争力;突出宣传产品特色,树立产品形象,争取创立名牌,使顾客产生偏爱;深入了解顾客需求,进一步开展市场细分,拓展更有效的市场;降价以阻碍竞争对手的进入或涨价以提高产品的市场形象。

能够步入这个时期,说明不管是产品还是人群都有初步的定位,且能获得市场认可,在这个时期领导者需要加速步伐,找到可持续裂变的商业模式,让企业更加成熟。这个阶段没有那么多的时间让领导者试错,每走一步,都会决定企业的生死,在成长期,企业需要谨慎,眼光需要长远,不应该被眼前的利益和成就所诱惑,应该树立企业长期规划。

在这个时期,也会有两种情况:

第一种情况:在成长期的过程中,出现资金链断裂的情况,不同的行业投入是不一样的,就互联网行业来说,前期的获取用户成本较高,就面临着烧钱获取用户的局面,在成长期盈利速度跟不上烧钱的速度,则会飞灰湮灭,这个时代就是这样,成立一个公司越来越容易,倒闭一个公司有时也是一夜之间。

第二种情况:在这个过程中,领导者的策略或者运气特别好,握住了市场上每一个节点,用户裂变和盈利模式成正比,此时,领导者也不能过于骄傲,要思考接下来成熟期产品、企业该怎么走下去,如果没有想好的话,不会在短时间内形成规模化发展,同时要小心竞争对手的速度,一旦竞争对手先进入成熟期,市场份额就会大打折扣。

在成长期,领导者需要把重点放在快速完善产品、服务,以及运营模式上,既要速度又要质量,既要保证用户的增长率又要保证资金链正常运转。

例如:就图像类 App 来说,美图秀秀从一开始就广受追捧,现在也几乎成了装机必备软件,而同类的魔漫相机却从开始的争相尝鲜到现在的默默无闻。二者对比来看,美图秀秀更加实用,功能比较完善,魔漫用新奇吸引用户,却无法让新奇持续下去。所以说,一款好产品在前期吸引到大量用户后必须投入更多的资金来保证产品质量,维系用户数量,避免夭折。

(三)成熟期策略

在成熟期策略重点要突出一个"长"字,有四种基本策略可供选择。

①市场改良:开发新市场,寻找新用户。它有三种具体的方法:一是可以努力把非使用者转变为本产品的使用者;二是可以进入新的细分市场,提高市场占有率;三是可以通过营销手段把竞争对手的顾客转变为自己的顾客。

②量上的改进:增加产品的使用数量。它有三种具体的方法:一是增加产品的使用次数,即努力使顾客更繁地使用该产品;二是增加每次的使用量,即努力使用户在每次使用时增加该产品的使用量;三是增加使用场合,即努力为产品创造新的使用情境。

③产品改良:对产品本身做出改进,以赢得市场份额。它有三种具体的方法:一是通过改进产品的质量来压倒竞争对手;二是注重产品的新特点,增加产品的功能和特性;三是改进产品式样,注重产品的美学诉求和个性,获得一个独特的市场。

④营销组合改进:通过改变营销组合的几个因素,延长产品的成熟期。它有三种具体的方法:一是改变价格,可以通过降低价格吸引新用户,也可以通过提高价格显示产品的高质量;二是改变分销渠道,进入某些新类型的分销渠道,增加销售网点;三是改变促销方式,如增加广告费用,修改广告文案,更换广告媒体,变动广告宣传的时间、频率或规模,或增加销售人员的数量,提高销售人员的素质,更好地激励销售人员,或采用更好的营业推广方式来加快销售。

这个时期,企业需要大量扩张,不管是线上还是线下,开加盟店还是直营店,一定要进行扩展,才能延长产品的成熟期。如果已经在成长期完成扩张,那在成熟期可以将产品进行国际化运营,打通各个渠道,利用一切可以利用的机会,使产品、服务与现在趋势相契合。

在成熟期有两种情况:

第一种情况:用户速度变慢,这个时候,企业应该把重点放在用户的转化率及复购率上,设立用户反馈机制,通过数据精准分析出哪种产品适合哪种人群,哪种产品组合会更吸引哪一特定的人群,然后对产品、服务进行迭代、优化,将前期沉淀出来的用户进行划分,可以按照消费金额、消费频率、消费时间进行划分,画出重点客户、潜在客户、分享客户,以及无效客户,并制定相应的服务标准、营销策略。

第二种情况:通过地域来进行扩张市场,比如,前期打造的是下沉市场,后期可以找到一、二线市场相应的人群,然而产品、服务不可能一成不变,需要随着用户的认知、环境的变化进行相应的迭代,以免满足不了用户的需求,造成大量用户流失。

这个时期,不要想着将产品直接迭代成每个人都需要的产品,世界上没有一款产品是每个人都需要的,就拿我们中必不可少的水来说,水是我们每个人都需要的。但是并不是每个人都喝矿泉水,也并非每个人都喝自来水。所以,不要想着一个产品满足所有人群,但是我们可以通过不断改革来满足不同阶段的人。

例如,微博就不能称得上是一个有为的青年,虽然微博也已上市,但微博的盈利方式总不能让人满意;特别是充斥着大量的广告,严重影响了用户的产品体验。相反,微信做的却比微博好得多,微信并没有盈利,但它的前景是十分诱人的。庞大的用户群体,微信商城的开通,在短短的几年内由一款产品转化成了一个平台和工具。中期是一款产品最受投资人看重的时候,也是对创业者挑战最大的时候,能不能做好关系到产品的生死。

(四)衰退期策略

策略重点要突出一个"转"字。主要包括以下几方面内容。

(1)集中策略,即把资源集中使用在最有利的细分市场、最有效的销售渠道和最易销售的品种、款式上。简言之,缩短战线以最有利的市场赢得尽可能多的利润。

(2)维持策略,即保持原有的细分市场和营销组合策略,把销售维持在一个低水平上。待到适当时机便停止该产品的经营,退出市场。

(3)榨取策略,即大幅降低销售费用,如广告费用削减为零,大幅精简推销人员等,虽然销售量可能迅速下降,但是可以增加眼前利润。如果企业决定停止经营衰退期的产品,应在立即停产还是逐步停产的问题上慎重决策,并应处理好善后事宜,使企业有秩序地转向新产品经营。

在这个时期需要注意两件事。第一件事:衰退期可指产品也可指用户,如果指用户的话,那流失用户就是用户的衰退期。对于流失的用户,企业不应该放任不管,应该对流失用户有一个战略性的调整,尤其对那些之前有过不错转化率的用户,要弄清这类用户为什么会流失,流失的因素是什么,怎样做会让用户重新选择回来。流失的用户一定要进行一对一的突破,因为不同的用户会有不同的原因,需要在用户这一块应该安排好布局。第二件事:产品进入衰退期,作为领导者,什么事情都要做好,要事先就有一个假象,如果这个产品走不下去了,要怎么进行收尾,从投入期开始就要想,到成熟期逐步变成可执行的方案,甚至在成熟期末的时候就开始执行,产品进入衰退期可以选择创造新品或者被收购,如果是被收购的状态时,一定要看好机会,有的时候收购方会高价收购,是因为看在有潜力的份上,不要错失良机,如果产品真的很有潜力,则需要谨慎选择,不可盲目。

任务三　制定新产品开发策略

 任务描述

本任务主要带领大家认识新产品,了解新产品的开发方法与程序,结合营销知识针对新产品建立营销策略。

 **相关知识**

一、从营销角度认识新产品

(一)新产品的概念

新产品指采用新技术原理、新设计构思研制、生产的全新产品,或在结构、材质、工艺等某一方面比原有产品有明显改进,从而显著提高了产品性能或扩大了使用功能的产品。

对新产品的定义可以从企业、市场和技术三个角度进行。

对企业而言,第一次生产销售的产品都叫新产品;对市场来讲则不然,只有第一次出现的产品才叫新产品;从技术方面看,在产品的原理、结构、功能和形式上发生了改变的产品叫新产品。

营销学的新产品包括了前面三者的成分,但更注重消费者的感受与认同,它是从产品整体性概念的角度来定义的。

凡是产品整体性概念中任何一部分的创新、改进,能给消费者带来某种新的感受、满足和利益的相对新的或绝对新的产品,都叫新产品。

(二)新产品的分类

基于新产品的含义,新产品可以分为以下几类。

1. 全新产品

全新产品是指应用新原理、新技术或新材料,具有新结构、新功能的产品。该新产品在世界范围内都是首次开发的,能开创全新的市场。该类型产品在所有新产品中占10%左右。

2. 改进型新产品

改进型新产品是指在原有老产品的基础上进行改进,使产品在结构、功能、品质、花色款式及包装上具有新的特点和新的突破的产品。改进后的新产品,其结构更加合理,功能更加齐全,品质更加优质,能更多地满足消费者不断变化的需要。该类型产品在所有新产品中的比例为26%左右。

3. 模仿型新产品

模仿型新产品是企业对国内外市场上已有的产品进行模仿,并使其成为本企业的新产品的产品。该类型产品在所有新产品中占20%左右。

4. 动态连续性新产品

该产品与固有的消费模式的差异程度较大,但还没有要求建立新的消费模式。人们的生活环境总是处于不断变化之中,这种变化累积到一定程度就会要求人们改变固有的消费习惯。不同的消费者对这种变化的敏感性有较大差异,决定了消费者对这种新产品不同的态度。例如,电动剃须刀、冷冻食品等。

5. 非连续性新产品

该产品提供了一种新的消费方式,它的诞生往往是由于科学技术的突破使人类的某种千百年来可望而不可即的需求最终得以实现。例如,汽车、飞机、收音机、电视机等的问世,都属此类产品。

(三)新产品开发方式

企业开发新产品,选择合适的方式很重要。选择得当,适合企业实际,就能少承担风险,易获成功。新产品开发方式一般有独创方式、引进方式、改进方式和结合方式四种。

1. 独创方式

从长远考虑,企业开发新产品最根本的途径是自行设计、自行研制,即所谓独创方式。采用这种方式开发新产品,有利于产品更新换代及形成企业的技术优势,也有利于产品竞争。自行研制、开发产品需要企业建立一支实力雄厚的研发队伍、一个深厚的技术平台和一个科学、高效率的产品开发流程。

2. 引进方式

技术引进是开发新产品的一种常用方式。企业采用这种方式可以很快地掌握新产品制造技术,减少研制经费和投入的力量,从而赢得时间,缩短与其他企业的差距。但引进技术不利于形成企业的技术优势和企业产品的更新换代。

3. 改进方式

这种方式是以企业的现有产品为基础,根据用户的需要,采取改变性能、变换形式或扩大用途等措施来开发新产品。采用这种方式可以依靠企业现有设备和技术力量,开发费用低,成功把握大。但是,长期采用改进方式开发新产品,会影响企业的发展速度。

4. 结合方式

结合方式是独创与引进相结合的方式。

二、新产品开发的程序

新产品开发是一项极其复杂的工作,从根据用户需要提出设想到生产产品正式投放市场为止,其中经历许多阶段,涉及面广、科学性强、持续时间长,因此必须按照一定的程序开展工作,这些程序之间互相促进、互相制约,才能使产品开发工作协调、顺利地进行。产品开发的程序是指从提出产品构思到正式投入生产的整个过程。由于行业的差别和产品生产技术的不同特点,特别是选择产品开发方式的不同,新产品开发所经历的阶段和具体内容并不完全一样。现以加工装配性质企业的自行研制产品开发方式为对象,来说明新产品开发需要经历的各个阶段。

(一)调查研究阶段

发展新产品的目的,是为了满足社会和用户需要。用户的要求是新产品开发选择决策的主要依据。为此必须认真做好调查计划工作。这个阶段主要是提出新产品构思以及新产品的原理、结构、功能、材料和工艺方面的开发设想和总体方案。

(二)新产品开发的构思创意阶段

新产品开发是一种创新活动,产品创意是开发新产品的关键。在这一阶段,要根据社会调查掌握的市场需求情况以及企业本身条件,充分考虑用户的使用要求和竞争对手的动向,有针对性地提出开发新产品的设想和构思。产品创意对新产品能否开发成功有至关重要的意义和作用。企业新产品开发构思创意主要来自三个方面:①来自用户。企业着手开发新产品,首先要通过各种渠道掌握用户的需求,了解用户在使用老产品过程中有哪些改进意见和新的需求,并在此基础上形成新产品开发创意。②来自该企业职工。特别是销售人员和技术服务人员,经常接触用户,用户对老产品的改进意见与需求变化他们都比较清楚。③来自专业科研人员。科研人员具有比较丰富的专业理论和技术知识,要鼓励他们发扬这方面的专长,为企业提供新产品开发的创意。此外,企业还通过情报部门、工商管理部门、外贸等渠道,征集新产品开发创意。

新产品创意包括三个方面的内容:产品构思、构思筛选和产品概念的形成。

1. 产品构思

产品构思是在市场调查和技术分析的基础上,提出新产品的构想或有关产品改良的建议。

2. 构思筛选

并非所有的产品构思都能发展成为新产品。有的产品构思可能很好,但与企业的发展目标不符合,也缺乏相应的资源条件;有的产品构思可能本身就不切实际,缺乏开发的可能性。因此,必须对产品构思进行筛选。

3. 产品概念的形成

经过筛选后的构思仅仅是设计人员或管理者头脑中的概念,离产品还有相当的距离。还需要形成能够为消费者接受的、具体的产品概念。产品概念的形成过程实际上就是构思创意与消费者需求相结合的过程。

(三) 新产品设计阶段

产品设计是指从确定产品设计任务书起到确定产品结构为止的一系列技术工作的准备和管理,是产品开发的重要环节,是产品生产过程的开始,必须严格遵循"三段设计"程序。

1. 初步设计阶段

这一般是为下一步技术设计做准备。这一阶段的主要工作就是编制设计任务书,让上级对设计任务书提出体现产品合理设计方案的改进性和推荐性意见,经上级批准后,作为新产品技术设计的依据。它的主要任务在于正确地确定产品最佳总体设计方案、设计依据、产品用途及使用范围、基本参数及主要技术性能指标、产品工作原理及系统标准化综合要求、关键技术解决办法及关键元器件,经过特殊材料资源分析对新产品设计方案进行分析比较,运用价值工程,研究确定产品的合理性能(包括消除剩余功能)及通过不同结构原理和系统的比较分析,从中选出最佳方案等。

2. 技术设计阶段

技术设计阶段是新产品的定型阶段。它是在初步设计的基础上完成设计过程中必需的试验研究(新原理结构、材料元件工艺的功能或模具试验),并写出试验研究大纲和研究试验报告;作出产品设计计算书;画出产品总体尺寸图、产品主要零部件图,并校准;运用价值工程,对产品中造价高的、结构复杂的、体积笨重的、数量多的主要零部件的结构、材质精度等选择方案进行成本与功能关系的分析,并编制技术经济分析报告;绘出各种系统原理图;提出特殊元件、外购件、材料清单;对技术任务书的某些内容进行审查和修正;对产品进行可靠性、可维修性分析。

3. 工作图设计阶段

工作图设计的目的,是在技术设计的基础上完成供试制(生产)及随机出厂用的全部工作图样和设计文件。设计者必须严格遵守有关标准规程和指导性文件的规定,设计绘制各项产品工作图。

(四) 新产品试制与评价鉴定阶段

新产品试制阶段又分为样品试制和小批试制阶段。

(1) 样品试制阶段。它的目的是考核产品设计质量,考验产品结构、性能及主要工艺,验证和修正设计图纸,使产品设计基本定型,同时也要验证产品结构工艺性,审查主要工艺上存在的问题。

(2) 小批试制阶段。这一阶段的工作重点在于工艺准备,主要目的是考验产品的工艺,验证它在正常生产条件下(即在生产车间条件下)能否保证所规定的技术条件、质量和良好的经济效果。

试制后,必须进行鉴定,对新产品从技术上、经济上作出全面评价。然后才能得出全面定型结论,投入正式生产。

(五)生产技术准备阶段

在这个阶段,应完成全部工作图的设计,确定各种零部件的技术要求。

(六)正式生产和销售阶段

在这个阶段,不仅需要做好生产计划、劳动组织、物资供应、设备管理等一系列工作,还要考虑如何把新产品引入市场,如研究产品的促销宣传方式、价格策略、销售渠道和提供服务等方面的问题。新产品的市场开发既是新产品开发过程的终点,又是下一代新产品再开发的起点。通过市场开发,可确切地了解开发的产品是否适应需要以及适应的程度。分析与产品开发有关的市场情报,可为开发产品决策、为改进下一批(代)产品、为提高开发研制水平提供依据,同时还可取得有关潜在市场大小的数据资料。

三、新产品采用与推广

(一)新产品采用

根据顾客采用新产品的态度,可以将顾客划分为五个类型:

(1)创新者,他们是勇敢的先行者,自觉推动创新。

(2)早期采用者,他们是受人尊敬的社会人士,是公众意见领袖,他们乐意引领时尚、尝试新鲜事物,但行为谨慎。

(3)早期采用人群,他们是有思想的一群人,也比较谨慎,但他们较之普通人群更愿意、更早地接受变革。

(4)后期采用人群,他们是持怀疑态度的一群人,只有当社会大众普遍接受了新鲜事物的时候,他们才会采用。

(5)迟缓者,他们是保守传统的一群人,习惯于因循守旧,对新鲜事物吹毛求疵,只有当新的发展成为主流、成为传统时,他们才会被动接受。

(二)新产品常见的推广方式

1. 平台推广

(1)新闻发布会。在新产品推出时,召集新闻媒体召开新闻发布会,借助新闻媒体与权威部门,提高潜在客户对企业的认识,提升企业形象,为下一步公关工作做好铺垫。

(2)产品展示会。制作形象样板间,邀请企业和同行观看公司的产品,但在展出产品时,应以当前流行的产品为主,并辅以展出先进但有可能是后起之秀的产品,以给客户既紧追形势又具备高端的研发潜力的印象。产品展示会可一举两得,既得到了客户的认同,又在同行领域显露了自身优势,为下一步人才储备奠定了基础。

(3)大型展会。首先可以参加技术博览会或科技展览会,把我们的产品列入工业博览会,提供产品实物和详细资料。对其他客户进行产品详细介绍,这样做可以提高公司的知名度,而且还可以和其他客户进行交流,知己知彼,百战百胜。

(4)装材商场(商家)展位推广。这属于平台推广范畴,在一个消费群体不是大众化的行业,借助大众广告媒介所浪费的可能不只是那说不出的50%广告费,由于费用过高,新成立的企业势必负担过重。找到与自己最贴近的商场,无非也就找到了最大的消费资源,一个新生的企业和消费者还相对陌生的商品,借助商场就站在了与品牌商同一个竞争平台上。

与商家合作最好的一点是可以省去自己寻找、培训、建立同期维修服务站的费用。

2. 信息推广

资源库营销可以利用柏拉图理论抓住重点,因为一个公司80%的利润通常来自20%的客户,我们可以对大客户进行详细的调查,从他们那里可以了解对我公司产品的一些可取的评价和要求,我们可以再提供更完善的信息,满足对客户的要求。

另外,可以成立专门的电话营销中心(当然要有好的管理与详细的划分),对部分客户尝试电话营销,或先进行电话推销,再派销售代表前往洽谈订单事宜,或对已形成合作关系客户进行电话回访,维护关系。

开拓新市场,发掘新客户,可以通过工博会得到客户的一些资料,比如通过E-mail或电话形式来获取更详细的资料,加大力度推销自己的产品,询问对方的一些要求。

3. 通路推广

(1)零售终端。可以在一类、二类城市成立自己的办事处与销售终端,好处是直接接近客户,方便与客户沟通,便于产品价格管理与质量问题处理。

(2)网络推广与销售。利用人员推销、广告宣传手段等满足通路需求,使产品快速通过中间环节达到铺货目的。在网络建设上,应先对目标市场进行市场调研,对市场潜力、成熟度有一定了解,将最后归整好的主要市场集中精粹力量,直接进驻,并以此作为样板,打造以此为一个小中心点的点面辐射。对终端开通绿色通道,营造销售气氛,制造热销事件,在此基础上增加产品分量,顺理成章地将产品推给分销商。另外,对个别市场(如工厂所在区或认识度很高的区域),益守不益攻,应待基本成熟的时候一举拿下。

 知识拓展

元气森林——饮料界杀出的一匹黑马

对于饮料产品来说,"健康"与"好喝"似乎是一对不可调和的矛盾。从一开始,元气森林就将自己定位为:无糖饮料专家。这也符合当下年轻人对健康生活方式和纤细苗条身材的追求,他们对各种"无糖""低卡"概念的饮料食品都趋之若鹜。由此,"无糖"+"气泡水"的概念也一下子抓住了年轻人的心。

2020年"618购物狂欢节"中,元气森林更是先后击败了可口可乐和百事可乐两大巨头,蝉联天猫饮品类冠军。更有报道称,成立仅4年,元气森林即将完成新一轮融资,投后估值由2019年的37.5亿元人民币飙升至20亿美元(约140亿元人民币)。

销量的不断增长也助推了公司估值的不断攀升。为此,《数字营销》特邀专访了元气森林,让我们一起了解下爆款背后的元气森林有着哪些不一样的营销玩法?140亿估值背后是如何引领无糖健康的新潮流的?

问答调研:

紧跟用户需求,坚持"用户第一"的理念

Q:为什么元气森林能够打造成爆款?其营销玩法是什么样的呢?

A:爆款是结果,我们的初心就是打造一款颜值高、品质好、口味棒的好饮品。能不能成为爆款,是市场的选择。我们所有的工作都是围绕"用户第一"展开,营销只是一个辅助手段,产品才是核心。

Q：近年来，消费者越来越年轻化、个性化，已经不能依靠单一品牌来博得消费者的喜爱。元气森林又是如何打造年轻化的呢？

A：年轻化是一个很多元的概念，元气森林本身也是一个很年轻的品牌。我们热爱年轻人的热爱：品质、格调。从元气森林的诞生到每一款饮料的研发，我们都以年轻用户崇尚的高品质为出发点。年轻化不是一个口号，而是一种发自内心的认同与共鸣。

Q：元气森林也曾一度被质疑为"伪日系"，您是怎么看的呢？

A：我们没有给自己特定的风格和定位。每个人对于风格的评判标准都不一样，我们遵循的是产品的简洁、直白，最大程度上减少用户的选择困难，满足消费者需求是我们最大的心愿。

在产品设计初期，我们曾尝试过多种设计风格，比如北欧风、美式、二次元风等，最后定下了Z世代年轻人最喜欢的二次元风包装设计和简约的小清新风格，这种风格简洁、直白，能很大程度地减少用户的选择困难，而且二次元风格也展现了东方文化之美。未来，我们还会有更多设计风格产品上市。

Q：目前，气泡水市场已从原本粗放型的"洪荒时代"开始向精细化转型。在您看来，这个阶段，品牌该如何提升核心竞争力，从而赢得市场？

A：谁能真正做到坚持"用户第一"，坚持产品说话，谁就会是市场最后的赢家。

我们一直坚持用最好的原料，最先进的工艺为消费者提供最优质的产品。比如，同样是茶饮，元气森林在原材料的选取上采用的是业内最高标准。产品原料均来自全球优质原产地，原料入厂前要经过严格的感官、农残、微生物等项目检测，在生产过程中要确保萃茶的时间、温度都要保持在最佳状态，最终为用户还原成喝茶的感觉。

我们拥有强大的研发团队，拥有不断创新的能力。元气森林自成立以来，一直坚持自主研发、自主设计，集采购、生产、物流、销售/电商、商务等自有一体化，以完整的产业链为基础，我们具备将用户需求转化为实际产品的研发创新实力。在研发产品的时候我们就想一件事，怎么把产品做到最好。我们的每一款产品首先都要自己爱喝，经过上千次的调配和测试，才能最终送到消费者手中。

我们会将"用户第一"这简单的四个字一直坚持下去，用实际行动真正做到"用户第一"。

"0 糖 0 脂 0 卡"健康的差异化定位

Q：随着0糖0脂的概念被市场看好，各家争夺战也是风起云涌。您对于元气森林有着怎样的定位？在如此激烈的竞争中，元气森林又如何脱颖而出呢？

A：创新满足消费者对健康美味的追求，是元气森林最为关注的。

目前，元气森林不仅有气泡水，还包括燃茶、乳茶、健美轻茶、能量饮料等多种产品。可能很多人会对气泡水和苏打水有误解，中国消费者一般认为苏打水是碱性水的代称，但中国饮料行业团体标准并没有pH值方面的具体定义。另一方面，苏打水是soda的音译，在国外，soda指气泡水。

现在我们的每款产品从研发到生产，都是经过上百次的口味盲测，我们产品的成分和配料，都是选择行业内高标准、高成本的，我们会经常反复询问几个问题，"你会不会一次喝完一瓶？""你自己会不会买？""你自己会不会一直喝？"从这些问题出发，就有了我们做产品的理念，我们相信在产品上用心对别人，别人也会用心对你。

以苏打气泡水为例，我们试过很多方案，最终才选择以天然甜味物质赤藓糖醇作为主要成分,这是出于多方面的考虑:首先,赤藓糖醇是通过玉米淀粉原料酵母发酵而产生的天然甜味物质,自带天然健康属性;其次,它进入人体后不参与人体血糖代谢,直接从体内排出,不产生热量;再次,赤藓糖醇的甜感是白砂糖的0.7倍,口感相对跟白糖是最接近的,在相同的甜感下,赤藓糖醇的口感是最好的,当然成本也是最高的。我们不考虑成本地选择赤藓糖醇大规模来做0热量带甜感的饮品,就是为了更好地满足消费者的需求。

Q:元气森林在品牌创新上又是如何做的呢?

A:元气森林没有只是着眼于对"消费趋势"的捕捉,而忽视对自身品牌"稀缺价值"的创造,而是在关注消费趋势的同时,元气森林非常注重自身品牌特性的建立。

优质的原料+0糖0卡0脂+好喝的口感=令人信服的品质事实。

元气森林先后成功推出了燃茶、气泡水、乳茶等不同品类的健康无糖饮料,创造出市场上极具特色的无糖、好喝的新兴饮料产品,获得年轻消费者的青睐。

调整思路,给更多用户,带来新的消费体验

Q:目前,元气森林有面临什么样的困境吗?

A:饮料行业是一个更新变化非常快的行业,显然也是一个充满挑战的行业。

快节奏的市场对品牌的要求已经不再是"跟紧用户需求",而是要"提前预知用户需求"。因此,充分的用户调查、严谨的市场分析甚至更大胆地试错,是饮料企业发展中的关键。

元气森林创立之初,就坚持"用户第一"的理念:用户第一的理念也要求我们时刻想到用户的前面、走到市场的前面。因此,元气森林对产品推出前的口味测试和产品推出后的市场调研、用户回访都有一整套完整的流程。同时,每一款正式推出的元气森林,都是从我们精心调配的几十甚至上百款口味中的耐心挑选的结果。这一切,就是希望将"用户第一"落到实处,真正做到"提前预知用户需求"。

Q:近年来,由于新消费、新零售的兴起,传统的营销手段效果似乎越来越不明显,获客成本越来越高,苏打气泡水品牌如何调整思路,应对变化?

A:大多数的消费者是通过便利店认识到我们,自2018年起便利店行业得到快速成长,年轻的企业、创新的产品,让我们成功搭上便利店这趟快车,并与他们共同成长。

Z时代消费者是当前消费主力人群,为尽可能贴合用户的消费场景,我们并没有一开始就铺设全渠道,而是选择了目标群体——年轻人更倾向的、制造流行产品的便利店作为主要渠道,由此打开了元气森林与用户的直接交流。元气森林发展的这几年,恰恰也是国内便利店高速扩张的几年,2016—2019年便利店数量从9.4万家增加到12.2万家。可以说,我们也是搭上了"便利快车"才实现了市场扩局。

同时,元气森林没有舍弃新零售渠道的便利。其不仅打通了线下线上渠道的边界,而且加入了直播浪潮,联合带货主播,为更多用户带来新的消费体验。

聚焦特色产品,满足消费者多元化需求

Q:在产品同质化非常严重的当下,元气森林又是如何进一步聚焦打造特色产品的呢?

A:首先是市场调研。在品牌成立前期,我们对饮料市场做了充分调研,目前中国的肥胖人群在不断增长,每个年龄段都有减脂瘦身的需求,主要群体更是集中在年轻白领及学生群体。"健康中国"合理膳食专项行动也特别提出,"鼓励消费者减少蔗糖摄入量。倡导食品生产经营者使用食品安全标准允许使用的天然甜味物质和甜味剂取代蔗糖。"在这样的背景下,我们觉得中国市场需要一款低脂低卡的饮料,因此,我们研究了全世界使用的代糖,并从中找出

了口感最接近蔗糖,纯植物提取,可以被身体直接代谢的赤藓糖醇,作为我们饮料的主要原料。

其次就是不断创新,贯彻"全球服务全球"的产品理念,在全球优选更多优秀的原料、技术和潮流理念等,融入我们健康、美味的产品。从产品的研发、设计到生产,我们都是坚守"用户第一"的理念,每款产品口味和包装,都要经过大量盲测和大数据评估,确保符合消费者需求。最近,我们新推出的一款外星人能量饮料,在包装设计上就不是采用二次元的风格,而是更加富于未来科技感,符合这一品类特性以及消费者期望。以后,我们还会有更多风格的产品面世,通过产品来回答这些问题。

Q:元气森林将如何定义自己的未来?

A:作为互联网+饮料品牌,我们对于互联网思维的应用是多方面的,包括以下几点:

一是用户思维。与把费用花到营销、渠道相比,更好的做法是"补贴用户",对于元气森林而言,我们补贴用户的方式,就是把更多的精力和成本花到产品上,舍得在研发和生产上不计成本地用心付出,我们产品选用的成分和配料,都是行业内高标准、高成本的。比如,元气森林推出的"燃茶"系列产品,产品原料均来自优质原产地,包括安溪铁观音、东喜马拉雅南山麓红茶、福建烘青绿茶等。原料入厂前先要经过严格的感官、农残、微生物等项目检测,确保品质,在生产过程中,萃茶的时间、温度都要保持在最佳状态,以还原成喝茶的感觉。同样在甜味物质的选择上,元气森林在国内也是最早选择成本最高的赤藓糖醇来大规模做0热量带甜感的饮品。

二是重视数据。元气森林非常重视数据的收集、分析,随数据变化调整发展。元气森林的每款产品从研发到生产,都是经过上百次的口味盲测,同时,我们也有市场、渠道、销售等方面的细致调研,我们会将这些问题和调研量化为具体的数据,根据这些数据调整我们的经营动作。

三是鼓励试错。对于元气森林而言,我们的企业文化就是非常鼓励创新、鼓励试错,倡导不断大数量地创新试错,并着力降低试错成本。我们曾经做出过一款并不符合我们自身要求的产品,但是我们后来选择花费一定资金将其销毁,而不是低价推向市场。也正是这款没有上市就宣告失败的产品,让我们更加认清元气森林的目的,不是简单地生产出一个产品获取盈利,而是创造出一款我们自己期望的、想喝的、爱喝的产品,持续满足消费者的多样化需求。

任务四 制定品牌与包装策略

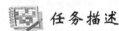 任务描述

通过学习了解品牌与商标的定义,能够用品牌策略完善产品设计,了解包装的种类与功能,利用包装策略吸引消费者。

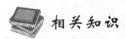 相关知识

一、品牌及品牌价值

(一)品牌的含义

品牌是用以识别某个或某群销售者的产品或服务,并使之与竞争对手的产品或服务区别

开来的商业名称，通常由文字、标记、符号、图案和颜色等要素或这些要素的组合构成。品牌是一个集合概念，包括品牌名称、品牌标志和商标。其中品牌名称是品牌中可以用语言表达的部分。品牌标志是不能用语言表达，但可以被识别的特定标志，如汽车车标。商标是向政府注册的、受法律保护的、获得专用权的品牌，是一种重要的知识产权，可以作为无形资产加以转让。可以说，品牌是市场概念，商标是法律概念。

（二）商标的含义

商标（英文 TradMark），是指生产者、经营者为使自己的商品或服务与他人的商品或服务相区别，而使用在商品及其包装上或服务标记上的由文字、图形、字母、数字、三维标志和颜色组合，以及上述要素的组合所构成的一种可视性标志。

案例：2019 年 11 月 15 日，中粮包装发布公告称，收到香港国际仲裁中心出具的《部分仲裁裁决书》，拥有加多宝商标权的子公司王老吉公司须根据增资协议将加多宝商标注入清远加多宝并完成相关的商标注入手续，而清远加多宝亦须配合相关商标注入手续。同时，王老吉公司须马上赔偿中粮包装投资约人民币 2.3 亿元，同时还须向中粮包装投资支付利息约人民币 773.48 万元。随着巨额赔偿和注入商标的裁决，历时一年多的加多宝和中粮包装之间的商标仲裁案终于尘埃落定。

（三）品牌与商标的区别

如果把品牌比作一个巨大的冰山，商标只是冰山露出水面的一小部分。商标是品牌的一个组成部分，它只是品牌的标志和名称，便于消费者记忆识别。品牌有着更丰厚的内涵，品牌不仅仅是一个标志和名称，更蕴含着生动的精神文化层面的内容，品牌体现着人的价值观，象征着人的身份，抒发着人的情怀。

区别一：商标是品牌的一部分。

商标是品牌中的标志和名称部分，便于消费者识别。品牌的内涵远不止于此，品牌不仅仅是一个易于区分的名称和符号，更是一个综合的象征，需要赋予其形象、个性、生命。

区别二：商标属于法律范畴，品牌是市场概念。

商标是法律概念，它强调对生产经营者合法权益的保护，主要表现在通过商标专用权的确立、续展、转让、争议仲裁等法律程序，保护商标所有者的合法权益，在与商标有关的利益受到侵犯的时候，可以通过法律手段来维护自己的权益。品牌是市场概念，主要包括品牌名称、品牌标志、商标和品牌角色四部分，它强调企业（生产经营者）与顾客之间关系的建立、维系与发展，引导顾客选购商品，并建立顾客品牌忠诚。

区别三：商标要注册审批，品牌则可自己决定。

商标这里说的是注册商标，必须经过法定程序才能取得，在注册成功之前称之为商标，宣称有独占性权利是不当的。而品牌则不同，公司起一个名称，请人画图案就可以是品牌，而且用不用和怎么用都不需要谁来批。

区别四：商标有国界限制，而品牌没有。

在使用商标和使用品牌的时候，商标的使用有国界的限制，但是，对于品牌来说，它的使用范围是无国界的。世界上每个国家都有自己的商标法律，在一国注册的商标仅在该国范围内使用受法律的保护，超过国界就失去了该国保护的权利。

(四)品牌的作用

1. 品牌对于企业的作用

(1)存储功能。品牌可以帮助企业存储商誉、形象。品牌就是一个创造、存储、再创造、再存储的经营过程。

(2)维权功能。通过注册专利和商标,品牌可以受到法律的保护,防止他人损害品牌的声誉或非法盗用品牌。

(3)增值功能。品牌是企业的一种无形资产,它所包含的价值、个性、品质等特征都能给产品带来重要的价值。即使是同样的产品,贴上不同的品牌标识,也会产生悬殊的价格。

(4)形象塑造功能。品牌是企业塑造形象、知名度和美誉度的基石,在产品同质化的今天,能够为企业和产品赋予个性、文化等许多特殊的意义。

(5)降低成本功能。平均而言,赢得一个新客户所花的成本是保持一个既有客户成本的6倍,而品牌则可以通过与顾客建立品牌偏好,有效降低宣传和新产品开发的成本。

2. 品牌对于消费者的作用

(1)识别功能。品牌可以帮助消费者辨认出品牌的制造商、产地等基本要素,从而区别于同类产品。

(2)导购功能。品牌可以帮助消费者迅速找到所需要的产品,从而减少消费者在搜寻过程中花费的时间和精力。

(3)降低购买风险功能。消费者都希望买到自己称心如意的产品,同时还希望能得到周围人的认同。选择信誉好的品牌则可以帮助降低精神风险和金钱风险。

(4)契约功能。品牌是为消费者提供稳定优质产品和服务的保障,消费者则用长期忠诚地购买回报制造商,双方最终通过品牌形成一种相互信任的契约关系。

(5)个性展现功能。品牌经过多年的发展,能积累独特的个性和丰富的内涵,而消费者可以通过购买与自己个性气质相吻合的品牌来展现自我。

知识拓展

喜茶、奈雪为何能持续成为茶饮界佼佼者?

近日,在关注茶饮市场发展动向时,发现一个很有意思的视频,来自央视《第一时间》栏目发布的"茶饮市场调查"。

调查数据显示,因为新式茶饮口味可"调控",备受年轻人喜欢。而且,在消费群体中,90后与00后占整体数量的近七成。其中,每个月在奶茶上的消费超过400元的占比27%,200元至400元的占比31%。

也就是说,年轻人每日一杯奶茶,似乎成了一种标配。对于价格和品类,消费者的接受度日益提高。同时,中信证券首席消费行业分析师姜娅也表示:目前,中国现制茶饮规模在1000亿人民币左右,在未来5~10年消费升级的背景下,有3~5倍增长空间。新茶饮赛道相比餐饮更容易标准化,规模化、品牌化是比较明确的趋势。

简言之,品牌要想发展,必须要标准化、规模化和品牌化。这样,茶饮品牌才能走得越来越远。但同时要注意的是,消费升级固然会带来盈利空间的增长,但新式茶饮早已不是"任人宰割"的暴利行业了,更需要"品牌力"的发展。

就好比喜茶和奈雪的茶,这两个作为网红出身的茶饮品牌,为何消费者的发展规模越来越大?其源于"网红力"向"品牌力"的发展。又好比近段时间持续被年轻人推向社交平台的我很芒奶茶,为什么备受年轻人喜欢?这源于其品牌不止步于时尚潮流,还在此基础上,增添更有意思的品牌态度——年轻就要芒。

如今,消费者越来越理性,需求也越来越高。选择现制茶饮时,消费者的选择会更加地刁钻——会从品牌、环境、产品包装的设计、原材料的使用等多方面进行考虑。而且,喝奶茶解渴已经不再是他们唯一的目的。

所以,为了满足消费者更多的需求,喜茶从门店装修设计上下手,设计出各种各样的门店;奈雪的茶则是从"套餐"上下手,如茶+欧包,茶+小吃、甜点等,这成为其品牌取悦消费者的重要准则;而我很芒奶茶,除了在门店设计上下大功夫,而且在产品原料、奶茶设计上,立志用超有个性的品牌文化抓住消费者的心。

以上种种,与其说当下消费者的需求越来越刁钻,还不如说消费者的刁钻更能促进茶饮行业的蓬勃发展。事实证明,新茶饮赛道正处于空间广阔且高速增长的阶段。

当下茶饮品牌繁杂,网红奶茶店虽然能够吸引消费者,在短时间内占有一席市场,但只有进行更多维度的比拼,逐步形成被认可的"品牌力",才是在未来茶饮市场中持续发展的长久之计。

二、品牌策略的运用

品牌策略是企业经营自身产品(含服务)之决策的重要组成部分,是指企业依据自身状况和市场情况,最合理、有效地运用品牌商标的策略。品牌策略通常有以下几种:

(一)统一品牌策略

统一品牌策略是指企业将经营的所有系列产品使用同一品牌的策略。使用同一品牌策略,有利于建立"企业识别系统"。这种策略可以使推广新产品的成本降低,节省大量广告费用。如果企业声誉甚佳,新产品销售必将强劲,利用统一品牌是推出新产品最简便的方法。采用这种策略的企业必须对所有产品的质量严格控制,以维护品牌声誉。例如,三星公司无论在家电或是手机类产品都使用三星品牌。

1. 产品线统一品牌策略

产品线统一品牌策略是统一化程度较低的局部统一,是指企业对同一产品线上的产品使用同一个品牌。食品、护肤品、保健品、饮品、服装乃至家电、汽车等制造业均普遍使用产品线统一品牌策略。

产品线统一品牌策略具有以下优点:(1)有利于形成统一的品牌形象。(2)增加产品组合的广度、深度,以扩展的产品组合满足顾客更多的需求,扩大产品组合的市场覆盖面。(3)可以节省品牌营销费用,实现品牌经营的规模效益,这是因为同一产品线上的产品往往服务于同一顾客群,可以满足同一顾客群的不同需求。

2. 跨产品线统一品牌策略

跨产品线统一品牌策略也是一种局部统一品牌策略,即企业把质量、服务相同的不同产品看作一个产品单位,使用同一品牌。就其品牌统一的范围而言,要比产品线统一品牌策略更宽。

这种品牌策略较好地考虑到市场扩大和品牌扩张的要求,具有以下好处:(1)有利于在消费者心目中建立统一的品牌意识,树立整体形象。(2)有利于保持品牌质量形象的统一,使消费者不会对不同产品线的产品质量厚此薄彼。(3)有利于集中进行品牌宣传,降低费用。

跨产品线统一品牌策略最大的局限性是品牌个性不突出,尤其是新产品特色难以被凸显出来。

3. 完全统一品牌策略

这种品牌策略的显著特点是高度集中、完全统一,即企业对自己经营的全部产品都使用同一品牌。在这种品牌策略下,企业的品牌和产品的品牌高度重合,企业的品牌就是产品的品牌。无论企业产品的品种有多少,也不管各类产品的性质如何、功能怎样、产品定位和目标市场是否一致,都使用同一品牌名称。比如荷兰飞利浦公司的产品系列,从电视机、音响、剃须刀到灯泡、果汁机等,无一例外都使用了"飞利浦"品牌。再如,日本的雅马哈公司和佳能公司、美国的通用电气公司(GE)、国内的TCL集团和三九集团等都运用完全统一品牌策略。

实施完全统一品牌策略的优势在于:

(1)统一的品牌形象有利于提高品牌知名度,增加品牌影响力,使品牌扩张更有效。

(2)统一的品牌战略、一致的品牌宣传、全方位的品牌塑造,向消费者传递单一品牌的完整信息,使品牌印象清晰、完整,增强品牌的亲和力,提高消费者的品牌忠诚度。

(3)完全统一品牌策略的实施与推进,可以使消费者不断加深对品牌及企业的认知,使统一的品牌形象和统一的企业形象逐步结合,使品牌的美誉度和企业的美誉度不断融合,从而提升企业的市场竞争地位,对企业的发展具有极为重要的意义。

完全统一品牌策略也有其局限性,主要表现在:完全统一品牌策略的实施始于企业的某一著名产品,但是在将品牌运用到其他产品时,由于重视统一品牌的形象塑造,因此往往难以突出产品个性。

(二)个别品牌策略

个别品牌策略是指企业对各种不同产品分别采用不同的品牌。这种策略的优点是:可以把个别产品的成败同企业的声誉分开,不至于因个别产品信誉不佳而影响其他产品,不会对企业整体形象造成不良后果。但实行这种策略,企业的广告费用开支很大。最好先做响企业品牌,以企业品牌带动个别品牌。例如:宝洁公司是个别品牌策略使用最为经典的企业案例,其在中国洗发液市场推出三大品牌"潘婷""飘柔""海飞丝",在中国的洗发液市场占有率上升为第一,达50%以上。

(三)扩展品牌策略

扩展品牌策略是指企业利用市场上已有一定声誉的品牌,推出改进型产品或新产品。采用这种策略,既能节省推广费用,又能迅速打开产品销路。这种策略的实施有一个前提,即扩展的品牌在市场上已有较高的声誉,扩展的产品也必须是与之相适应的优良产品。否则,会影响产品的销售或降低已有品牌的声誉。

(四)品牌创新策略

品牌创新策略是指企业改进或合并原有品牌,设立新品牌的策略。品牌创新有两种方式:一是渐变,使新品牌与旧品牌造型接近,随着市场的发展而逐步改变品牌,以适应消费者的心理变化。这种方式花费很少,又可保持原有商誉。二是突变,舍弃原有品牌,采用最新设计的全新品牌。这种方式能引起消费者的兴趣,但需要大量广告费用支持新品牌的宣传。

三、包装及包装分类

(一)包装的含义

在我国《包装通用术语》国家标准(GB4122-83)中对包装明确定义为:包装是指在流通过程中保护产品、方便储存、促进销售,按一定技术方法而采用的容器、材料及辅助物等总体名称,包括为了达到上述目的而进行的操作活动。

(二)包装的功能

1.保护功能

包装的保护功能,即保护物品不受损伤的功能,它体现了包装的主要目的包装储运图示标志图如7-3所示。

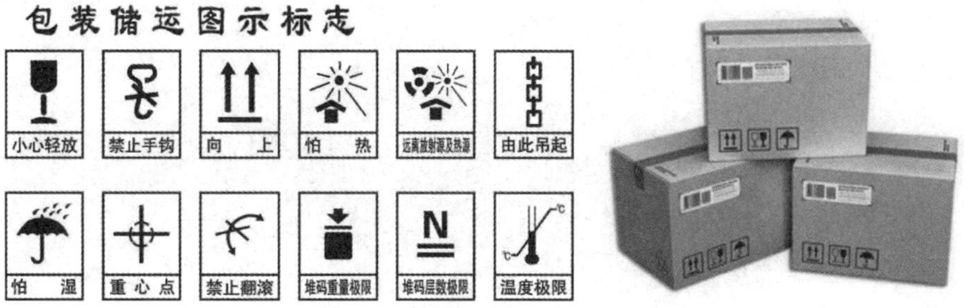

图7-3 包装储运图示标志图

(1)防止物资的破损变形。为了防止物资的破损变形,物资包装必须能承受装卸、运输、保管等过程中的各种冲击、振动、颠簸、压缩、摩擦等外力的作用,形成对外力的防护,而且具有一定的强度。

(2)防止物资发生化学变化。为了防止物资受潮、发霉、变质、生锈等化学变化,物资包装必须能在一定程度上起到阻隔水分、潮气、光线,以及空气中各种有害气体的作用,避免外界不良因素的影响。

(3)防止有害生物对物资的影响。

鼠、虫,以及其他有害生物对物资有很大的破坏性。包装封闭不严,会给细菌、虫类造成侵入之机,导致变质、腐败,特别是对食品危害性更大。

(4)防止异物混入、污物污染、丢失、散失。

2.便利功能

物资包装具有方便流通、方便消费的功能。在物流的全过程,物资所经过的流转环节,合理的包装会提供巨大的方便,从而提高物流的效果。

物资包装的便利功能可以体现在以下几个方面。

(1)方便物资的储存。

从搬运、装卸角度上看,物资出、入库时,在包装的规格尺寸、重量、形态上适合仓库内的作业,为仓库提供了搬运、装卸的方便;从物资保管角度上看,物资的包装为保管工作提供了方便条件,便于维护物资本身的原有使用价值。包装物的各种标志,使仓库的管理者易于识别、易于存取、易于盘点,有特殊要求的物资易于引起注意;从物资的验收角度上看,易于开包、便于重新打包的包装方式为验收提供了方便性。

（2）方便物资的装卸。

物资经适当地包装后为装卸作业提供了方便。物资的包装便于各种装卸、搬运机械的使用，有利于提高装卸、搬运机械的生产效率。包装袋规格尺寸标准化后为集合包装提供了条件，从而极大地提高装载效率。

（3）方便运输。

包装袋规格、形状、重量等与货物运输关系密切。包装尺寸与运输车辆、船、飞机等运输工具箱、仓容基的吻合性可以方便运输，可以提高运输效率。

3. 销售功能

在商业交易中促进物资销售的手段很多，其中包装设计占有重要地位。优美的包装能唤起人们的购买欲望。包装的外部形体是商品很好的宣传品，对顾客的购买起着刺激作用。（见图 7-4）

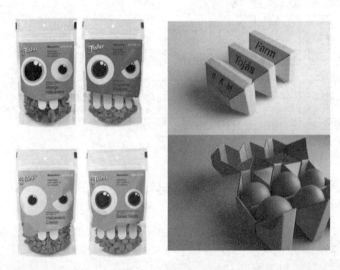

图 7-4 包装设计示例图

综上所述，包装的保护功能和便利功能是与物流密切相关的两大功能。销售功能是与商流相关的。改进包装的不合理性，发挥包装的作用，是促进物流合理化的重要方面，是日益被物流工作者重视的一个十分重要的领域。

(三)包装的分类

1. 按包装目的分类：运输包装和销售包装

(1)运输包装(transport package)：运输包装又称工业包装、外包装，以保护功能为主，也具有便利功能。

(2)销售包装(promotion package)：销售包装以销售为主要目的，与内装物一起到达，具有保护、美化、宣传商品的作用，对商品起促销作用。

商业包装与工业包装存在矛盾：为了便于运输，包装往往应当结实。但如此一来外部形体不够美观，因而不利于销售。反之，促进销售效果的优美的商业包装，大多比较单薄，强度较低，保护效果较差。为了实现物流的合理化，工业包装采用与商业包装同样的创意，工业包装应同时具有商业包装的功能。

2. 包装的其他分类方法

(1)按运输方式不同——铁路货物包装、卡车货物包装、船舶货物包装、航空货物包装及零担包装和集合包装等。

(2)按包装防护目的不同——防潮包装、防锈包装、防霉包装、防震包装、防水包装、遮光包装、防热包装、真空包装、危险品包装等。

(3)按包装操作方法的不同——罐装包装、捆扎包装、裹包包装、收缩包装、压缩包装和缠绕包装等。

(4)按包装使用次数的不同——一次性包装、复用性包装、周转性包装。

(5)按包装材料的不同——纸类包装、塑料类包装、金属类包装、玻璃和陶瓷类包装、木材和复合材料类包装。

① 纸类包装材料。

特点：原料充足、价格低廉、加工储运方便、安全卫生、印刷装潢性能好，便于美化宣传，易于回收处理、绿色环保，但防潮防湿性能较差。

适合于百货、纺织、五金、家电、食品、医药、军工产品等的包装。

② 金属类包装材料。

特点：耐压强度高，便于加工和运输；具有良好的综合保护性能，能够较长时间地保持商品的质量；便于印刷和装饰；资源丰富，加工性能好；可循环使用，回收残值较高且回收处理方便。但是金属包装材料的化学稳定性较差，容易受腐蚀生锈损坏，金属中的有毒元素容易渗透到食品中，污染食品。另外，与其他的包装材料相比，金属包装材料成本较高。

金属罐多用于食品、药品、饮料、化妆品等商品的包装。金属桶主要用于以石油为主的非腐蚀性的半流体及粉体、固体的包装。金属软管适合重复使用的药膏、颜料、油彩等商品的包装。金属箔制品用于医药、化妆品，以及食品等商品的包装。

③ 木质类包装材料。

特点：抗压抗震性能强；加工方便；不生锈，不易腐蚀；可回收重复使用。但是木材易开裂，易受虫害影响，价格高。

木质包装制品主要有桶、盒、箱、盘等，主要用于运输包装，适用于大型的或笨重的机械、五金、交电、自行车、仪器仪表的外包装；木盒经过艺术加工后，多用于礼品包装。

④ 塑料类包装材料。

特点：质轻、强度比较高；具有良好的阻隔性，可防潮防水防霉；透光性好，可起到展示促销效果;密封性好,安全卫生;加工方便,生产效率高,成本低廉。耐热性较差,容易老化,包装废弃物容易污染环境,不易环保。

塑料薄膜主要用于制造各种手提塑料袋、外包装、食品包装、工业包装等。

塑料容器采用塑料材料制成的塑料瓶、塑料桶、塑料箱、塑料罐、塑料杯、塑料盘、塑料盒等容器,用于包装饮料、食品、蔬菜、水果等商品。

泡沫塑料是产品缓冲包装中的主要材料。塑料编织袋,主要用于化肥、农药、化工原料、粮食等重型包装。

⑤ 玻璃陶瓷类包装。

特点:玻璃包装容器种类繁多,化学稳定性好,耐腐蚀性强,容易加工,透明性好,具有一定的耐热性和良好的阻隔性,但是玻璃易碎。陶瓷的化学稳定性与热稳定性都较好,不变形,耐热、耐酸、耐磨。玻璃和陶瓷容易清洗消毒和灭菌,能保持良好的清洁状态,同时还可以回收重复利用。

用玻璃陶瓷制成的包装容器通常为瓶、罐,主要用于食品、医药、化工、化妆品、文具用品的包装。

四、包装策略的运用

可供企业选择的包装策略主要有以下几种。

(一)类似包装策略

类似包装策略是指企业生产经营的所有产品,在包装外形上都采取相同或相近的图案色彩等共同的特征,使消费者通过类似的包装联想起这些商品是同一企业的产品,具有同样的质量水平。类似包装策略不仅可以节省包装设计成本,树立企业整体形象,扩大企业影响,而且还可以充分利用企业已拥有的良好声誉,有助于消除消费者对新产品的不信任感,进而有利于带动新产品销售。它适用于质量水平相近的产品,但由于类似包装策略容易对优质产品产生不良影响,所以,对于大多数不同种类、不同档次的产品一般不宜采用这种包装策略。

(二)等级包装策略

等级包装策略是指企业将产品分成若干等级,对高档优质产品采用优质包装,一般产品则采用普通包装,使包装产品的价值和质量相称,表里一致,等级分明,以方便购买力不同的消费者或用户选购。比如白酒包装盒就分等级。

(三)再使用包装策略

原包装内的商品用完后,包装物还能移作其他用途。如盛装产品的包装袋可以作为手提袋。这种策略能引起顾客的购买兴趣,使顾客得到额外的使用价值。同时,包装物在再使用过程中,还能起到广告宣传的作用。但这种包装成本较高,实施时需权衡利弊,防止本末倒置。

(四)成套包装策略

成套包装策略是指使用时将有关联的多种产品纳入一个包装容器内,同时出售。这种包装策略的好处是:便于用户购买,也有利于新产品推销,如将新产品与其他相关产品放在一起出售,可以使用户在不知不觉中接受新观念、新设计,从而习惯于新产品的使用。如化妆品盒内同时装入几种化妆品。

(五)附赠品包装策略

附赠品包装策略是指在包装物内附有赠品以诱发消费者重复购买的做法。在包装物中的附赠品可以是玩具、图片等实物,也可以是奖券。该包装策略对儿童和青少年以及低收入者比较有效,可吸引顾客的重复购买。这也是一种有效的营业推广方式。

(六)更新包装策略

更新包装就是改变和放弃原来的包装,如"新瓶装旧酒"。更新包装策略是指企业包装策略随着市场需求的变化而改变的做法。一种包装策略无效,依消费者的要求更换包装,实施新的包装策略,可以改变商品在消费者心目中的地位,令人感觉产品有所改进,也可令人感觉企业具有一定的创新能力。

(七)绿色包装策略

随着消费者环保意识的增强,绿色营销已成为企业经营的主流。因此,企业在设计产品包装时,选择可重复利用或可再生、易回收处理、对环境无污染的包装材料更容易赢得消费者的好感和认同。例如,用纸质包装替代塑料包装,既美化了包装又顺应了发展潮流,一举两得。

(八)礼品式包装策略

包装华丽,富有欢乐色彩,包装物上通常冠以"福""禄""寿""禧""吉祥如意"等字样及问候语,其目的在于增添节日气氛,满足人们交往礼仪的需要。

任务实施

实训目标:

以本土"﹡品牌进校园"为主题,为你所选择的项目制定产品策略。

实训要求:

(1)列出你所选择的项目的产品组合,即所有产品项目,并着重介绍几种主要产品。
(2)为你的项目设计品牌名称和品牌标志,并对其内涵进行解释。
(3)为你的项目设计适合的包装策略。

实训报告:

每人完成一份 word 版本,每组完成一份 PPT。

自我检测

项目八　价格策略

项目导入

李学通过勤奋的学习,圆满地完成领导交代的关于产品设计推广方案任务,今天领导给李学布置了新的任务,领导问李学"我们的新产品定价多少呢?有什么活动价格可以吸引顾客吗?"领导要求李学分析一下产品,综合考虑多方面因素,制定一个产品价格的可行性方案,并且给后期的代理商、零售商一些价格活动的参考。李学原本以为产品价格就是制作成本加上预期利润即为售价,通过跟领导的沟通,他觉得这项任务不是自己所想的如此简单。李学急需学习产品定价方面的知识。

项目分析

价格是市场营销组合中一个十分敏感而又难以有效控制的因素。定价不仅直接影响企业盈利目标的实现,而且直接关系到顾客对产品的接受程度;同时,定价最易引起社会各方面的重视,也是一种重要的竞争手段。定价目标是否明确,直接影响到定价因素的分析是否科学,定价程序是否合理;定价方法策略选用如何,价格调整是否恰当,直接关系到企业营销目标的实现情况。

学习目标

知识目标:

(1)了解影响营销产品定价的主要因素。
(2)熟悉营销产品定价的程序。
(3)掌握营销产品定价的基本方法。
(4)懂得营销产品定价的基本策略。
(5)懂得营销产品价格变动后企业应采取的对策。

技能目标:

(1)学会在不同时期、不同情况下灵活运用各种产品定价策略。
(2)学会根据互联网行业特征完成产品定价。

知识框架

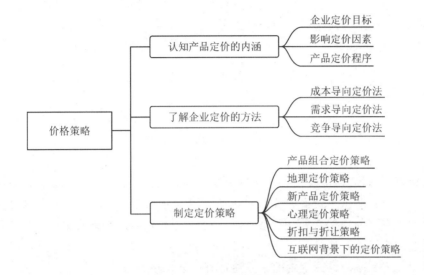

任务一　认知产品定价的内涵

任务描述

本任务主要带领大家了解企业定价的目标,根据案例分析影响定价的因素。

一、企业定价目标

定价目标(PricingObjectives)是企业在对其生产或经营的产品制定价格时,有意识地要求达到的目的和标准。它是指导企业进行价格决策的主要因素。定价目标取决于企业的总体目标。不同行业的企业,同一行业的不同企业,以及同一企业在不同的时期、不同的市场条件下,都可能有不同的定价目标。

(一)利润导向的定价目标

1. 利润最大化目标

以最大利润为定价目标,指的是企业期望获取最大限度的销售利润。

2. 预期利润目标

以预期的利润作为定价目标,就是企业把某项产品或投资的预期利润水平,规定为销售额或投资额的一定百分比,即销售利润率或投资利润率。预期的销售利润率或投资利润率一般要高于银行存贷款利率。

以预期利润作为定价目标的企业,应具备以下两个条件:①该企业具有较强的实力,竞争力比较强,在行业中处于领导者地位。②采用这种定价目标的多为新产品、独家产品,以及低价高质量的标准化产品。

3. 适当利润目标

在激烈的市场竞争中，企业为了保全自己，减少市场风险，或者限于实力不足，把取得适当利润作为定价目标。适当的利润目标一方面可以使企业避免不必要的竞争；另一方面，由于价格适中，顾客愿意接受，可使企业获得长期的利润。

(二) 销量导向的定价目标

增加销售量或扩大市场占有率是企业常用的定价目标。

1. 保持或扩大市场占有率

作为定价目标，市场占有率与利润有很强的相关性，从长期来看，较高的市场占有率必然带来较高的利润。一个企业在一定时期的盈利水平高，可能是由于过去拥有较高的市场占有率的结果，如果市场占有率下降，盈利水平也会随之下降。

在许多情形下市场占有率的高低，比投资收益率更能说明企业的营销状况。有时，由于市场的不断扩大一个企业可能获得可观的利润，但相对于整个市场来看，所占比例可能很小，或本企业占有率正在下降。无论大、中、小企业，都希望用较长时间的低价策略来扩充目标市场，尽量提高企业的市场占有率。

以提高市场占有率为目标定价的企业通常有以下几种方法。

(1) 定价由低到高。定价由低到高，就是在保证产品质量和降低成本的前提下，企业入市产品的定价低于市场上主要竞争者的价格，以低价争取消费者，打开产品销路，挤占市场，从而提高企业产品的市场占有率。待占领市场后，企业再通过增加产品的某些功能，或提高产品的质量等措施来逐步提高产品的价格，旨在维持一定市场占有率的同时获取更多的利润。

(2) 定价由高到低。定价由高到低，就是企业对一些竞争尚不激烈的产品，入市时定价可高于竞争者的价格，利用消费者的求新心理，在短期内获取较高利润。待竞争激烈时，企业可适当调低价格，赢得主动，扩大销量，提高市场占有率。

2. 增加销售量（销售额）

大量的销售即可形成强大的声势，提高企业在市场的知名度，又可有效地降低成本。对于需求价格弹性较大的产品，降低价格而导致的损失，可以由销售量的增加而得到补偿。

(三) 竞争导向的定价目标

生产同类产品的企业，关注竞争对手的定价政策和价格策略是十分自然的。企业往往着眼于在竞争激烈的市场上应付和避免价格竞争，大多数企业对其竞争对手的价格很敏感，在定价以前，一般要广泛搜集资料，把本企业产品的质量、特点和成本与竞争对手的产品进行权衡比较，然后再制定产品价格。以对产品价格有决定影响的竞争对手或市场领导者的价格为基础，采取高于、等于或低于竞争对手的价格出售本企业的产品。

(四) 生存导向的定价目标

如果企业产品销路不畅，大量积压，甚至濒临倒闭时，则需要把维持生存作为企业的基本定价目标，生存比利润更为重要。

(五) 维护企业形象的定价目标

企业形象是企业的无形财产，为维持企业形象，定价目标首先要考虑价格水平是否与目标顾客的需求相等，是否有利于企业整体策略的实施。

(六)保持良好的销售渠道的定价目标

为了使营销渠道畅通无阻,企业必须研究价格对中间商的影响,充分考虑中间商的利益,促使中间商有较大的积极性去推销产品。

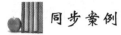
同步案例

电视、冰箱、洗衣机集体涨价!格力美的决胜在即,空调涨价难

空调、冰箱、洗衣机等家电产品掀起一轮集体涨价潮。南都记者调查发现,截至目前,包括TCL、海信、美的、奥克斯等在内的多家国内厂商纷纷发出涨价通知,预计上涨普遍在5%~15%左右。

《2020中国家电行业全年度报告》披露,铜、铁、铝、不锈钢、锌合金、塑料等原材料此前都出现了大幅度涨价,涨幅均超过30%,这也导致家电整机价格跟着上涨,其中以空调、冰箱、洗衣机等为代表的白电市场价格上涨最为明显。根据奥维云网最新数据,截至今年第九周(3月初),线下冰洗空市场均价同比涨幅为14.8%,价格较2020年持续上行,且涨幅进一步扩大。

不过,南都记者从厂家采访到的信息显示,目前涨价的家电产品主要集中在中低端市场,高端市场反而影响不大,没有出现涨价情况。"今年以空调为代表的白电市场涨价势头难以持续,不仅如此,今年空调市场还会继续打'价格战'。"家电行业专家刘步尘在接受南都记者采访时表示,预计黑电市场今年将继续保持价格上涨的势头。

原材料上涨导致家电企业促销季涨价

南都记者采访了解到,截至目前,包括TCL、海信、美的、奥克斯等在内的多家国内厂商已纷纷发出涨价通知。其中,TCL宣布自2020年1月15日起对冰箱、洗衣机、冷柜进行价格调整,预计上调幅度为5%~15%。海信方面表示,自1月10日起上调部分产品销售价格,调价产品主要为平价系列,调价幅度为10%。美的冰箱事业部发布的《美的冰箱涨价通知函》则宣布,自3月1日起,美的冰箱产品价格体系上调10%~15%。

奥维云网最新数据显示,2021年2月,冰箱均价小幅增长;洗衣机均价同比提升6.4%,其中波轮、滚筒单洗、洗烘一体机均价同比分别上涨5%、6.9%、12.3%。空调行业2月份均价为2925元,同比增长24.5%;油烟机当月线上均价同比上调5.4%,均价为1282元;清洁电器线上整体均价934元,同比增长11.2%;挂烫机整体均价178元,同比增长0.6%……总体来看,多类家电在2月份迎来"涨价潮"。

众所周知,每年春节过后往往是家电产品的销售淡季,但家电企业为何在这一促销季集体涨价?

"近期家电'涨价潮'主要是因为货币超发或导致资金向上游大宗商品传导,原材料铜、铝、塑料等价格上涨导致家电产品涨价。"有业内人士向南都记者表示,在空调、冰箱、洗衣机的成本构成中,铜、钢、塑料等原材料的占比约为54%、54%和41%,但根据产业信息网显示,2020年二季度以来,以铜为代表的大宗商品价格猛涨。2021年2月,初级产品中LME铜现货价格约为每吨8470.9美元,创下自2011年8月以来近十年新高。除此之外,物流成本、人工成本的上涨也给家电企业带来不小压力。

能耗、性能升级也是推动价格上涨因素

"原材料的涨价对制造业的影响相对深远",有格力空调门店工作人员告诉南都记者,"现在大家都在涨,(格力要不要涨)我们在等厂家消息。"近日,格力董事长董明珠在接受采访时也

谈到空调涨价的问题。她表示,空调涨价是因为近期铜价在上涨,但不是长期的。"格力坚持不涨价,但如果铜价继续上涨,就要视情况而定了,不要把这个马上转移给消费者。"

奥维云网相关报告表示,2021年开年后,原材料库存消耗、产品结构调整空间收窄等不利因素逐渐显现,结构调整已经不足以应对,部分企业不得不采取直接的调价措施。今年的价格较2020年持续上行,且涨幅进一步扩大。

"除了原材料的原因,家电价格上调其实还有技术升级的原因,并且在半年前已经开始了。"有广东空调企业内部人士告诉南都记者,其实2020年7月新能效政策开始实施后,随着产品性能的提升,与同款旧能效应产品相比,新产品的价格从理论上来说就应该更贵的。"但这个算不算涨价,其实不好说。"产品价格是由市场规律和竞争环境来决定的,很少有"一刀切"的做法。该人士还表示,从他们近期走访市场的情况来看,价格问题对前端市场暂时还没有太大影响。

而另一广东品牌英维克空调厂家内部人士则表示,该公司产品最近没有涨价,因为"我们民用空调日常卖1万多,不打价格这部分,而是重视产品性能和用户体验,所以价格不太有影响。"

格力、美的空调大战,"涨价"难实现

"这次'涨价潮'从半年前开始,不仅持续时间很长,而且涨价的范围很广,几乎带动所有产品都在涨。"家电行业专家刘步尘总结,推动价格上涨主要有三个原因:一是原材料推动涨价;二是价格的修补,"以往家电的价格战太狠,对整个市场伤害太大";三是企业高端战略转型导致价格升高。他预测,未来3~5年家电的平均价格还会更高。"大家逐步告别价格战,转战高端,势必整体拉高整体价格。"

但是,刘步尘也表示,目前市场销售额还没有恢复到2019年的正常水平,低迷的市场环境可能不足以支撑整个市场转向高端。而且现在,原材料的成本导致涨价,"虽然原材料很可能继续紧缺,但是原材料的涨价总会到达峰值,不可能一直往上涨。"

刘步尘还强调,"现在涨价呼声喊得很高,但是涨价并没有这么容易。"如果在市场大部分厂商都在涨价的时候,个别议价能力强的厂商能不涨价,这时候反而会抢到更多的市场份额,"这也是董明珠说格力空调不涨价的原因。"

他还举例,今年空调涨价的理由最不充分,因为空调跟房地产市场息息相关,近几年房地产不景气,导致空调行业也不景气,而且此前美的声称要在2021年拿下国内空调市场第一。在格力发出不涨价的声音后,美的很可能会跟进。美的的目标是超过格力,在这个前提下,美的空调更不可能涨价。

此外,南都记者发现,国美、苏宁等电商近期也相继推出"家电不涨价"的口号。对此,刘步尘表示,现在市场压力很大,厂商渴望涨价,但另一方面,电商拉低价格,再加上在市场第一、第二大厂商不涨价的前提下,其他厂商可能也会静观其变。为此,刘步尘预测,"今年是空调老大的决胜之年,不但不会涨价,相反还会打价格战。"

结合案例思考:

案例中营销家电价格出现变动的因素有哪些?

二、影响定价因素

(一)内部因素

1. 定价目标

任何企业都不能孤立地对产品进行定价,而要全面考虑企业的目标市场和企业自身经营的战略。定价目标是指企业要达到的定价目的,它从属于企业的经营目标。企业的定价目标是以满足市场需要和实现企业盈利为基础的,只有合理定价,产品才可能被目标市场接受,进而使企业获得利润,维持正常运转。不同的企业处于不同的发展阶段,经营不同的产品,有截然不同的目标,因此在制定产品价格时也会有不同的导向。常见的企业定价目标有:利润最大化目标、市场占有率最大化目标、维持生存目标、应对竞争目标、产品质量最优化目标和实现既定投资收益率目标。

2. 产品成本

成本是影响产品定价的最基本的因素之一,若一款产品的定价不足以覆盖其成本,这样的定价对企业的发展是毫无意义,甚至起副作用的。产品的最低定价一般不能低于成本,因此企业在定价时必须估算成本。成本分为短期成本和长期成本。短期是指在这个时期内,企业不能自由调整生产要素的投入和组合,不能选择各种可能的生产规模。因此,短期成本分为固定成本和可变成本。长期是指在这个时期内,企业可以自由调整生产要素的投入和组合,可以选择最有利的生产规模。在这个时期内,一切生产要素都是可以变动的。因此,长期成本中没有固定成本,一切成本都是可变成本。

(1)短期成本。

①总固定成本。总固定成本,又称总固定费用,相对于变动成本,是指成本总额在一定时期和一定业务量范围内,不受业务量增减变动影响而能保持不变。固定成本通常包括厂房设备的折旧费、租金、利息、高级管理人员的薪金等。即使企业停产,这些成本也依然会发生。

②总可变成本。总可变成本,又称总变动成本,是指在总成本中随产量的变化而变动的成本项目,主要是原材料、燃料、动力等生产要素的价值,当一定期间的产量增大时,原材料、燃料、动力的消耗会按比例相应增多,所发生的成本也会按比例增大,故称为总可变成本。总可变成本等于总成本减固定成本。

③短期总成本。短期总成本是指短期内生产一定产品所需成本的总和。它是固定成本和可变动成本的总和。短期总成本随产量的增加而增加,是产量的增函数。

(2)短期平均成本。短期平均成本是短期内生产每一单位产品平均所需要的成本,又可分为平均固定成本和平均可变成本。

(3)短期边际成本。短期边际成本是指厂商在短期内产量变动为单位带来的总成本变化量。一般情况下,边际成本的变化取决于产量的大小。在产量增加初期,边际成本往往递减,而在产量达到某一最优值后,边际成本会随产量增加而上升。在短期竞争价格条件下,企业应特别注意两个价格。一个是价格收入仍能弥补成本支出的最低价格,在总成本曲线上,它是最低成本点,并且与边际成本相等。另一个是根据平均可变成本曲线上的最低点确定的价格,这种价格的总收入不能弥补总成本支出。产品每卖出一个,就会产生一定的损失,销量越大,企业损失越多。因此,企业制定的价格必须大于等于平均可变成本。

(4)长期平均成本。长期平均成本是长期内厂商平均每单位产量花费的总成本。长期平均成本曲线表示厂商在长期内按产量平均计算的最低总成本。在长期中,平均成本无论是减少还是增加都变动较慢。这是由于在长期中全部生产要素可以随时调整,从规模收益递增到规模收益递减有一个较长的规模收益不变阶段,而在短期中,规模收益不变阶段很短,甚至没有。长期状况下企业定价要注意两点:一是长期与短期边际成本必须等于产品价格,并且此时的边际成本必须处在递减状态。二是长期与短期平均成本必须等于产品价格,并且此时也必然是长期与短期成本的最低点。

知识拓展 1

我们来看下一部 iPhone XS Max 苹果手机的硬件成本(见图 8-1)。

	APPLE IPHONE XS MAX A1921	APPLE IPHONE X A1091
应用处理器/调制解调器	$72	$66.22
电池	$9	$6.46
连接器和传感器	$18	$17.11
相机	$44	$42.8
显示	$80.5	$77.27
记忆	$64.50	$45.35
混合信号/射频	$23.00	$23.31
电源管理/音频	$14	$14.16
其他电子产品	$35	$32.51
机械性能/外壳	$58	$45.71
测试/组装/支持材料	$24.5	$24.55
总	$443.00	$359.44

由上图可见,一部 iPhone XS Max 的成本价大概在 443 美元左右(约为人民币 3000 元),而该型号手机的官网售价高达 10999 元,所以苹果手机零部件的成本价只占售价的 27%。那么为什么苹果能定价如此高,答案是品牌溢价。一位用户准备入手一部苹果手机,当时对比了所有的平台如淘宝、京东、拼多多、苏宁易购。

京东 apple 官方店价格是 4199 元,而淘宝最低的标价是 2090 元,拼多多标价 3900 元左右,苏宁易购同京东一样标价是 4199 元。用户最后选择了在 3.8 苏宁易购搞活动当天,以 3899 元的价格入手。淘宝的价格确实很诱人,让人很想下单,但是淘宝的店铺并非苹果的官方店,如果买到水货或者翻新机付出的成本就会更高。拼多多价格相比京东和苏宁易购稍微低了一些,同样也不是苹果官方专卖店,不敢买。而苏宁易购和京东的苹果专卖店虽然价格高,但是都是正品,而且售后也有保障,出了问题去线下任意一家苹果专卖店都能快速解决问题。这就是苹果这个品牌的溢价能力,已经成了一个购买理由。

(二)外部因素

1. 市场需求

市场需求是指一定的顾客在一定的地区、一定的时间、一定的市场营销环境和一定的市场营销计划下对某种商品或服务愿意而且能够购买的数量。可见市场需求是消费者需求的总和。

(1)影响市场需求的主要因素:消费者偏好、消费者的个人收入、产品价格、替代品的价格、

互补品的价格、预期。(见图8-2)

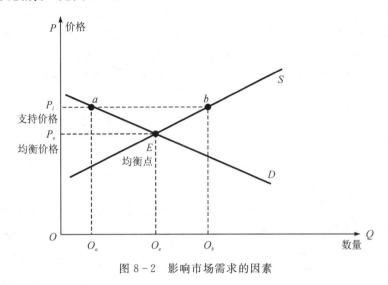

图8-2 影响市场需求的因素

(2)市场需求的估算。

确定目标市场→确定地理区域的目标市场→考虑消费限制条件→计算每位顾客每年平均购买数量→计算同类产品每年购买的总数量→计算产品的平均价格→计算购买的总金额→需要考虑的其他因素。

(3)需求的弹性。

需求的价格弹性在经济学中一般用来衡量需求的数量随商品的价格的变动而变动的情况。

假设 Q 为某个商品的需求，P 为该商品的价格，则计算需求的价格弹性 Ed 为：

$$Ed=(\Delta Q/Q)/(\Delta P/P)$$

其中：Ed 代表需求价格弹性系数，Q 表示需求量，ΔQ 是需求量的变化量，P 表示价格，ΔP 是价格的变化量。

$E>1$，表示弹性充足，需求量对价格反应灵敏，对该类产品要增加总收入可实施降价。薄利多销就是充分弹性的商品。

$E<1$，表示缺乏弹性，需求量对价格反应不灵敏。对该类产品要增加总收入可实施涨价。例如稀缺药品、不可替代的产品、生活必需品等。

$E=1$，表示单一弹性，需求量与价格等比例变化。

注意：第一，将所有的百分比变动视为正数，从而去掉数值中的负号。这意味着尽管根据需求定律，需求量与价格反方向变动，但需求价格弹性均不小于零。当某产品的需求价格弹性大，即指其绝对值大。第二，注意弹性定义使用的相对变化的百分比，而非实际变化量。这意味着衡量单位的变化不会影响弹性的大小，无论以美元还是人民币衡量商品价格，需求价格弹性保持不变。第三，计算公式中的"价格"和"需求量"，通常采用平均值作为计算基础。

通常来说，商品价格的下跌会导致需求数量的增加，所以一般情况下需求的价格弹性系数为负数。经济学家对此虽有所知，但是除了分析特别情况之外，并不对其感兴趣。注意，公式前的负号除了保证所算出的数字为正，并无其他特别意义。

 做中学

判断产品降价的合理性

某种产品,去年以 40 元的价格销售了 25 万件。今年企业准备降价至 20 元,预计销售 40 万件。依据需求价格弹性理论,说明降价是否正确。

业务分析:一种商品是否适合采取降价或提价策略,应首先分析该商品本身的市场需求弹性如何,弹性充足则适宜降价,缺乏弹性则适宜提价。

业务程序:$E=(\Delta Q/Q)/(\Delta P/P)$

$E=(15/25)/(20/40)=1.2>1$

业务说明:该产品弹性充足,需求量的相应变化大于价格自身变化,可以采取降价策略。通过降低价格,薄利多销,达到增加营利的目的。

 知识拓展2

影响需求弹性的因素

替代品的多寡:以饮品市场为例,既有百事可乐,又有可口可乐,所以对可口可乐的需求弹性自然高。

该物消费支出占总所得的比例:一本杂志只售 6~10 元,占消费者的支出比例不大,需求弹性便低。

物品耐用性:物品耐用,即使加价,也可迟一些再买,所以弹性较高。

必需品或奢侈品:一般情况下,必需品由于是生活中不可缺少的,小量的价格变动不会引起需求急剧变动,因此被认为是缺乏弹性的,而奢侈品则是富有弹性的。

特例:理性消费者对商品的需求数量随其价格的上升而上升也是可能的。最典型的两类商品为吉芬商品和凡勃伦商品。

商品的定义范围:当商品定义范围较小时,需求弹性较大;反之,需求弹性较小。

时间的长短:一般情况,长期需求弹性大于短期需求弹性。因为当时间较长时,寻找替代品和进行其他调整总是比较容易的。实际上长期需求弹性往往比我们所能预料的还要大。

2. 竞争环境

企业在为产品定价时,务必考虑该产品和整个企业所面临的竞争环境。不同的环境存在不同的竞争强度、竞争方式,以及伴随竞争所产生的机会和挑战。企业应仔细分析竞争环境,趋利避害,通过给产品制定合理的价格,在激烈的竞争中取得发展。

(1)完全竞争市场。完全竞争市场是指竞争充分而不受任何阻碍和干扰的一种市场结构。在这种市场类型中,买卖人数众多,买者和卖者是价格的接受者,资源可自由流动,信息具有完全性。完全竞争市场全面排除了任何垄断性质和任何限制,完全依据市场的调节进行运行,因而可以促使微观经济保持高效率运行。

(2)垄断竞争市场。垄断竞争市场是指一种既有垄断又有竞争,既不是完全竞争又不是完全垄断的市场,是处于完全竞争和完全垄断之间的一种市场。垄断竞争市场竞争程度较大,垄断程度较小,比较接近于完全竞争,而且比其要现实得多,在大城市的零售业、手工业、印刷业

中普遍存在。从总体上说,这种市场具有以下特点:厂商众多、互不依存、产品差别、进出容易、可以形成产品集团。处在垄断竞争市场上的企业,一般来说,其垄断程序高低与其经营效益的好坏为正相向关系。

(3)寡头垄断市场。在寡头垄断市场上,只有少数几家厂商供给该行业全部或部分产品,每个厂家的产量占市场总量的相当份额,对市场价格和产量有举足轻重的影响。寡头垄断市场是处于完全竞争和完全垄断之间的一种市场结构。相互依存是寡头垄断市场的基本特征。由于厂商数目少而且占据市场份额大,不管怎样,一个厂商的行为都会影响对手的行为,影响整个市场。

(4)完全垄断市场。完全垄断,又称垄断或独占,是指整个行业中只有唯一的一个厂商的市场类型。完全垄断市场主要具有以下几方面的特点:

第一,完全垄断市场只有一家厂商,控制整个行业的商品供给,因此,厂商即行业,行业即厂商。

第二,该厂商生产和销售的商品没有任何相近的替代品,需求的交叉弹性为零,因此,它不受竞争的威胁。

第三,新的厂商不可能进入该行业参与竞争。完全垄断厂商通过价格和原材料的有效控制,任何新厂商都不能进入这个行业。

第四,独自定价并实行差别价格。完全垄断厂商不但控制商品供给量,而且还控制商品价格,是价格制定者,可使用各种手段定价,保持垄断地位。完全垄断厂商还可以依据不同的销售条件,实行差别价格来获取更多的利润。如同完全竞争市场一样,完全垄断市场的假设条件也很严格,在现实的经济生活中,完全垄断市场也几乎是不存在的。

3. 法律约束

法律是所有产品定价中都不能忽略的因素。我国的价格法规定,企业定价在正常条件下不能低于成本销售。企业在定价过程中应遵守相关法律,以确保定价的合法性。

知识拓展3

近日市场监管总局宣布,对橙心优选、多多买菜、美团优选、十荟团、食享会等五家社区团购企业不正当价格行为做出行政处罚。其中,除食享会被罚款50万元之外,其余四家社区团购企业分别被处以150万元罚款。

监管局对以上平台处罚基于他们以下两个行为:一是通过巨额补贴,存在以低于进货成本销售商品的"低价倾销"行为。二是利用价格欺诈手段,诱骗消费者与其进行交易。

这已经不是互联网的新故事。前期不计成本地烧钱做数据,补贴用户,尽可能多地争取市场规模,"淘汰赛"过后,再进入精细化运营,这是互联网企业的惯用打法。

(三)其他因素

在定价中还包括一些其他因素,如商业周期、地理位置、中间商情况、产品形象差异化程度、企业状况等,这些因素都应综合考虑,最终制定合理的价格。

1. 产品定价程序

(1)确定定价目标。

企业产品价格的制定是实现企业营销目标和总战略的具体工作。每种目标都有其适用的状况,企业应视自己所处的情况与条件来选择恰当的定价目标,以便在定价的过程中能有所遵循,且在整体环境有变化时,能机动地应变。

(2)测定市场需求。

商品价格与市场需求一般情况下是成反比关系的。在正常情况下,价格提高,市场需求就会减少;价格降低,市场需求就会增加。企业商品的价格会影响需求,需求的变化会影响企业的产品销售以至企业营销目标的实现。

商品需求弹性的不同对企业的定价有不同的影响。

不同产品的需求弹性不同,企业的定价也不同。

当商品需求价格弹性充足时,即 $E>1$ 时,商品稍微降一点儿价,销售量就会显著增加,企业的总收入也会增加;相反,商品稍微提一点儿价,销售量就会明显下降,企业的收入也会减少。价格变动方向同总收入的变动方向相反。对于该类商品,企业采取低价销售有利。

当商品具有一般需求弹性时,即 $E=1$ 时,价格变动幅度与销售量变动幅度大小一致,方向相反,总收入不变。对于该类商品,企业不宜采用价格手段进行竞争。

当商品缺乏需求弹性时,即 $E<1$ 时,即使商品价格下降很多,销售量也只有较少的增加,企业总收入减少;相反,价格提高很多,销售量也只有较少的减少。价格的变动趋势同总收入的变动趋势方向相同,对于该类商品采用低价达不到销售量增加和效益提高的目的,因而采用较高的定价对企业有利。

同一产品在不同时期或不同价格区段的需求弹性有所不同。

当某一商品的需求弹性测出后,还要分析该商品在不同的销售时期和处于不同价格区段上的情况。许多商品需求弹性不是始终如一的,企业要具体测定各区段的需求弹性,以决定正确的方向和找出理想定价点。

不同的消费者对同一产品的需求弹性有所不同。有时需求强度不同的消费者对同种产品的需求弹性也不一样,要认真加以区别,制定不同的方法。这正是差别定价理论的基础。

(3)估算产品成本。

企业在产品定价时,要进行成本估算。企业产品价格的最高限度取决于市场需求及有关限制因素,而最低价格不能低于产品经营成本费用(不包括短期的、由于某种原因个别品种的价格低于成本费用的情况)。如果产品价格长期低于这个限度,企业无法维持再生产和继续经营。

(4)分析竞争状况。

产品价格的制定除取决于需求、成本之外,还受到市场竞争状况的强烈影响。

(5)分析企业竞争地位。

企业及其产品在市场上的竞争地位对最后制定产品价格有重要的意义。要在企业的主要市场和竞争能力方面做出基本的估计,列出企业目前处于何种状况,并在分析过程中考虑有关重要的非商品竞争能力,如服务质量、渠道状况、定价方法等。

(6)协调企业的产品定价方向。

了解竞争对手的产品价格,使本企业产品价格的制定更主动。这方面工作要考虑到企业的定价目标及策略。如企业为了避免风险,可采用"随行就市"的方法,跟着行业中主导企业的价格、主要竞争对手的价格走,也可以在与竞争企业中主导企业的产品全面比较后,决定高于或低于竞争企业的价格。但要注意,当企业在一个行业中单独制定较高或较低的价格时,提价或降价都应意识到风险的存在,此时应全面分析,并配以各项有力措施。

(7)估计竞争企业的反应。

企业要把即将可能采用的价格及策略排列出来,进行分析,估计和预测采用某些具体价格策略可能引起的主要竞争企业的反应。

(8)选择定价方法。

成本导向定价、需求导向定价、竞争导向定价是三种常见的定价方法。这些方法有的侧重于成本,有的侧重于需求,有的侧重于竞争。每种定价方法都有它的优缺点,这需要企业在选择定价方法时必须根据自身的环境、商业竞争情况等因素综合考虑。

(9)确定最后价格。

最后营销价格是面向顾客的价格。定价务必要有弹性,决定产品价格时要了解成本,综合考虑竞争、需求等因素,确保定价符合法律规定。在确定了商品的基本价格后,有时需要使用一些定价策略和技巧来使商品价格更有吸引力。

任务二　了解企业定价的方法

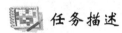

任务描述

本任务主要带领大家学习主要的企业定价的方法,熟练掌握成本导向定价法、需求导向定价法、竞争导向定价法的理论基础,根据实际情况完成一款商品的定价方法选择。

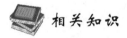

相关知识

一、成本导向定价法

(一)成本导向定价法概述

成本导向定价法是以产品单位成本为基本依据,再加上预期利润来确定价格的定价方法,是中外企业最常用、最基本的定价方法。成本导向定价法又衍生出了总成本加成定价法、目标收益定价法、边际成本定价法、盈亏平衡定价法等几种具体的定价方法。

成本导向定价法的主要优点:一是它比需求导向定价法更简单明了。二是在考虑生产者合理利润的前提下,当顾客需求量大时,价格显得更公道些,服务企业会维持一个适当的盈利水平;当需求旺盛时,顾客购买费用可以适当降低。许多服务企业在制定服务价格时运用成本导向定价法。在实践中,企业可以采用成本加成的方法(即在服务成本的基础上加一定的加成率)来定价。

成本导向定价法简单易用,因而被广泛采用。其缺点在于:一是不考虑市场价格及需求变动的关系;二是不考虑市场的竞争问题;三是不利于企业降低产品成本。

为了克服成本加成定价法的不足之处,企业可按产品的需求价格弹性的大小来确定成本加成比例。由于成本加成比例确定得恰当与否、价格确定得恰当与否依赖于需求价格弹性估计的准确程度,这就迫使企业必须密切注视市场,只有通过对市场进行大量的调查,详细地分析,才能估计出较准确的需求价格弹性来,从而制定出正确的产品价格,增强企业在市场中的竞争能力,增加企业的利润。

成本导向定价法是通过一个个假想的期望销售数字计算出的定价,如果销售数字没达到预期要求,则必然无法达到预期利润。

(二)成本导向定价法的几种定价方法

1. 总成本加成定价法

在这种定价方法下,把所有为生产某种产品而发生的耗费均计入成本的范围,计算单位产品的变动成本,合理分摊相应的固定成本,再按一定的目标利润率来决定价格。

总成本加成定价法计算公式:

$$商品售价 = 完全成本 \times (1 + 加成率) \frac{完全成本}{1 - 利润率 - 税率}$$

2. 目标收益定价法

目标收益定价法又称投资收益率定价法,是根据企业的投资总额、预期销量和投资回收期等因素来确定价格。

3. 边际成本定价法(边际贡献定价法)

边际成本是指每增加或减少单位产品所引起的总成本变化量。由于边际成本与变动成本比较接近,而变动成本的计算更容易一些,所以在定价实务中多用变动成本替代边际成本,而将边际成本定价法称为变动成本定价法。

边际成本加成法计算公式:边际贡献 = 价格 - 单位变动成本

$$单位产品定价 = \frac{总变动成本 + 边际贡献}{现实生产量(销售量)}$$

4. 盈亏平衡定价法

在销量既定的条件下,企业产品的价格必须达到一定的水平才能做到盈亏平衡、收支相抵。既定的销量就称为盈亏平衡点,这种制定价格的方法称为盈亏平衡定价法。科学地预测销量和已知固定成本、变动成本是盈亏平衡定价的前提。

二、需求导向定价法

需求导向定价法,是指企业主要根据市场上对产品的需求强度和消费者对产品价值的理解程度为基础进行定价的一种定价方法。需求导向定价法比较注重需求因素,而相对不注重成本和竞争因素对定价的影响。

(一)理解价值定价法

理解价值定价法,又叫觉察价值定价法,是根据消费者所理解的某种商品的价值或者说是消费者对产品价值的认识程度,来确定产品价格的一种定价方法。

企业在利用理解价值定价法时,主要是利用市场营销组合中的非价格因素向买方进行示范,使他们对商品形成一种较高的坐标观念,然后根据这种观念制定价格。

(二)需求差异定价法

需求差异定价法是同一产品面对不同顾客需求而采用不同价格的定价方法。在这里,同一产品的价格差异,并不是由于产品成本的不同而引起的,而主要由消费者需求的差异性所决定。

事实上,这种价格差异的基础是顾客需求、顾客的购买心理、产品样式、地区差别,以及时间差别等。

采用这种方法定价,一般是以该产品的历史定价为基础,根据市场需求变化的具体情况,在一定幅度内变动价格。这种方法通常有四种实施方式:①对不同的消费者,可以给予不同的价格。景区门票设置有成人票/儿童票/老年票。②不同地理位置,价格各不相同。如国内机场的商店、餐厅向乘客提供的商品价格普遍远高于市内的商店和餐厅。③对式样不同的产品,制定不同的价格。在2008年奥运会举行期间,标有奥运会会徽或吉祥物的T恤及某些商品的价格,比其他同类商品的价格要高。④因季节、时间的不同而制定不同的价格。三个购物黄金假期,商品价格较平时有一些增长。

(三)习惯定价法

这是企业依据长期被消费者接受和承认并已成为习惯的价格对产品进行定价。一些产品在长期经营过程中,消费者已经接受了其属性和价格水平,凡是符合这种标准的,自然容易被消费者接受;反之,则会引起消费者的排斥。

经营此类产品的企业,不能轻易改变价格。减价会引起消费者对产品质量的怀疑,而涨价又会影响产品的销路。

(四)可销价格倒推法

这是以消费者对商品价值的感受及理解程度为基础确定其可接受价格的定价方法。企业一般在以下两种情况下采用这种定价法:①为了满足在价格方面与现有类似产品竞争的需要。②新产品推出先确定可销价格,然后反向推算出各环节的可销价格。

三、竞争导向定价法

竞争导向定价法是以市场上相互竞争的同类产品的价格为依据,确定自己产品价格的方法。具体包括以下几种方法。

(一)随行就市定价法

随行就市定价法又称通行价格定价法,是以本行业的平均价格水平或本行业中占主导地位的企业的价格水平作为定价基础的方法。平均价格水平往往被认为是"合理价格",容易被市场接受。同时,企业试图与竞争对手和平相处,避免恶性价格战产生的风险,而且这种通行价格一般也能为企业带来适度的利润。这种定价方法主要适合产品差异较小的行业,如钢材、粮食、其他原材料或高度竞争型市场。

(二)竞争价格定价法

竞争价格定价法是一种主动竞争的定价方法,是指企业根据本企业的实际情况及与竞争对手的产品差异状况,以高于或者低于竞争者的价格来出售产品的方法。采用这种定价方法,首先要了解竞争对手的价格策略和方法,然后把本企业的产品与竞争对手的产品进行分析、比较,找出本企业产品具有的优势,作为制定主动出击价格的依据,最后根据上述竞争形势和有利条件,制定出本企业产品的价格。采用这种定价方法的关键是知己知彼,随时调整价格,这充分体现了定价的灵活性,一般为实力雄厚或产品具有特色的企业所采用。

(三)密封投标定价法和拍卖定价法

大宗物资采购、工程项目承包、仪器设备引进、矿产能源开发等大都采用招标和投标的交易方式。投标价格是投标者根据竞争者的报价估计确定的,而不是按照自己的成本费用确定的。拍卖定价法是指预先展示所出售的商品,在一定的时间和地点,按一定的规则,由买主公开叫价,引导购买者报价,利用买方竞购的心理,从中选择最高价格成交。拍卖定价法具有竞争公开、出价迅速、交易简便的特点,多在高级艺术品、房产等商品的交易时采用此法。

任务三　制定定价策略

任务描述

本节任务主要带领大家学习常见的定价策略,帮助企业寻找产品价格优势,配合合理的定价策略完成产品的营销推广。

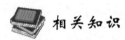
相关知识

一、产品组合定价策略

如果企业经营多种产品,而且这些产品之间存在某些关联性时,定价就应综合考虑。一般有这样几种情况:

(一)产品线定价策略

个企通常不仅仅销售一个产品,而是销售各种各样的系列产品,这时,企业应适当确定产品线中相关产品之间的价格差异,这就是产品线定价策略。例如,商场可将男裤分为三个档次,分别定价为158元、268元和398元,顾客自然会把这三种价格的裤子分为低、中、高档,即使这三种价格都有所变化,顾客仍会按他们的习惯去购买某一档次的产品。如果一条产品线上两种产品的价格差异不大,顾客就会购买性能较高的产品;如果价格差异较大,顾客就会更多地购买性能较低的产品。

(二)单一价格定价策略

企业的产品品种较多而成本相差不大时,为了方便顾客挑选和内部管理,可以将全部产品实行单一价格。比如一些自助餐厅,每位顾客进店用餐,不管你吃多少,只有一个价格;城市的公交车、地铁等实行一票制等。

(三)选择品定价策略

许多企业在提供主要产品的同时,还会附带一些可供选择的产品。例如,饭店的顾客除了订购饭菜外也买酒类。很多饭店食品价格相对较低,酒价很高。酒的价格既可以弥补食品的成本又可以带来利润。

(四)互补产品定价策略

互补产品是在功能上互相补充,需要配套使用的产品。互补产品广泛存在于日常消费中,如照相机与胶卷、录音机与磁带、钢笔与墨水等。企业利用这种互补效应及主次件的关系,可以降低某种产品尤其是基础产品的价格来占领市场,再通过增加其互补产品的价格使总利润增加。例如,柯达公司以物美价廉的照相机吸引消费者,同时生产较其他品牌昂贵得多的柯达胶卷,相配使用效果极佳。柯达相机利微,但可在柯达胶卷的厚利下得到弥补。需要注意的是,互补品的需求影响是相互的,如果辅助产品价格定得过高,消费者难以承受,也会影响基础产品的销量。

（五）组合产品定价策略

企业可以将相关产品组合在一起,为它制定一个比分别购买这些产品更低的价格,进行一揽子销售。例如,电脑公司把电脑硬件、软件和维修组合在一起,旅游景点的参观套票等,但要注意不能搞硬性搭配。

（六）副产品定价策略

肉类加工和化工等企业在生产过程中往往会有副产品,只要买主愿意支付的价格大于企业储存和处理这些副产品的费用,企业就可以接受。这样能够减少企业的支出,为主要产品制定更低的价格,提高企业的竞争力。

二、地理定价策略

所谓地理定价策略,就是在商品交易过程中,灵活处理运输、装卸、仓储、保险等多种费用的价格策略。这种定价策略的形式有:

（一）FOB原产地定价

FOB原产地定价,就是顾客(买方)按照出厂价购买某种产品,企业(卖方)只负责将这种产品运到产地某种运输工具(如卡车、火车、船舶、飞机等)上交货。

交货后,从产地到目的地的一切风险和费用全由顾客承担。但是,这种定价方式对企业也有不利之处,即远方的顾客可能不愿购买这家企业的产品,转而购买其附近企业的产品。

（二）分区定价

分区定价,就是企业把全国(或某些地区)分为若干价格区,对于销往不同价格区的同一种产品,分别制定不同的价格。

距离企业远的价格区,价格定得较高；距离企业近的价格区,价格定得较低。在各个价格区范围内,则实行统一价。当然,企业采用分区定价也存在一些问题：①在同一价格区内,有些顾客距离企业较近,有些较远,对前者来说就不合算。②处在两个相邻价格区界两边的顾客,他们相距不远,但是要按高低不同的价格购买同一种产品。

（三）基点定价

基点定价即企业选定某些城市作为基点,然后按一定的出厂价加上从基点城市到顾客所在地的运费来定价(不管产品实际上从哪个城市起运)。有些公司为了提高灵活性,选定多个基点城市,按照离顾客最近的基点计算运费。

（四）统一交货定价

所谓统一交货定价,就是企业对于卖给不同地区顾客的某种产品,都按照相同的出厂价加相同的运费(按平均运费计算)定价。也就是说,对不同地区的顾客,不论远近,都实行一个价格。

（五）运费免收定价

有些企业因为急于和某些地区做生意，负担全部或部分实际运费。这些卖主认为，如果生意扩大，其平均成本就会降低，足以抵偿这些费用开支。

采取运费免收定价，可以使企业加深市场渗透，并且能在竞争日益激烈的市场上站稳脚跟。

三、新产品定价策略

新产品与其他产品相比，可能具有竞争程度低、技术领先的优点，但同时也会有不被消费者认同和产品成本高的缺点，因此在为新产品定价时，既要考虑能尽快收回投资，获得利润，又要有利于消费者接受新产品。实际中，常见的定价策略有以下三种：

（一）撇脂定价（skimming price）

这种策略也称高价策略，指企业以大大高于成本的价格将新产品投入市场，以便在短期内获取高额利润，尽快收回投资，然后再逐渐降低价格的策略。索尼公司的电器产品在投入市场之初，大都采用了该策略。我们生活中的许多电子产品、高科技产品也都曾采取过此做法。一般地，撇脂定价策略适合于市场需求量大且需求价格弹性小，顾客愿意为获得产品价值而支付高价的细分市场，或企业是某一新产品的唯一供应者时，采用撇脂定价可使企业利润最大化，但高价会吸引竞争者纷纷加入，一旦有竞争者加入时，企业就应迅速降价。

（二）渗透定价（penetration pricing）

渗透定价与撇脂定价恰好相反，是在新产品投放市场时，将价格定得较低，以吸引大量消费者，提高市场占有率。采取渗透定价策略不仅有利于迅速打开产品销路，抢先占领市场，提高企业和品牌的声誉，而且由于价低利薄，从而有利于阻止竞争对手的加入，保持企业一定的市场优势。通常渗透定价适合于产品需求价格弹性较大的市场，低价可以使销售量迅速增加；其次要求企业生产经营的规模经济效益明显，成本能随着产量和销量的扩大而明显降低，从而通过薄利多销获取利润。

（三）试销价格（trial pricing）

试销价格是指企业在某一限定的时间内把新产品的价格维持在较低的水平，以赢得消费者对该产品的认可和接受，降低消费者的购买风险。如微软公司的数据库程序在最初的短期促销价为 99 美元，而建议零售价则为 495 美元。试销价格有利于鼓励消费者试用新产品，而企业则希望消费者通过试用而成为企业的忠实顾客，并建立起企业良好的口碑。该策略也经常被服务性企业所采用，如开业之初的特惠价等。但只有企业的产品或服务确实能使消费者感到获得了很大的利益时，此种策略才能收到预期的效果。

四、心理定价策略

每一件产品都能满足消费者某一方面的需求，其价值与消费者的心理感受有着很大的关系。这就为心理定价策略的运用提供了基础，使得企业在定价时可以利用消费者心理因素，有意识地将产品价格定得高些或低些，以满足消费者生理的和心理的、物质的和精神的多方面需求,通过消费者对企业产品的偏爱或忠诚,扩大市场销售,获得最大效益。

(一)尾数定价策略

尾数定价,也称零头定价或缺额定价,即给产品定一个零头数结尾的非整数价格。大多数消费者在购买产品时,尤其是购买一般的日用消费品时,乐于接受尾数价格。如 0.99 元、9.98 元等。消费者会认为这种价格经过精确计算,购买不会吃亏,从而产生信任感。同时,价格虽离整数仅相差几分或几角钱,但给人一种低一位数的感觉,符合消费者求廉的心理愿望。这种策略通常适用于基本生活用品。

(二)整数定价策略

整数定价与尾数定价正好相反,企业有意将产品价格定为整数,以显示产品具有一定质量。整数定价多用于价格较贵的耐用品或礼品,以及消费者不太了解的产品,对于价格较贵的高档产品,顾客对质量较为重视,往往把价格高低作为衡量产品质量的标准之一,容易产生"一分价钱一分货"的感觉,从而有利于销售。

(三)声望定价策略

声望定价即针对消费者"便宜无好货、价高质必优"的心理,对在消费者心目中享有一定声望,具有较高信誉的产品制定高价。不少高级名牌产品和稀缺产品,如豪华轿车、高档手表、名牌时装、名人字画、珠宝古董等,在消费者心目中享有极高的声望价值。购买这些产品的人,往往不在意产品价格,最关心的是产品能否显示其身份和地位,价格越高,心理满足的程度也就越大。

(四)习惯定价策略

有些产品在长期的市场交换过程中已经形成了为消费者所适应的价格,成为习惯价格。企业对这类产品定价时要充分考虑消费者的习惯倾向,采用"习惯成自然"的定价策略。对消费者已经习惯了的价格,不宜轻易变动。降低价格会使消费者怀疑产品质量是否有问题。提高价格会使消费者产生不满情绪,导致购买的转移。在不得不需要提价时,应采取改换包装或品牌等措施,减少抵触心理,并引导消费者逐步形成新的习惯价格。

(五)招徕定价策略

招徕定价策略是适应消费者"求廉"的心理,将产品价格定得低于一般市价,个别的甚至低于成本,以吸引顾客、扩大销售的一种定价策略。采用这种策略,虽然几种低价产品不赚钱,甚至亏本,但从总的经济效益看,由于低价产品带动了其他产品的销售,企业还是有利可图的。

五、折扣与折让策略

(一)现金折扣

现金折扣是对在规定的时间内提前付款或用现金付款者所给予的一种价格折扣,其目的是鼓励顾客尽早付款。采用现金折扣一般要考虑三个因素:折扣比例;给予折扣的时间限制;付清全部货款的期限。在西方国家,典型的付款期限折扣表示为"3/20,net 60"。其含义是在成交后 20 天内付款,买者可以得到 3% 的折扣;超过 20 天,在 60 天内付款不予折扣;超过 60 天付款要加付。

由于现金折扣的前提是商品的销售方式为赊销或分期付款,因此,有些企业会采用附加风险费用、管理费用的方式,以避免可能发生的经营风险。同时,为了扩大销售,分期付款条件下买者支付的货款总额不宜高于现款交易价太多,否则就起不到"折扣"促销的效果。

提供现金折扣等于降低价格,所以,企业在运用这种手段时要考虑商品是否有足够的需求弹性,保证通过需求量的增加使企业获得足够利润。此外,由于我国的许多企业和消费者对现金折扣还不熟悉,运用这种手段的企业必须结合宣传手段,使买者更清楚自己将得到的好处。

(二)数量折扣

数量折扣指按购买数量的多少,分别给予不同的折扣,购买数量愈多,折扣愈大。其目的是鼓励大量购买,或集中向本企业购买。包括累计数量折扣和非累计数量折扣两种形式。前者指规定顾客在一定时间内,购买商品若达到一定数量或金额,则按其总量给予一定折扣,其目的是鼓励顾客经常向本企业购买,成为可信赖的长期客户。后者指规定一次购买某种产品达到一定数量或购买多种产品达到一定金额,则给予一定折扣,其目的是鼓励顾客大批量购买,促进产品多销、快销。

数量折扣的作用非常明显,企业因单位产品利润减少而产生的损失完全可以从销量的增加中得到补偿。此外,销售速度的加快,使企业资金周转次数增加,流通费用下降,产品成本降低,从而导致企业总盈利水平上升。

运用数量折扣策略的难点是如何确定合适的折扣标准和折扣比例。如果享受折扣的数量标准定得太高,比例太低,则只有很少的顾客才能获得优待,绝大多数顾客将感到失望;购买数量标准过低,比例不合理,又起不到鼓励顾客购买和促进企业销售的作用。因此,企业应结合产品特点、销售目标、成本水平、需求规模、竞争手段,以及传统的商业惯例等因素来制定科学的折扣标准和比例。

(三)功能折扣

功能折扣也叫贸易折扣。功能折扣是企业给某些零售商或批发商的一种额外折扣,促使它们执行某种市场营销功能(如推销、储存、服务)。

(四)季节折扣

这种定价折扣是指给那些购买过季商品或服务的顾客一种减价,使企业的生产和销售在一年四季保持相对稳定的状态。为调节供需矛盾,这些商品的生产企业便采用季节折扣的方式,对在淡季购买商品给予一定的优惠,使企业的生产和销售在一年四季能保持相对稳定的状态。例如,啤酒生产厂家对在冬季进货的商业单位给予大幅度让利,羽绒服生产企业则为夏季购买其产品的客户提供折扣。

季节折扣比例的确定,应考虑成本和资金利息等因素。季节折扣有利于减轻库存,加速商品流通,迅速收回资金,促进企业均衡生产,充分发挥生产和销售潜力,避免因季节需求变化所带来的市场风险。

(五)价格折让

这是另一种类型的价目表价格折让。例如,一辆摩托车标价为 4000 元,顾客以旧车折价 500 元,只需付 3500 元,这就可以叫作以旧换新折让。如果经销商同意参加生产者的促销活动,则生产者卖给经销商的物品可以打折,这叫促销折让。

(六)回扣

回扣是间接折扣的一种形式,它是指购买者在按价格目录将货款全部付给销售者以后,销售者再按一定比例将货款的一部分返还给购买者。津贴是企业为特殊目的,对特殊顾客以特定形式所给予的价格补贴或其他补贴。比如,当中间商为企业产品提供了包括刊登地方性广告、设置样品陈列窗等在内的各种促销活动时,生产企业给予中间商一定数额的资助或补贴。

六、互联网背景下的定价策略(案例实训)

互联网时代的产品是智力密集型的,比如微软的操作系统、甲骨文的数据库软件、Adobe的图像处理软件。

这一类产品有不同于传统制造业产品的特点:第一份产品被完成之后(通常需要支付高额的成本),后面的产品只需要简单复制一下,也就是经学家所说的高固定成本,低边际成本。这个特点意味着再生产几乎没有成本(产品毛利率远超传统商品),生产规模也不受限制,网络经济变成了规模经济的极端案例,产品的平均成本可以随着规模压缩到极小,后面产品不需要以生产成本来定价,极大降低了产品销售的价格门槛,甚至可以让用户免费体验到这些产品,于是我们的互联网产品里就出现了一些现在看来常见的销售策略:共享软件免费试用;产品基础版本费,高级版本收费;书籍、音乐及视频的试读试看等。

知识拓展1

移动出行鼻祖Uber,是动态定价在现代视角下一个独特的典型案例。

Uber的动态定价有何独特之处呢?

Uber与其他行业的区别在于:绝大多数运用动态定价的行业是有库存的,即有实体商品/服务设施,因此传统的动态定价都是去适应供给。

Uber则不同,人们搭车需求最强的时刻,对司机来说往往恰恰也是驾车体验不甚愉悦、甚至危险系数颇高的时刻,比如早晚高峰,比如刮风下雨。在这些情况下,若无激励机制,上线服务的司机数自然会减少。因此,Uber定价区别于其他行业做法的特殊之处在于它调动了供应。

再来看下Uber基于"平衡供需"孵化的动态定价模型。

1.普通动态定价

当某一区域正值刮风下雨、下冰雹的早晚高峰时,叫车人增多,为了刺激更多的司机来这里提供服务,对车费实行动态加价,周边区域的司机会因为更高的车费而开往此地,空车数量增加,最终供需平衡。其本质就是人会对激励作出反应。

2.个性化定价(部分利用价格歧视)

为实现对每个区域的"量身定制",Uber建立了大规模的计量经济模型和数据库,量化不同区域中乘客/司机对价格的敏感度、候车时间等相关变量,并随变量的改变即时调整算法,以适应不断变动的市场情况。

具体做法是,Uber在乘客叫车的时候,事先对里程和时间做估算,并结合动态加价的系数,生成一个一口价车费。而一口价的普及极大地拓展了Uber在定价方面的产品空间,从而可以根据 Uber 所知的用户信息对不同用户有不同的定价策略。

类似的航空公司、酒店也会动态定价,总之,动态定价是基于他们对市场这双无形之手百分之百的相信,正如 Uber 自己所说:"溢价不是计划好的,是依据供需动态平衡的结果。"

动态定价策略适用案例

基于动态定价的策略,我们来分析一下几个典型的案例和实用场景:

(1)共享单车。很火的共享单车,跟共享经济还是有很大的差异性,目前来看,多数共享单车是企业自己购买车辆,很少的车辆为 C 端用户共享的车辆,所以这类完全是重资产的 B2C 企业,与我们讨论的内容不符,只是借用了一个共享的冠名而已。

(2)快递跑腿服务平台。如人人快递、校内达和达达等,这类供需双方都是普通的 C 端用户,这一类的共享经济体都可以采取动态定价的策略。以校内达为例,先确定一个合理定价在 3 元左右的客单价,然后基于单个学校的小范围内供需关系调整价格,从而实现双方的平衡。

(3)任务众包平台。如猪八戒、码市等,这类目前多采取的是竞价模式,其是在竞价模式的基础上,也可以引入动态定价策略,但是这类平台考量的因素比较多,比如团队的经验、能力等这些可能在价格方面占据的比重会更加大。

知识拓展 2

麦当劳早餐咖啡的定价,麦当劳早餐时段的鲜煮咖啡是可以免费续杯的。

但麦当劳设置了小杯 9 元和大杯 10.5 元两个价格。

刚看到这个价格可能觉得有些奇怪,既然能续杯,为什么还设置大杯价格。

其实这两个价格是为两种人群准备的。

第一种人时间充裕,肯定选小杯的合适,价格便宜,喝完再续杯。

第二种人时间紧,没时间续杯,但他只多花 1.5 元,就能买到一杯比小杯多不少的咖啡。

这两种价格,让这两种人都觉得非常划算。

麦当劳用一个看似多余的设置,既满足了不同消费者的需求,还让两拨人都感觉自己赚了,获得了非常好的用户体验。

知识拓展 3

如何看待现在互联网产品应用的产品定价策略?

对于互联网产品的很多定价策略,要么是按照单笔交易的电商方式,要么是按照会员制的月度、季度和年度的会员方式来定价!至于单笔交易,很多出现在电商产品方面:按人次或服务次数付费,还有在线教育课程是按照一套课程来收钱的方式!而会员方式则是分为两种:一种是时间会员,可以享受这一年的相关的资源或者服务的免费,例如爱奇艺和腾讯等视频会员,但是这两年也推出了超前点播和会员提前看院线电影享受超低价格。还有一种会员就是一种变相的折扣卡,例如京东的 PLUS 会员卡,有此卡就可以享受相应的折扣!

而在定价策略方面,198 元的年费是经常出现的会员价格,也有一些最高 499 元一年的会员卡费用,当然还有一些比较便宜的会员打折,最低可以享受到 99 元一年的折扣优惠!不过一般会员的方式都是走量的,你做的互联网产品一定是有一定的用户基数,在免费的内容和资源基础上提供相应的会员服务或超级会员服务,这也是一种策略,当然这方面做得最早最成熟的是 QQ 会员,一个会员或者各种钻,按照 10 块钱一个月会员,20 块钱一个月超级会员,可以按年缴费,可以说一直运作得还不错,不过自家的微信产品出现之后,QQ 会员和各种钻的业务还是受到了影响!

所以会员的价值最怕受到竞品或者盗取资源刷会员等方面的影响,甚至可能有些会员还会被好几个人使用!这些在爱奇艺、腾讯等会员或者百度网盘的会员当中还是经常出现的!但是会员的策略始终还是有一定的用户基数,如果你的服务特别还是可以采取这一策略的!

根据产品的特点、竞品分析,以及整体市场的用户针对群体而设立价格会更加合适,而有些产品价格和竞品也一定不要相差太大,例如华为、小米、苹果等手机在手机的云空间方面价格都是差不多的,这也是一个非常好的设置价格的策略和方式!比如 5G 的空间就是 5 元钱!

而对于互联网产品的利润点有些真的很难完全确定,毕竟要考虑到产品的复杂性和多样性!所有的成本可能有开发成本、服务器成本,以及购买资源版权费用等!产品想要实现盈利,有时候可以针对企业和个人的服务方式、广告服务融入方式等来提升利润点!但是这些年互联网产品的利润发展这条路并不是那么正常,因为很多互联网产品在发展的时候,大规模地通过融资,然后补贴用户,这就破坏了整个互联网产品的定价策略。

但是随着今年(2020 年)市场监管总局就《关于平台经济领域的反垄断指南(征求意见稿)》公开征求意见的政策出台之后,腾讯、阿里等企业股价都受到了影响。其实纵观整个市场发展你会发现,很多中小型企业不敢玩了,因为没有资本的加入就没钱。这本来就是不健康的,所以就造成了市场的一种发展方式,那就是圈地宰羊的策略!在达到一定的基数价格就提升了!

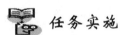任务实施

制定某超市某款乳制品的营销定价方案

实训目标:

检验学生的产品认知与价格策略的结合运用能力。

实训要求:

1. 走访该款乳制品的销售场地,了解其现有定价策略。
2. 改进企业设计价格策略或对当前活动价格提出改进建议。

实训报告:

本次实训后,撰写项目实训报告。

自我检测

项目九　分销渠道策略

项目导入

在现实中,产品的购买和消费往往是分离的。"渠道为王"是营销界的一句名言,谁拥有了强大的销售网络,谁就能在激烈的市场竞争中拥有主动权。为了提高销售业绩,李学需要制定分销渠道策略,那么分销渠道策略包括哪些内容呢?李学需要怎样设计与管理分销渠道呢?

项目分析

企业为了使产品尽快销售出去,并取得良好的经济效益,就必须在产品进入销售阶段之前对其分销渠道进行精心设计,从而实现营销活动目标。本项目主要围绕三部分内容展开:认识分销渠道、了解分销渠道成员、把握分销渠道的选择与管理。

学习目标

知识目标:
(1)了解分析渠道的概念和功能。
(2)掌握分销渠道的类型。
(3)了解中间商类型。
(4)掌握分销渠道选择的因素以及分销渠道管理。

技能目标:
(1)能掌握分销渠道的类型,能够初步设计和改进分销渠道。
(2)能具备与中间商沟通的能力。
(3)能具备分销渠道的管理和控制能力。

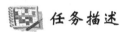 知识框架

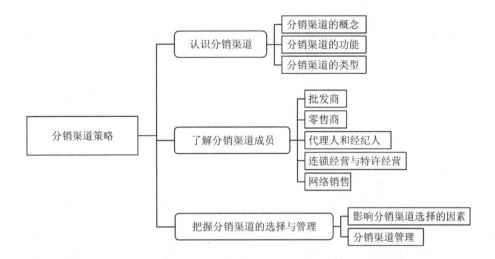

任务一　认识分销渠道

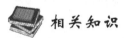 任务描述

本任务主要带领大家学习分销渠道的概念、功能,以及类型三部分内容。

相关知识

一、分销渠道的概念

(一)分销渠道的概念

分销渠道是指某种商品和劳务从生产者向消费者转移的过程中,取得这种商品和劳务所有权转移的所有企业和个人。

(二)分销渠道的特点

(1)分销渠道反映某一特定产品或服务价值出现的全过程。其起点是制造商,终点是最终消费者或工业用户。

(2)分销渠道是由一系列参加商品流通过程、相互依存、具有一定目标的各种类型的机构结合起来的网络体系。其组织成员通常包括制造商、批发商、零售商和消费者,以及一些支持分销的机构,如运输公司、独立仓库、银行和市场咨询研究机构、广告公司等。

(3)分销渠道的核心业务是购销。商品在分销渠道中通过一次或多次购销活动转移所有权或使用权,最终流向消费者或工业用户。购销次数的多少,说明了分销渠道的层次和参与者的多少,表明了分销渠道的长短。

（4）分销渠道是一个多功能系统。它不仅要发挥调研、购销、融资、储运等多种职能，在适宜的地点，以适宜的价格、质量、数量提供产品和服务，满足目标市场需求，而且还要通过分销渠道各个成员的共同努力，开拓市场，刺激需求，并进行自我调节与创新。

知识拓展

这样的公司是在直销吗？

目前，国内的许多直销机构本身并不是制造性公司，而是专业的销售公司。公司可通过"入会"方式发展直销人员。这些直销人员首先要缴纳一笔会员费，获得"会员"或直销人员资格，然后，可以通过两种方式获得公司报酬：一是自己掏钱购买公司的产品，推销给其他消费者，由此获得销售佣金；二是介绍别的消费者入会（即发展下线队伍），一旦下线队伍建立起来，他们就"自然"上升为"经理"，可从公司获得"经理"佣金。公司通常要求直销人员填表登记，但事实上与他们不存在聘用或代理关系，比如公司并不为这些直销人员上缴社会保险基金，也不给予他们各种福利待遇。

二、分销渠道的功能

1. 沟通信息
收集并发布关于市场营销环境中现有的和潜在的消费者、竞争者及其他影响者的信息。

2. 促进销售
通过人员推销、广告、公关活动及其他促销方式吸引和说服顾客和潜在顾客。

3. 洽谈生意
渠道成员之间达成有关产品的价格、采购条件、进货条件，以及售后服务的协议，并提出订单。

4. 融通资金
中间商购进产品并保持存货需要投入资金，这部分投入在产品实际抵达消费者之前就已经垫支，保证了厂商的再生产活动。所以，中间商购进产品行为实际是融通资金。

5. 实体分配
分销渠道除了完成产品交易过程外，同时还要完成产品实体从生产者到消费者的空间移动，使消费行为成为现实。

6. 风险承担
产品从生产领域到消费领域的转移过程中会面临许多不确定因素和物质实质的损耗，如市场需求变动，不可抗拒的天灾人祸，运输、存储及装卸过程中的商品破损等。这些风险均要由分销渠道成员承担。

三、分销渠道的类型

分销渠道可以从不同角度划分成多种类型，了解这些类型可以使企业做出正确的渠道类型选择。

（一）按渠道的长度分类

在商品流通过程中，从生产者开始，生产商每经过一个直接或间接地转移商品所有权的营销机构就称为一个流通环节或一个中间层次。分销渠道的长度取决于商品在整个过程中经过的流通环节或中间层次的多少,经过的流通环节或中间层次越多,分销渠道越长;反之分销渠道就越短。

按渠道长度的不同,即按其有无中间环节和中间环节的多少,可分为四种基本类型:

(1)两站式渠道(直接渠道)。

两站式渠道也叫零阶渠道,指产品不经任何中间环节,直接由生产者供应给消费者。

(2)三站式渠道(一阶渠道)。

三站式渠道指仅有一个中间机构的渠道。这个中间机构,在消费者市场上通常是零售商,在产业市场上通常是代理商或经纪人,采用这种分销渠道的企业通常生产耐用消费品和高级选购品。

(3)四站式渠道(二阶渠道)。

四站式渠道指包括两个中间环节的渠道。这两个环节,在消费者市场是批发商和零售商,在产业市场则可能是代理商与批发商。这种分销渠道是传统的渠道模式。

(4)五站式渠道(三阶渠道)。

五站式渠道指包含三个中间环节的渠道。除了批发商和零售商之外,中间环节应再加一个代理商或一个更大的批发商。

(二)按流通环节多少分类

(1)直接渠道。

直接渠道是指生产者不经过任何中间环节,将产品直接销售给最终消费者或用户的分销渠道。

(2)间接渠道。

间接渠道是指生产者通过若干中间环节,包括代理商、批发商、零售商等,把产品销售给最终消费者或用户的分销渠道。

分销渠道长度决策的关键在于,企业选择的渠道类型应具有较高的分销效率和经济效益。一般情况是,在长渠道中商品分销的职能分散在多个市场营销机构的身上,在短渠道中商品分销的职能相对集中地由少数市场营销机构来承担。

(三)按渠道的宽度分类

营销渠道的宽度结构,是根据每一层级渠道中间商数量的多少来定义的一种渠道结构。渠道的宽度结构受产品的性质、市场特征、用户分布,以及企业分销战略等因素的影响。渠道的宽度结构分成三种类型:独家分销渠道、密集型分销渠道、选择型分销渠道。

(1)独家分销渠道。

独家分销,指的是在某一层次上选用唯一的一家中间商的渠道。这是一种最为极端的专营型分销渠道。

由于产品本身技术性强,使用起来复杂而独特,所以需要一系列的售后服务和特殊的推销措施相配套,使企业在一个目标市场只选择一个中间商来经销或代销他的产品。采用这一渠道的生产企业必须与被选中的独家经销商签订协议,协议保证作为独家经销商,只能经销该生产企业的产品,不得同时经销其他厂家的同类产品。

(2)密集型分销渠道。

密集型分销也称广泛型或普通型分销,即制造商在同一渠道层次选用尽可能多的中间商经销自己的产品,使产品在目标市场随处可买,最广泛地占领目标市场。在市场上,日用品中大部分的食品、工业品中的标准化和通用化商品,需要经常补充和替换或用于维修的商品、替代性强的商品等,多采用这种分销渠道。

(3)选择型分销渠道。

选择型分销,是指在某一层级上选择少量的中间商进行商品分销的渠道,是介于密集分销渠道与独家分销渠道两种渠道之间的一种宽度渠道。

制造商从愿意合作的众多企业中选择一些条件好的批发商、零售企业作为自己的中间商。与密集型分销相比,这样可以集中使用企业的资源,相对节省费用,并能较好地控制销售。

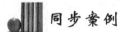
同步案例

耐克六种不同产品的分销渠道

耐克(Nike)在六种不同类型的商店中销售其生产的运动鞋和运动衣:

(1)体育用品专卖店,如高尔夫球职业选手用品商店。

(2)大众体育用品商店,供应许多不同样式的耐克产品。

(3)百货商店,集中销售最新样式的耐克产品。

(4)大型综合商场,仅销售折扣款式。

(5)耐克产品零售商店,设在大城市中的耐克城,供应耐克的全部产品,重点是销售最新款式。

(6)工厂的门市零售店,销售的大部分是二手货和存货。

结合案例思考:

请问耐克采用了哪些类型的分销渠道?

任务二 了解分销渠道成员

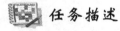
任务描述

本任务主要带领大家学习分销渠道成员的选择。分销渠道成员构成中最基本的是中间商,包括批发商、零售商、代理商和经纪人、连锁经营、特许经营,以及网络零售。

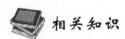
相关知识

一、批发商

(一)批发商的定义

批发商是指位于商品流通的起点或中间环节、成批大量地分销商品的中间商。批发商一般向生产企业购进产品,然后转售给其他批发商、零售商、产业用户或各种非营利组织,但不直接服务于个人消费者。

(二)批发商的特点

(1)批发业务主要是大批量采购、大批量销出。因此,批发商业务一般较零售商大,业务覆盖的市场区域也较零售商广。

(2)由于批发商需要大批量采购,所处地理位置是否接近商业中心并不十分重要。但是,所处位置的交通条件却至关重要。

(3)批发商大多专营一定范围的产品,并掌握有关这类产品市场的专门知识,可为零售商提供花色、品种编配好的商品和有关咨询服务。

(三)批发商的分类

批发商按经营商品的范围来分类,可分为:

(1)普通商品批发商。这类批发商经营的商品范围较广、种类繁多,包括纺织品、文化用品、小五金、小电器、洗涤化妆品等。它的批发对象主要是中小零售商店,是最接近零售的批发种类。在产业用户市场上,这类批发商通常又称为工厂供应商。他们经营规格、品种繁多的标准化工具、用具、零配件及易耗品,直接面对产品用户。

(2)大类商品批发商。这种批发商专营某大类商品,一般花色、品种、品牌、规格齐全。这类批发商通常是以行业划分商品品类,如酒类批发公司、汽车零配件批发公司、仪器批发公司等。

(3)专业批发商。专业批发商比大类商品批发商专业化程度要高,专营某大类商品中的某个品种或某个品牌,如在食品行业中专营罐头食品。这种批发商通常最接近制造商,是大宗货物单一品种的第一级批发商。他们将不同生产企业制造的同类产品集中起来,再根据不同地区客户的需要批发出去。这种批发商经营商品范围虽然窄而单一,但业务活动范围和市场覆盖面却十分大,一般是全国性的。如粮油批发商、木材批发商、纸张批发商、金属材料批发商、化工原料批发商、矿产品批发商等。

二、零售商

零售商是面对消费者个人或家庭零星销售商品的中间商。零售商是分销渠道系统的出口,也是商品流通的最后一道环节。零售业面对的顾客十分分散,加之其经营方式的多样化,因此构成了一个庞大繁杂的行业,在国民经济中处于举足轻重的地位。

(一)商店零售商

(1)百货商店。百货商店是综合各类商品品种的零售商店。其特点是:规模大、客流量大;品种齐全;购物环境和商品陈列好。

(2)专业商店。专业商店是指专营某一类商品或某一类商品中的某一品牌商品的商店。其特征在于一个"专"字,即专注于某类商品或服务。

(3)超级市场。超级市场最初以主、副食及家庭日用商品为主要经营范围,实行敞开式售货,顾客自我服务。现在的超市,经营品种更加丰富,除了食品之外,家居生活日用品均经营。超级市场的特点是:实行自我服务和一次性集中结算的售货方式;商品价格较低;商品包装规格化、条码化,明码标价。

(4)便利商店。便利商店是接近居民生活区的小型商店。其营业时间长,以经营方便面、应急品等周转快的商品为主。便利店商品品种有限,价格较高,但因其方便快捷,仍受消费者欢迎。

(5)购物中心。购物中心是现代零售业的一种经营类型。它是经过整体规划和开发,实行统一管理,由若干零售商店及其相应设施组成的商店群体,通常包括一个或多个大的核心商店,并有许多小的商店环绕其中,有完善的停车场设施,顾客购物来去方便。其主要特征是:在一个屋檐下,容纳了众多各种类型的商店、快餐店及美容、娱乐、健身、休闲场所等。功能齐全,是一种超巨型的商业零售模式。

知识拓展1

案例:耐克对中间商品牌利用成功

作为一个全球品牌,耐克已享有很高的知名度,其年销售额近95亿美元,但它并不拥有自己的生产基地。在不设厂的情况下,一年却有如此之巨的销售额,这似乎让人难以置信,但耐克做到了。很多人还没有注意到耐克是一个中间商品牌,这也正是它的核心成功之道。在产品生命周期越来越短的背景下,传统的必须拥有生产基地的做法,其市场的风险很大。耐克以一种新的竞争方式向世人展示了中间商品牌的核心竞争力。

耐克正式命名是在1978年,到1999年全球销售额已达95亿美元。跨入《财富》500强行列,超过了原来同行业的领袖品牌阿迪达斯、特步,并被誉为近20年来世界成功的消费品公司。

耐克营销的创新之处在于,它采用中间商品牌路线。为了显示自己在市场方面的核心优势,它没有去建立自己的生产基地,并不自己生产耐克鞋,而是在全世界寻找最好条件的生产企业为耐克生产。并且,它与生产商的签约期限不长。这有利于对其掌握主动权。选择生产商的标准是:成本低交货及时,品质有保证。这样,耐克避免了制造业公司的风险,专心于产品的研究与开发,快速推出新款式,大大缩短了产品的生命周期。

耐克的成功在于,它集中于做自己最擅长的事,把不擅长的事交给别人去做,对于中间商的利用和选择以及渠道的控制,这已经成为一种新的竞争战略。

知识拓展2

购物中心

购物中心(Shopping Mall)产生于20世纪初,五六十年代在美国等发达国家盛行,掀起了商业经营方式的新浪潮,并逐渐以其购物、餐饮、休闲、娱乐、旅游等综合性经营模式与完美的环境配套设施而风靡欧、美、日及东南亚国家。Shopping Mall 的定义是:大型零售业为主体,众多专业店为辅助业态和多功能商业集合体,面积通常在10万平方米以上。功能全,集购物和其他商业服务,甚至金融、文化功能于一体,进行全方位服务。

(二)无店铺零售

(1)上门推销。这是一种古老的,也是现代市场经济中很常用的销售方式。即销售人员到消费者家庭、用户单位或公众场合,直接向消费者或用户推销商品的销售形式。

(2)电话、电视销售。即以电话、电视作为沟通工具,向客户传递所出售商品的有关信息,顾客根据需要选好所要购买的商品,通过电话直接向卖方订货,卖方按顾客的要求送货上门,整个交易过程简单、迅速、方便。

(3)自动售货。利用自动售货机经营、销售商品。自动售货已被运用在多种商品上。如香烟、糖果、报纸、化妆品等。

三、代理商和经纪人

代理商和经纪人与商品批发商的本质区别在于他们对商品没有所有权,只是代表卖方寻找买方,或在买卖双方牵桥搭线(如经纪人),代理卖方签订购销合同,因此又被称为居间商。

(一)代理商

代理商一般具备三个特征:一是代理商只有经委托方授权,才有代理权;二是代理商必须在一定处所或一定区域内,以委托方名义出卖商品或办理与交易有关的其他事宜;三是委托方须向代理商支付佣金。上述三点说明,代理商与委托方之间不发生商品所有权的转移,双方共同关心的是提高流通效率,让产品又多又快地流向市场。产品流通效率高,厂商可以得到销售收入,代理商的佣金也相应增加。

代理商一般分为以下几种。

(1)制造商代理商。也称制造商代表,在代理商中所占比例最大。其主要任务是为签约的制造商推销产品,在制造商分配的销售区域内,按与制造商约定的产品价格、订单处理程序,提供送货服务。这种代理商可以同时为几家厂商做代理,但产品是互补的。

制造商代理商主要适用于以下几种情况:①小企业的新公司,自己没有力量雇用推销人员,或产品品种有限,雇用专职推销人员不合算。②一些大制造商开发新地区的市场时,因不确定因素较多,可先通过这类代理商打开市场。待销路打开,市场销量稳定上升后,再派自己的推销人员去设销售办事处。③一些大制造商会在市场潜力较大、发展较成熟的地区派自己的推销人员,而在潜在购买数量有限、市场分散的地区委托代理商去推销,这样可以相对降低成本。

(2)销售代理商。销售代理商通常被授权销售制造商的全部产品,并对交易条件、销售价格有较大影响。销售代理商在区域上一般也不受限制,而且每一个制造商只能使用一个销售代理商,不得再委托其他代理商,或设置自己的推销机构。对销售代理商来说,也不得经营与委托人相竞争的其他产品。

制造商采用销售代理商,实际上是将全部产品销售工作委托给了对方,后者成了制造商产品的全权代理,作用类似于企业的销售部门。

选择销售代理商的企业,一般是需要集中全部精力解决生产和技术等问题的企业,或是自感分销工作力不从心。销售代理商通常规模较大,不仅负责推销,还负责广告促销,参与国内外展销会,调查市场需求变化,向生产企业提出改变产品设计、款式、定价等方面的建议。

(二)其他居间商

除了代理商属于居间商之外,还有以下两种类型的居间商也具有同样性质。

(1)经纪人。为买卖双方牵线搭桥,促使交易达成的人称为经纪人。经纪人联系面广,认识许多卖主与买主,了解谁要买什么,谁要卖什么。许多小企业因规模有限不值得建立自己的销售力量,也不值得与代理商签订长期契约。这种情况下,使用经纪人就是其较合适的选择。有些企业要推销新产品,或要开辟路途较远的新市场,在最初阶段也会选择经纪人助力。

(2)信托商。信托商又称行纪商,信托人接受他人委托,以自己的名义代他人购销或寄售产品,并取得相应的报酬。信托商一般具有法人地位,在交易活动中,要签订信托合同,明确委托事宜及相应的权利。信托公司、寄售商店、贸易货栈、拍卖行等是信托商的具体形式,也是实施信托行为的主体。

四、连锁经营与特许经营

(一)连锁经营

连锁经营是指由同一公司统一经营管理若干门店,实施统一的集中采购、统一的经营服务、统一的品牌标志政策,通过标准化技术和多店铺扩张方式实现发展的一种经营模式。

连锁经营按照所有权构成不同,可以划分为正规连锁、特许连锁和自愿连锁三种方式;按照业种的不同,可以划分为零售业连锁经营、饮食业连锁经营、服务业连锁经营;按照分布区域,可以划分为国际性连锁、全国性连锁和区域性连锁。

(二)特许经营

特许经营是指特许权所有人(即特许人)通过协议授予受许人使用特许人已经开发出的品牌、商号、经营技术的权利,并由特许人负责提供相关经营信息、技术培训、业务支持,受许人则需要支付相关的费用。特许经营有两种主要类型:生产型特许,如可口可乐公司、汽车销售、品牌专卖等;经营型特许,如麦当劳、肯德基和连锁商业等。

特许经营具有以下特点:①特许权系统由一个特许人和若干个受许人组成,其核心特点是特许权的转让,受许人之间无横向联系。②受许人对自己的店铺拥有实际的控制权,人事和财务均是独立的,特许人无权干涉。③特许人提供的不仅是相关的品牌技术,而且负有对受许人进行长期业务支持和提供服务的责任。④受许人必须缴纳相关的特许费用,包括加盟费、特许权使用费、广告分摊费等。

五、网络销售

互联网的出现,改变了人类的生活、工作方式,也改变了商业活动的模式,给经济发展带来无限的活力和商机。网络销售是指综合利用网络、电子计算机和数字交换等多种技术,把商品或服务从制造商手里转移到消费者手里的经营活动。

与其他分销方式相比,网络销售具有许多无可比拟的优势。

(1)市场的全球化。网络的全球互联性使企业的营销活动可以获得广泛的接触面。例如,可以通过互联网与世界市场直接沟通,成为世界经济中的一分子,获得平等的交易机会。

(2)信息的丰富化。网络的信息丰富多彩,可以说是无限的,企业既可以从网上获取自己想要的信息,又可以向网上发布有关本企业的商品、服务等信息。

(3)沟通的交互化。顾客与企业可以开展互动交流。顾客可以从网上获取企业的商品或服务信息,可以向企业咨询洽谈、订货;企业可以按照顾客的要求进行个性化服务,可以通过配送系统向顾客送货。企业还可以与其他企业进行网上交流,加强业务往来。

(4)交易的高效化。可以使企业迅速获得市场信息,及时调整自己的生产经营策略,迅速地把自己的产品或服务推向市场,达到出奇制胜的效果。

(5)销售的直接化。企业直接向顾客销售产品,不必采用间接渠道,从而减少分销环节,降低渠道费用;企业可根据顾客订货量的多少,组织生产、供货,从而减少库存。

(6)网络的全时化。网络的全天候运行,可以使企业随时待命,一年365天,一天24小时,从不间断,从而提高服务质量和服务响应速度。

(7)服务的标准化。网络的文字、图像、声音等,可以给顾客提供标准化、规范化的服务,不存在服务态度不好的问题。顾客还可以长期保存有关的内容。

任务三　把握分销渠道的选择与管理

 **任务描述**

本任务主要带领大家学习分销渠道成员的选择与管理。具体内容包括影响分销渠道选择的因素以及分销渠道的管理。

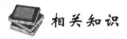 **相关知识**

一、影响分销渠道选择的因素

(一)产品因素

(1)单价高低。一般来说,产品单价低,其分销渠道就应该长、宽、多;反之,分销渠道就适合短、窄、少。因为产品的单价低、毛利少,企业只有大批量销售方能盈利。一些大众化的日用消费品,通常都经过一个以上批发商,由批发商卖给零售商,再由零售商卖给消费者。而单价高的产品,一般采用短渠道。

(2)时尚性。对时尚性较强的产品(如时装),消费者的需求容易变迁,要尽量选择短的分销渠道,以免错过市场时机。

(3)体积和重量。体积和重量大的产品(如大型设备),装卸和搬运困难,储运费用高,应选择较短而窄的分销渠道,最好采用直销渠道;反之,可以选择较长而宽的分销渠道,利用中间商推销。

(4)易损易腐性。如果产品容易腐蚀变质(如食品),或者容易破损(如玻璃制品),应尽量采用短渠道,保证产品使用价值,减少商品损耗。

(5)技术性。一般来说,技术性能比较高的产品,需要经常的或特殊的技术服务,生产者直接出售给最终用户,或者选择有能力提供较好服务的中间商经销,分销渠道是短而窄的。

(6)产品市场生命周期。新产品试销时,许多中间商不愿经销或者不能提供相应的服务,生产企业应选择短而窄的分销渠道或者代销策略,以探索市场需求,尽快打开新产品的销路。当新产品进入成长期和成熟期后,随着产品销量的增加,市场范围的扩大,竞争的加剧,分销渠道会转成"长、宽、多"的发展趋势。此时,采用经销策略就比代销更为有利。企业步入衰退期,通常采用缩减分销渠道的策略以减少损失。

(二)市场因素

(1)潜在顾客数量。潜在顾客的多少,决定市场的大小。潜在顾客数量越多,市场范围越大,就需要越多的中间商转售,生产企业多采用长而宽和多渠道分销策略;反之,就适宜采用直接销售或短渠道销售。

(2)目标市场的分布状况。如果一种产品的销售市场相对集中,只是分布在某一或少数几个地区,生产者可以直接销售;反之,如果目标市场分布广泛,分散在全国乃至国外广大地区,则产品只有经过一系列的中间商方能转售给消费者。

(3)市场需求性质。消费者市场与生产者市场是两类不同需求性质的市场,其分销渠道有着明显的差异。消费者人数众多,分布广泛,购买消费品次数多,批量少,需要较多的中间商参与产品分销,方能满足其需求。当产品用户较少,分布集中,且购买产品的次数少、批量大,产品分销多采用直接销售渠道。

(4)消费者的购买习惯。消费者购买日用品的频率较高,又希望就近购买,其分销渠道多为"长、宽、多",而对于选购品和特殊品,消费者愿意花较多时间和精力去挑选,宜采用短而窄的分销渠道。

(5)市场风险。当生产企业面临较大的市场风险时,如市场不景气、销售不稳定、新开辟的目标市场情况不明等,一般选择少数几家中间商或采用代销策略进行销售。

(6)竞争者的分销策略。企业选择分销渠道,应了解竞争对手采用的分销策略。一般来说,企业应尽量避免和竞争者使用相同的分销策略,除非其竞争能力超过竞争对手或者没有其他更合适的渠道可供选择与开拓。

(三)企业因素

(1)企业的声誉、资金和控制渠道的能力。企业声誉高、资金雄厚、渠道管理能力强,可以根据需要灵活地选择分销渠道,甚至建立自己的分销系统。而实力有限的企业则只能依赖中间商销售产品。

(2)企业的销售能力。企业具有丰富的市场销售知识与经验,有足够的销售力量和储运设施,就可自己组织产品销售,减少或不用中间商;反之,就需要借助于中间商。

(3)可能提供的服务。如果生产企业广告宣传力度大,能派出维修人员对中间商进行技术培训,能提供各项售后服务,中间商会愿意经销其产品;反之,则难以取得与中间商的合作。

(4)企业的产品组合。如果生产企业产品组合的深度与广度大,则零售商可直接进货,不必经过批发环节,可以采取短而宽的分销渠道;否则,只好采取长而宽的分销渠道。

(5)企业的经济效益。每一种分销渠道都有利弊得失,企业选择时,应进行量、本、利分析,核算各种分销渠道的耗费和收益的大小,从而做出最有利于提高经济效益的决策。

(四)营销环境因素

营销环境涉及的因素极其广泛。如国家的政治、法律、经济、人口、技术、社会文化等环境因素及变化,都会不同程度地影响分销渠道的选择。

二、分销渠道管理

(一)评估与选择中间商

制造商选择中间商前,要对中间商进行评估。评估的内容主要包括:①中间商经营时间的长短及成长状况。②中间商的经营管理水平和经营开拓能力。③中间商决策者的营销观念和人格形象。④中间商的信用状况。⑤中间商的区域优势。

当中间商是代理商时,生产企业必须评估其经销的其他产品大类的数量与性质,以及该代理商推销人员的素质与能力。

当打算授予某一零售商独家分销权时,生产企业还要评估零售商店的位置、未来发展潜力,以及经常光顾零售商店的顾客类型。

(二)客情关系的建立

客情关系就是指制造商与中间商在诚信合作、沟通交流的过程中形成的情感关系。客情关系是维系分销渠道各成员紧密合作的润滑剂,在某种程度上决定了分销渠道运作的效率和效益。

(三)建立相互培训机制

相互培训机制是密切渠道成员关系,提高分销效率的重要举措。一方面,制造商培训中间商的终端销售人员,使他们懂得商品知识、使用方法和相关技术,提高他们顾问式销售的能力,更好地引导消费,扩大销售;另一方面,中间商可以给制造商的营销人员、技术人员提供培训,传递市场知识、竞争者信息和消费需求特点,使制造商的产品、促销、售后服务得到改进,提高制造商适应市场的能力。

(四)对中间商成员的考核

考核中间商的绩效有两种方法:一种是将中间商的销售额绩效与上期绩效进行比较,并以整个群体在某一地区市场的升降百分比作为评价标准。另一种是将各中间商的绩效与根据某一地区市场销售潜量分析所设立的销售配额相比较。即在考核期中,将中间商实际销售额与其潜在销售额进行对比分析,并将中间商按销售绩效的先后名次进行排序。

(五)ABCDE 分类管理

按照销售额高低和货款回笼的快慢可将中间商分为 A、B、C、D、E 五类。对他们实施不同的经销政策和管理策略,降低企业经营风险,培植企业分销网络的竞争力。

分类项目	销售额	货款回笼	管理策略
A	高	快	给予奖励,扩大授权
B	中等以上	快	支持促销,向 A 转化
C	高	慢	防范风险,向 A 转化
D	中等以下	快	支持促销,向 B 转化
E	中等以下	慢	逐步减少,最终放弃

(六)对中间商的激励

为了更好地与中间商合作,调动其经营企业产品的积极性,制造商往往会给予中间商各种激励。

(1)提供促销费用。特别是新产品上市之初,制造商为了激励中间商多进货、多销售,在促销上应大力支持中间商,包括提供广告费用、公关礼品、营业推广费用等。

(2)价格折扣率。在制定价格时,充分考虑中间商的利益,根据市场竞争的需要,为产品价格制定一个合理的浮动范围,主动让利于中间商。

(3)年终返利。对中间商完成销售指标后的超额部分按照一定的比例返还利益。

(4)奖励。对于销售业绩好,真诚合作的中间商给予奖励。奖励可以是现金,也可以是实物,还可以是产品价格折扣率的加大。

(5)陈列津贴。商品在展示和陈列期间,给予中间商一定经济补偿,可以用货铺底,也可给予适当的现金津贴,其目的是降低中间商经销产品的风险。

知识拓展1

百事可乐公司的返利政策

百事可乐公司对返利政策的规定细分为五个部分:年扣、季度奖励、年度奖励、专卖奖励和下年度支持奖励,除年扣为"明返"外(在合同上明确规定为1%),其余四项奖励均为"暗返",事前无约定的执行标准,事后才告知经销商。

(1)季度奖励:是对经销商前三个月销售情况的肯定,也是对经销商后三个月销售活动的支持,这样就促使厂家和经销商在每个季度合作完后,对前三个月合作的情况进行反省和总结,相互沟通,共同研究市场情况。百事可乐公司会在每季度末派销售主管对经销商业务代表进行培训指导,并帮助落实下一季度销售量及实施办法,以兑现相互之间的承诺,增强相互之间的信任。季度奖励在每一季度结束后的两个月内按一定比例进货以产品形式给予。

(2)年扣和年度奖励:是对经销商当年完成销售情况的肯定和奖励。年扣和年度奖励在次年的一季度内,按进货数的一定比例以产品形式给予。

(3)专卖奖励:是经销商在合同期内,在碳酸饮料中专卖百事可乐系列产品,在合同结束后,厂方根据经销商销量、市场占有情况,以及与厂家合作情况给予的奖励。在合同执行过程中,厂家将检查经销商是否按合同执行专卖约定。专卖约定由经销商自愿确定,并以文字形式填写在合同文本上。

(4)年度支持奖励:是对当年完成销量目标,继续和百事可乐公司合作,且已续签销售合同的经销商的次年销售活动的支持,此奖励在经销商完成次年第一季销量的前提下,第二季度的第一个月以产品形式给予。

由于以上奖励政策事前的"杀价"空间太小,经销商如果自行低价抛售造成的损失和风险,厂家是不会考虑给予支持的,且百事可乐公司在合同文本上还规定每季度对经销商进行以下项目的考评。

(1)考评期经销商实际销售量。

(2)经销商销售区域的市场占有率情况。

(3)经销商是否维护百事产品销售市场及销售价格的稳定。

(4)经销商是否在碳酸饮料中专卖百事可乐系列产品。

(5)经销商是否执行厂家的销售政策及策略。

(6)季度奖励发放之前,经销商必须落实下一季度销售量及实施办法。

为防止销售部门弄虚作假,公司规定考评由市场部、计划部抽调人员组成联合小组不定期进行检查,确保评分结果的准确性、真实性,做到真正奖励与厂家共同维护拓展市场的经销商。

点评:返利运用技巧总结。

(1)多用于过程返利,少用于销量返利,明返暗返相结合。

(2)根据产品阶段调整返利侧重点。

(3)返利不仅是一种奖励手段,而且应成为一种管理工具。它不仅要起到激励经销商的作用,还要起到管理和控制经销商的作用。

(七)窜货管理

窜货是指分销成员为了牟取非正常利润或者获取制造商的返利,超越经销权限向非辖区或者下级分销渠道低价倾销货物。窜货会扰乱正常的分销秩序,引发分销渠道成员之间的冲突和市场区域内的价格混乱。窜货产生的内因是企业分销渠道设计有缺陷,销售任务压力大,销售管理不规范等;外因则主要在于分销成员的逐利欲望。

窜货预防和处理的主要方法有以下几种。

(1)事先制定分销网络经营政策。通过明确分销成员的销售区域和销售权限,明确价格政策。为不同销售区域的商品设置不同的外包装和条码,便于监督、检查。

(2)事先制定窜货处理政策。因窜货对其他分销成员和制造商造成的损失由窜货方全权负责,按比例扣除窜货方的年终返利,减少给其的促销费用,降低客户等级和经销权限。

(3)制造商成立销售管理小组。通过派专人负责管理,建立畅通的信息反馈渠道,经常抽查,听取中间商的意见反馈,发现有窜货现象后,根据政策规定进行处理,并在制定考核指标时考虑被窜货地区的损失,合理增加返利。

知识拓展2

华为渠道战略:从直销、分销到生态营销

2019年6月10日,外交部发言人耿爽在例行记者会上披露,华为公司已经在全球30个国家获得了46份5G商用合同,越来越多的公司和国家根据自身利益和长期与华为合作的经验,做出独立自主的决断。公道自在人心,得道多助,这是华为30多年来持续技术创新的自信,更是从直销模式的纵向深耕,到分销模式的横向扩展,最终到"生态营销"战略的苦难辉煌。

直销模式:纵向深耕,建立根据地

起兵农村,围攻城市

华为创立之初,国内通信市场被"七国八制"所垄断:美国的朗讯、加拿大的北电、德国的西门子、瑞典的爱立信、比利时的BTM、法国的阿尔卡特、日本的NEC和富士通,跨国巨头占据了90%以上的市场。任正非看到,在跨国巨头把持的国内通信市场,县级和乡镇级市场是其空白,这些市场线路条件差,利润微薄,跨国巨头忽视或没有精力开拓,而这恰恰是华为生存的空间和机会。生存才是一切的开始,到农村去建根据地,培育和深耕低端渠道,华为采取"农村包围城市"的渠道模式。

华为通过直销方式,采取了人海战术,划分区域,密集拜访与培育客户,将关系营销策略、服务营销策略发挥到极致,帮助乡镇与县城客户解决通信运营与技术上的各类难题,逐渐积累了宝贵的渠道与产品经验,为之后的"进城"建立了自信,打下了综合性的基础。

小国练兵,大国征战

早在1995年任正非就意识到要实现持续的增长战略必须走出去,去拓展国际市场。但一眼望去,国际的中高端市场已被通信巨头抢占殆尽,留给华为的只有处于市场中低端的非洲、亚太、拉美等发展中国家。任正非的直觉是:先走出去,做"亚非拉"。

"没有背景,只有背影",国外渠道的拓展必须进行整体规划,并在借鉴国内经验的基础上

进行策略创新,这就是借助国家的品牌做"背景",走出去,引进来。"走出去"就是华为高管随国家领导人出访,考察国外渠道,深入调研,搜集资料,掌握目标国家的技术标准、入网测试程序、市场准入的资格条件、运营商背景、采购方式等信息,回国后组织专家研究,确定进入整体布局与策略。"引进来"就是把外国运营商请到中国,观上海、北京与华为总部,直觉感受中国的变化与崛起,增强客户的信心。

2005年,华为海外合同额占比58%,首次超过了国内合同额。英国电信宣布华为入选其21世纪网络供应商名单,是入选的独家中国厂商,这标志着华为在拓展海外高端渠道的进程是稳健的,也是卓有成效的。

根深叶茂,厚积薄发

在华为成长的中前期,渠道战略以直销模式为主,在这一模式的实践中,华为完成了两次战略的跨越,一次是从国内低端向高端渠道,一次是从国际低端向高端,实现两次跨越的关键策略正是"根深叶茂"与"厚积薄发"。前者体现了华为在空间布局上的智慧,后者体现了其在时间拿捏上的得当。

华为在国内农村市场的"深耕",在国外"亚非拉"市场的"精耕",都是为了保障生存、打好基础、积累经验、培育客户、积攒口碑与树立品牌,中低端渠道的"深耕与精耕"是一种量的积累,成为进军高端市场的动力源泉,华为在中低端渠道的"根深"付出,创造了在高端渠道的"叶茂"成果。华为面对国内农村与国外"亚非拉"市场,不畏艰苦,勇于开拓,兢兢业业,体现了华为战略的持久耐力,慢就是快,要在中低端渠道探索出成熟的业务模式,需要产研销与人财物的高效协同,需要队伍历练与干部成长,需要价值观与文化的持续塑造,非短期之功。华为在农村与小国的"厚积"终于造就了其在城市与大国的"叶茂"硕果。

分销模式:横向扩展,培育同盟军

战略升级,偏中纠错

1998年10月,华为渠道拓展部成立,标志着华为渠道战略开始升级,从直销模式转向"直销+分销"模式,这一转型有着客观的必要性。

华为理性地认识到,通过部分利益的让渡可以建立其庞大的分销渠道,培育和发展合作伙伴,建立同盟军,共同发展,形成利益共同体,分销被确定为华为新战略,大力推进,计划用2~3年时间,建成规模化的分销体系,拉起华为渠道的第二条生命线。华为的分销之路坎坷而曲折。从开始鼓励内部员工创业、转成代理商到后来收购港湾,华为果断快速地进行调整,利用自身优势稳住了市场与客户,克服了一次次的危机。痛苦的教训让华为认识到对分销体系必须保持自身的引导力、支配力与影响力。

构建联盟,和谐共赢

华为迅猛发展的国际化步伐,使全球最大的网络设备制造商思科公司感到了威胁。2003年1月,思科公司向美国一家地方法院起诉华为侵犯其知识产权,思科称这是公司成立17年来首次主动起诉另一家公司,华为则称这是公司成立15年来首次被起诉,业内称"IT第一案"。面对这场世纪诉讼,华为积极应对,不仅聘请了美国最著名的律师,关键是请到了最懂美国通信与思科公司的顶级权威,3Com前CEO以业界专家身份出庭为华为作证,化解了这一"世纪冲突"。当然这也得益于华为长期以来对美国市场的敬畏、研究与学习,得益于华为对行业前辈(企业)的尊重、真诚的交往与文化的融合。2004年7月,华为、思科和3Com向美国地方法院共同提出终止诉讼的申请,这场知识产权纠纷案以和解告终。

这场诉讼使华为认识到,孤军作战,必然四面受敌,而自身快速的发展也必然会冲击原有的利益结构。为战略性地化解矛盾、减少冲突,必须以更博大的胸怀、真诚的心态,培育同盟军,构建产业链联盟,与产业伙伴共赢,形成持久的利益共同体。

高端引领,整体演进

分销模式是华为战略的关键抉择,这一"挺进"充满着困苦与磨难,可谓九死一生,最终浴火重生,实属不易。"高端引领,整体演进"是这一战略的精髓,高端渠道是整体渠道的驱动器,高端技术又是高端渠道的发动机。华为只有不断挺进高端,奋斗高端,才能将非高端的大量利益让渡给渠道伙伴、产业链伙伴;华为只有敢于冲击部分技术尖端,才能将另外的尖端让渡给"友商",与合作者长期共同分享整体渠道的利益、整条产业链的利益。

启示一:引领高端需要战略视野与定力,战略视野源于华为对产业趋势、行业进程与商业模式的把控,战略定力源于其对高端技术的执着的投入与前沿探索。

启示二:构建同盟需要战略胸怀与智慧,华为的胸怀就是保障经销商的利益,助力其成长与成功,智慧就是持续梳理与选择伙伴,最终聚焦于深度联姻战略性伙伴。

启示三:"管控"联盟需要妥善处理渠道冲突,华为抓大放小,善于控制和协调联盟内的利益分配,对于知识产权,要增强对自身知识产权的保护,也要尊重对方的知识产权。

生态营销:共荣共长,营造大世界

全新时代,全新模式

华为30年的发展战略在渠道维度上演绎了三个阶段:前期是以直销模式为主,纵向深耕诠释了生存秘密;中期是以分销模式为主,横向扩张揭示了成长密码;后期是生态营销的战略,纵横捭阖演绎了发展基因。华为开辟了一个全新的营销时代,这就是"生态营销"模式,这一全新的营销战略是基于移动互联网的时代呼唤,也是基于华为全球战略觉悟的高屋建瓴的抉择。回顾产业发展史,从福特的直销到通用与丰田的分销,这都属于工业时代的传承,互联网时代来临,华为开启了一个全新的"生态营销"的时代。

任正非强调,构建一个开放和谐的生态圈,让广大合作伙伴实现资源共享、能力互通,打造越来越多创新的、更具竞争力的行业解决方案,为客户创造价值。面对全连接的"台风",华为明确自身的战略定位是全球领先的ICT(信息与通信)基础设施和智能终端提供商,致力于把数字数据带入每个人、家庭与组织,构建万物互联的智能世界,与供应商、合作伙伴、产业组织、开源社区、标准组织、大学、研究机构等构建共赢的生态圈。

台态融合,命运与共

全连接、大数据与高流量已成必然趋势,华为聚焦于主管道、高端技术开发,在引领合作伙伴共同成长的方式上将"情有独钟"与"洒向人间都是爱"有机结合。30多年来,华为和运营商一起建设了1500多张网络,帮助世界超过30亿的人口实现连接。在2019年华为中国生态伙伴大会上,华为宣布将"平台+生态"战略演进为"平台+AI+生态",为合作伙伴提供"+AI"的支持。目前华为正孵化智慧园区,未来三年,智慧园区的核心伙伴将达3000家。华为将与生态合作伙伴一起,推动智能时代的到来。

在企业业务领域,华为搭建和不断完善一个强有力的支撑平台,成立华为中国合作伙伴大学,致力于支持合作伙伴的运营和销售,帮助他们降低成本、提高效率、培养人才,有效结合华为和合作伙伴的各自优势,创新渠道服务模式。并依托华为商业分销授权服务中心,更好地服务分销客户。

在消费者服务领域，华为与国际著名品牌在手机、智能家居、智能车载、运动健康领域开展跨界合作。

在产学研领域，华为与产业界、学术界、产业标准组织等开展密切合作交流，推动一个公平竞争的产业健康发展生态圈的建立。

宏观格局，共创未来

当前国际形势风起云涌，华为面对险恶挑战的底气在哪里？底气恰恰源于华为近十年来实施的"生态营销"战略，它的核心就是以开放、合作、共赢的理念，与客户、伙伴共建健康良性的产业生态圈。

启示一：全新的时代，需要全新的理念。商业的本质是价值，但其表现形式往往是效率，任正非与华为恰恰最早洞察到了这一伟大时代的来临，用互联网的高效率不断聚焦用户的高价值，将高理性与高感性融合为"生态营销"的战略布局，稳操未来大时代演进的方向舵。

启示二：绿水青山就是金山银山。建设生态就是创造未来，华为致力于生态圈中合作伙伴的能力培育，长期坚持让利于合作伙伴的渠道政策；同时，华为明白仅靠利益连接是脆弱的，必须提升合作伙伴们的能力，通过华为中国合作伙伴大学，持续给同盟赋能，促进共同成长，从而营造与壮大整个生态圈。

启示三：伙伴是华为的生存之本，时刻关注生态伙伴的满意度。华为对于新的区域总裁的KPI考核的第一项指标，就是在半年内，面对面听取100个以上合作伙伴的意见，多听少说，以充分了解渠道现状。每年对合作伙伴进行渠道满意度调查，其结果由华为公司常务董事会进行审阅和处理，以最大限度地保证合作伙伴的意见得到尊重和落实。

华为董事长梁华先生充满自信地说，不管外部环境如何变化以及存在何种困难，我们仍然会沿着公司的战略方向继续前行，与客户和合作伙伴一起构建共生共赢的产业新生态，为技术进步和人类文明做出更大贡献。一个没有华为的世界是不可想象的，华为让世界更美好！

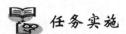 **任务实施**

为白酒或啤酒设计或改进分销渠道

实训目标：

检验学生的渠道设计和管理能力。

实训要求：

1. 访问当地酒类企业，了解其现有渠道。
2. 为改进企业设计分销渠道或对当前分销渠道提出改进建议。

实训报告：

本次实训后，撰写项目实训报告。

自我检测

项目十　促销策略

**项目导入**

正确的促销策略能给企业带来巨大的回报,促销在向顾客传递企业及其产品或服务的信息的同时,也能使顾客对企业的产品或服务产生兴趣,并建立起好感和信任。公司决定每年在特殊的节日进行产品促销,以获取更大的利润。鉴于李学的优秀表现,公司决定任命他制定促销策略,那么促销策略包括哪些内容呢?

项目分析

促销就是企业把其向客户提供产品的方式、内容、信息等通过一种或几种有效途径传递给客户,以吸引客户、提高企业业务量、增加利润的企业经营活动。促销策略是市场营销组合策略之一,是企业重要的无形资产。目前,企业在促销中可以使用的方式主要有广告、人员推销、营业推广和公共关系四种方式。这些促销方式在营销实践中有许多不同的具体表现形式。本项目内容主要围绕促销及促销组合、广告、人员推销、营业推广、公共关系五个方面的内容展开。

学习目标

知识目标:
(1)掌握广告、人员推销、公共关系、营业推广的基本概念、特点。
(2)掌握各种形式促销活动的一般程序。

技能目标:
(1)具备广告策划的能力。
(2)熟练掌握人员推销的技巧。
(3)具备营业推广的能力。
(4)具备公关策划的能力。

知识框架

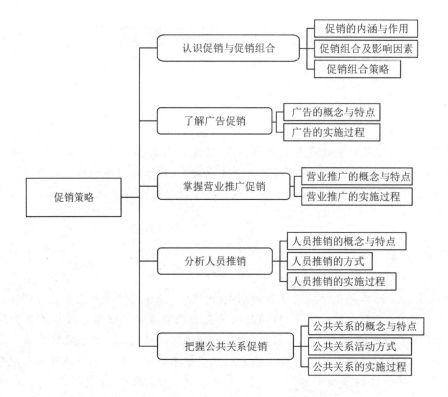

任务一　认识促销与促销组合

 任务描述

本任务主要带领大家学习促销的内涵与作用、促销组合及影响因素、促销组合策略三部分内容。

相关知识

一、促销的内涵与作用

(一)促销的内涵

促销是促进销售的简称,英文名为"Promotion",是指企业通过人员推销或非人员推销的方式传播商品信息,帮助和促进消费者熟悉某种商品或劳务,并促使消费者对商品或劳务产生好感和信任,最终使其踊跃购买的一种市场营销活动。从促销的内涵中可以看出,它主要包括以下几层含义。

第一,促销的主要任务是沟通和传递信息。企业通过信息的沟通和传递,将商品或劳务的存在、性能和特征等信息传递给消费者,以便与消费者保持良好的联系,保证企业营销的顺利进行。

一般认为,最理想的信息沟通应对消费者产生 4 个方面的影响,即引起注意(Attention)、产生兴趣(Interest)、激起欲望(Desire)、促成行动(Action)。

第二,促销的目的是吸引消费者对企业或商品的注意和兴趣,激发消费者的购买欲望,促进消费者的购买行动。

第三,促销的方式分为人员促销和非人员促销。人员促销又称人员推销,是指企业派出推销人员与消费者进行面对面地口头洽谈,说服消费者购买。非人员促销是指企业通过一定的媒介传送产品或劳务信息,促使消费者产生购买动机和购买行为的一系列活动,包括营业推广、营销广告和公共关系等。两者相比较,一般来说,人员推销针对性较强,但影响面较窄;而非人员促销影响面较宽,但针对性较差。企业可将两者有机结合起来,以达到理想的促销效果。

(二)促销的作用

促销是企业整体营销活动中不可缺少的重要组成部分,具有不可忽视的作用。

1. 传递信息,沟通渠道

无论在产品正式进入市场之前还是进入市场之后,企业都需要及时向市场介绍产品。对消费者或用户来说,信息情报起着引起注意和激发购买欲望的作用。对中间商来说,则是为他们做出采购决策的依据,可调动他们经营的积极性。同时,促销可以帮助企业及时了解消费者和协作者对商品的看法和意见,并能及时解决经营中出现的问题,从而加强生产者、经销者和消费者之间的关系,加强分销渠道各环节间的协作。

2. 引导需求,扩大销售范围

消费者的购买行为通常具有可诱导性,促销的一个重要作用就是诱导需求,唤起消费者对企业及其产品的好感。在一定条件下,有效的促销活动不仅可以诱导和激发需求,而且可以创造需求,从而使市场需求朝着有利于企业产品销售的方向发展。

3. 突出特点,树立形象

在现代市场经济条件下,产品之间的竞争日益激烈,特别是同类产品的竞争尤为突出,因为同类产品之间存在的差异较小,且消费者往往难以分辨。在这种情况下,企业可以通过强大的促销攻势,借助商标、产品特征、价格和效能等方面,宣传其产品与竞争者产品的差异,强调能给消费者带来的独特利益,使消费者形成对本公司产品的偏好心理,建立起与众不同的产品形象,从而加强企业在市场竞争中的优势。例如,许多品牌的啤酒在味道、颜色等方面实际上是一样的,为什么人们会持久喜欢某一品牌或某几个品牌呢?因为促销在影响着人们的感觉和态度,所以有人说:"消费者喝的不是饮料,而是广告"。

4. 稳定销售,巩固市场

在许多情况下,市场环境的复杂性常使许多公司的销售量波动很大,企业如能有针对性地开展促销活动,使更多消费者了解、熟悉和信任本公司的产品,这对稳定销售乃至提高企业的市场份额,巩固企业的市场地位都有十分重要的作用。

二、促销组合及影响因素

(一)促销组合

促销组合是指企业在市场营销过程中,对人员推销、广告、营业推广和公共关系等促销手段的综合运用。促销组合运用得好坏,关系到企业的产品能否顺利流转到消费者手中,关系到企业经营活动的成败。

促销组合是一个重要的概念,它体现了现代市场营销理论的核心思想——整体营销,这一概念的提出反映了促销实践对整体营销思想的需要。

要使促销组合做到科学化、合理化,就必须首先了解促销组合中4种促销方式各自的特点,只有这样才能做到将它们有机结合。

1. 人员推销

这是企业通过推销人员与消费者的口头交谈来传递信息,说服消费者购买的一种营销活动。这种方法的特点是灵活性强、针对性强、信息反馈快,是一种"量体裁衣"式的信息传递方式,因为它是面对面的交谈,所以推销人员可以与消费者进行双向式的沟通,并保持密切联系。虽然人员推销可以对消费者的意见及时做出反应,但是人员推销的成本比较高,是最昂贵的一种促销方式。

2. 广告

这是广告主通过付费的方式由广告承办单位所进行的一种信息传播活动。其特点是:大众性,即借助大众传媒发布信息,因此传递信息的速度较快、传播面广、渗透性强;表现性,它通过对文字、音响,以及色彩的艺术化运用,将企业及产品的信息传递给听众或观众。但广告往往只是单向传递信息,缺乏与消费者的双向沟通,信息反馈很慢而且困难,同时,有的广告媒体如电视的广告费用也很高。

3. 营业推广

这是在短期内采取的一些刺激性手段,如通过发放奖券、举办竞赛或展销会等来鼓励消费者购买的一种营销活动。它的特点是可以使消费者产生强烈的、即时的反应,从而提高产品的销售量,但这种方式通常只在短期内有效,如果时间过长或活动过于频繁,很容易引起消费者的质疑和不信任。

4. 公共关系

这是企业通过宣传报道等方式提高其知名度和声誉的一种促销手段。它的特点是:以新闻报道等形式传递信息,比广告更具可信性;可以解除消费者的戒备心理,使其在不知不觉中接受信息;具有与广告相似的信息传播速度快及传播面广的优点,但与广告不同的是它不一定需要支付费用,而且更容易使企业在目标市场中有较高的声誉。它的缺点是不如其他方式见效快,而且信息发布权掌握在公共媒体手中,企业不容易进行控制。

(二)影响促销组合的因素

企业的促销组合实际上就是对上述促销方式的具体运用。在选择采取哪一种或几种促销方式时,有些因素是企业必须考虑的,这些因素主要包括以下几个。

1. 促销目标

企业在不同时期及不同的市场环境下,都有其特定的促销目标。促销目标不同,它的促销组合也有差异。例如,在一定时期内,一家企业的营销目标是在某一市场迅速增加销售量和市场份额;另一家企业的总体目标是在该市场树立形象,为其产品今后占领市场奠定的基础。显然,上述两家企业所采取的促销组合决策不一样,一般来说,前者的促销目标强调了近期效益,属短期目标,在这样的目标下,促销组合的选择、配置则更多地使用广告和营业推广;而后者需要制定一个较长期的促销组合方案,实现这样的长期目标,公共关系和广告非常重要。

2. 产品性质

产品性质不同,消费者的行为往往存在很大差异,这就会制约和影响企业对促销组合的选择。一般来说,工业品具有技术性强、价格高、批量大等特征,购买时一般要经过研究磋商、审批等手续。因此,促销组合应以人员推销为主,配以广告与公共关系;消费品供个人或家庭生活使用,面广量大,促销组合应以广告宣传为主,结合营业推广,辅以人员推销和公共关系。

3. 市场状况

针对不同的市场,企业应采取不同的促销手段。例如,市场规模不同和类型不同,消费者数量也就不等。规模小且相对集中的市场,应突出人员推销策略;范围广且较分散的市场,则应多采用广告、公共关系及营业推广。此外,目标市场的其他特性,如消费者收入水平、风俗习惯、受教育程度等也会对各种促销方式产生不同的影响。

4. 产品价格与销售渠道

一般来说,对于廉价的日常生活用品,由于其利润微薄,需要大批量销售,因而广告的效果较大;而价高利润高的产品,多采用人员销售以消除消费者购买时的阻力。当企业采用直接销售的方式,自己负担整个的销售过程时,促销组合的重点应放在人员推销上;反之,促销渠道较长,环节较多时,促销组合的重点应放在广告上,以吸引消费者到商店去购买产品。

5. 产品的生命周期阶段

产品所处的生命周期阶段不同,企业的营销重点也不一样,因此,促销方式也不尽相同。在产品引入期,消费者的接受能力很低,企业要让消费者认识了解新产品,可利用广告与公共关系广为宣传,同时配合使用营业推广和人员推销,以鼓励消费者试用新产品。产品进入成长期,可观的销售增长率和利润开始吸引竞争者进入市场。这时促销的重点应放在宣传本企业产品的商标品牌上,以争取消费者的偏爱。这一阶段,人员推销的任务则是开拓销售渠道,争夺市场占有率,对广告的投入也要增加,广告的内容要转向宣传品牌的突出优点和特色,以提高产品和企业的声誉。到了成熟期,竞争者很多,但竞争的态势已趋稳定,弱小的竞争者退出,市场产品也逐渐相似,这一阶段,广告是消费品的主要促销形式,广告的内容应集中宣传本品牌与其他品牌的不同之处,强调产品的附加利益。进入衰退期,由于生产量和销售量开始下降,促销预算也就逐步消减,此时营业推广为主要促销方法。

6. 促销预算

企业用于促销的费用也是影响促销组合的一个重要因素。每一种促销方法所需要的费用是不相同的,企业必须运用有限的销售费用,结合其他因素,选择适宜的促销方法,并在恰当的时间进行使用。

三、促销组合策略

企业促销方式的选择,也取决于其已定的策略原则,一般来说,企业促销时主要采用两种策略,即推动策略和拉动策略。

(一)推动策略

所谓推动策略,是指企业通过各种促销方式把产品推销给批发商,批发商则将产品推销给零售商,零售商进而再把产品推销给消费者。常用的推动策略如下:

(1)示范推销法:如技术讲座、实物展销、现场示范与表演、试看、试穿、试用等。

(2)走访销售法:如带样品或产品目录走访消费者,带商品巡回推销等。

(3)网点销售法:如建立、完善分销网点,采用经销、联营等方式扩大销售范围。

(4)服务销售法:如售前根据用户要求设计产品、制定价格;售中向用户介绍产品,传授安装、调试知识;售后征询意见,做好保修、维修工作等。

(二)拉动策略

所谓拉动策略,是指企业针对最终消费者展开促销攻势,使消费者产生需求,进而向零售商要求购买该产品,零售商则向批发商要求购买该产品,而批发商最后向企业要求购买该产品。常用的拉动策略如下:

(1)会议促销法:如组织商品展销会、订货会、交易会、博览会等,邀请目标市场的企业或个人前来订货。

(2)广告促销法:如通过电视、广播、报纸、杂志及各种信函、订单等,向消费者介绍产品的性能、特点、价格和征订方法,吸引消费者购买。

(3)代销、试销法:新产品问世时,委托他人代销或试销,以促进产品尽快占领市场。

(4)信誉销售法:如实行产品质量保险、赠送样品、开展捐赠与慈善活动等,以增强消费者对企业及产品的信任,从而促进销售。

总之,在实际市场营销过程中,企业可根据推动与拉动的需要选择不同的促销方式。

任务二　了解广告促销

 任务描述

本任务主要带领大家学习广告的概念与特点、广告的实施过程两大部分内容。

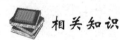 相关知识

一、广告的概念与特点

(一)广告的概念

广告是为了某种特定的需要,通过一定形式的媒体,公开而广泛地向公众传递信息的宣传手段。广告有广义和狭义之分。广义的广告包括非经济广告和经济广告。其中,非经济广告指不以营利为目的的广告。狭义的广告仅指经济广告,又称商业广告,是指以营利为目的的广告。广告通常是商品生产者、经营者和消费者之间沟通信息的重要手段,也是企业占领市场、销售产品、提供服务的重要形式,其主要目的是扩大经济效益。

广告作为传播信息的一种基本形式和重要手段,具有多方面的功能。

1. 传递信息,促进销售

通过广告,企业可以把有关产品的信息传递给客户,引起客户的注意与兴趣,激发其购买行为。因此,广告的信息传递能迅速沟通供求关系,促进产品的销售。

2. 介绍商品,引导消费

消费者行为虽然具有复杂性和多样性的特点,但也具有共同性和可引导性。通过广告宣传,企业可以向客户介绍商品,并诱导客户需求,影响消费者心理,刺激其购买行为,促进尝试性购买,开发新客户,从而增进商品销售,提高市场占有率。

3. 树立企业形象,提高企业知名度

广告宣传了产品形象、企业形象,扩大了企业和品牌的知名度,成为企业开发市场、巩固市场、扩大市场的重要手段。因此,广告是企业打造核心竞争力不可或缺的环节。

(二)广告的特点

1. 广告必须有明确的广告主

明确广告的信息是由谁发出的,广告要为明确的广告主服务,使受众知道广告主及其产品和品牌。广告主承担由广告带来的责任和利益。

2. 发布者须付费

广告是一种经济活动,与一切经济活动一样,广告活动具有投入产出的特点。广告费是广告主对广告传媒商、广告代理商所提供的服务支付的报酬。

3. 通过何种媒体传播

广告是通过大众传播媒介传播的。所谓大众传播媒介,就是少数人向多数人进行信息传播的物质或工具。

4. 含有信息

广告中含有告知、劝说和提示的信息,以使消费者产生购买的行为。

5. 有针对的受众对象

广告的受众对象是广告主按照其所选目标市场而精心确定的,并最终通过传播媒体的覆盖来实现的。所以,被确定的广告传播媒体所确定的受众对象就构成了广告的受众对象。

二、广告的实施过程

(一)确定广告目标

广告目标是指企业广告活动所要达到的目的。确定广告目标是广告计划中至关重要的起步性环节,是企业对广告活动进行有效决策、指导和监督及对广告活动效果进行评价的依据。广告目标可分为创牌、保牌、竞争。

1. 创牌

企业以创牌为广告目标,目的在于开发新产品和开拓新市场。通过对产品性能特点的宣传介绍,提高客户对产品的认知程度,尤其是提高新产品的知名度和客户对品牌的记忆度。

2. 保牌

企业以保牌为广告目标,目的在于巩固已有市场占有率,并在此基础上进一步开发潜在市场和刺激购买需求,加深社会公众对已有商品的认识,促使既有消费者养成对商品的消费习惯,强化潜在消费者对商品产生兴趣和购买欲望。

3. 竞争

企业以竞争为广告目标,目的在于加强企业和品牌的宣传竞争,提高市场竞争能力。此类广告的重点是宣传本产品的优异之处,使客户认识到本产品能给他们带来的好处,以形成对本产品的偏好并产生购买行为。

(二)编制广告预算

广告预算是企业广告计划对广告活动费用的估算,是企业投入广告活动的资金使用计划。它包括广告计划期内从事广告活动所需的经费总额、使用范围和使用方法,是企业广告活动得以顺利进行的保证。目前,常用的编制广告预算的方法主要有销售百分比法、利润百分比法、销售单位法、目标达成法、竞争对抗法等。

(三)设计广告信息

在明确了广告目标,确定了广告对象后,下一步的主要任务就是设计广告信息,确定广告主题,即明确广告的中心思想。广告宣传同其他任何宣传一样,必须有其特定的宣传主题,它是广告主与目标受众沟通的凝聚点。一则广告必须鲜明、突出地表现出主题,使人们在接触广告之后能够很容易地理解广告告知了他们什么,希望他们做些什么。为了达到预期的广告效果,广告创作人员必须在商品或企业中找出最重要的部分加以发挥,这就是广告信息的设计,即广告主题的策划。广告信息是广告创意展开的基点,也是广告成败的关键。

促销的关键在于"新",要有新意、新场景、新对象等,因此,促销要对企业形象、产品销售、产品知名度等产生作用,必须以人为本来展开创意。

知识拓展1

泰国潘婷广告

该广告讲述的是一个聋哑女孩在小时候无意中看到街头拉小提琴的流浪艺人,于是乎小女孩励志成为一名优秀的小提琴手。然而对一个聋哑小孩来说,在学校学习拉小提琴期间,无疑遭到同学们的冷嘲热讽,女孩更是受到一个家庭优越的女生的排挤,处处为难她。

"鸭子也想飞?"

"聋人也想拉小提琴?"

"你脑子有水啊?"

"你就不能学点儿别的?"

"你在浪费所有人的时间!"

就在小女孩心灰意冷、无助的时候,小女孩又碰到了那个街头拉小提琴的流浪艺人,流浪汉鼓励小女孩不要太在意别人的看法,要在乎自己内心的感觉!

他用手语问:"你还在拉小提琴吗?"

她说:"为什么我和其他人不一样?"

"为什么,你一定要和别人一样?"

"音乐,是有生命的。轻轻闭上你的眼睛去感受,你就能看见音乐。"

从此女孩重新领悟到了音乐的真谛,也在音乐中找到了自己。她与流浪艺人都是聋哑人,在无声的世界里,用音乐温暖彼此,显现出一种心灵上的契合。

最后在参加古典音乐比赛中,小女孩轻轻闭上眼睛,认真投入地演奏着,舞动着长发,用破旧的小提琴拉出了让全场最震撼的曲子。

片尾,出现了潘婷的广告语"You can shine"(你也可以很闪耀)。

《卡农》作为整个广告的主题音乐,也使得这支广告被赋予了一种《卡农》所表达出来的精神。这是一个很感人、富有深意的广告,它所体现出来的价值观远远超过它对潘婷洗发水的宣传作用,我们在感受它精神的同时,也深深地记住了"潘婷"这个名字。

知识拓展2

世界著名的广告词

1. 雀巢咖啡:味道好极了

这是人们最熟悉的一句广告语,也是人们最喜欢的广告语。简单而又意味深远,朗朗上口,发自内心的感受可脱口而出,正是其经典之所在。雀巢以重金在全球征集新广告语时,发现没有一句比这句话更经典,所以就永久地保留了它。

2. M&M巧克力:只溶在口,不溶在手

这是著名广告大师伯恩巴克的灵感之作,堪称经典,流传至今。它既反映了M&M巧克力糖衣包装的独特卖点,又暗示了M&M巧克力口味好,以至于我们不愿意使巧克力在手上停留片刻。

3. 百事可乐:新一代的选择

在与可口可乐的竞争中,百事可乐终于找到突破口,它从年轻人身上发现市场,把自己定位为新生代的可乐,邀请新生代喜欢的超级歌星作为自己的品牌代言人,终于赢得了年轻人的青睐。一句广告语明确地传达了品牌的定位,创造了一个市场,这句广告语厥功至伟。

4. 大众甲壳虫汽车:想想还是小的好

20世纪60年代的美国汽车市场是大型车的天下,大众的甲壳虫刚进入美国时根本就没有市场,伯恩巴克再次拯救了大众的甲壳虫,提出"think small"的主张,运用广告的力量,改变了美国人的观念,使美国人认识到小型车的优点。自此,大众的小型汽车就稳执美国小型汽车市场之牛耳,直到日本汽车进入美国市场才打破这个神话。

5. 耐克:just do it

耐克通过以"just do it"为主题的系列广告和篮球明星乔丹的明星效应,迅速成为体育用品的第一品牌。这句广告语正符合青少年一代的心态,要做就做,只要与众不同,只要行动起来。

6. 麦氏咖啡:滴滴香浓,意犹未尽

作为全球第二大咖啡品牌,麦氏咖啡的广告语堪称经典。它突出了消费者的感觉体验,将麦氏咖啡的醇香与消费者的内心感受紧密结合起来,符合品咖啡时的那种意境,给人们留下了深刻的印象。

7. 人头马XO:人头马一开,好事自然来

尊贵的人头马非一般人能享受得起,因此喝人头马XO一定会有一些不同的感觉,因此人头马给你一个希望,只要喝人头马就会有好事到来。有了这样吉利的"占卜",谁不愿意喝人头马呢?

8. 德芙巧克力：牛奶香浓，丝般感受

之所以经典，在于那个"丝般感受"的心理体验。能够把巧克力细腻滑润的感觉用丝绸来形容，意境够高远，想象够丰富。充分利用联觉感受，把语言的力量发挥到极致。

9. 可口可乐：永远的可口可乐，独一无二好味道

在碳酸饮料市场上可口可乐总是一副舍我其谁的姿态，似乎可乐就是可口。虽然可口可乐的广告语每几年就要换一次，而且也流传下来不少可以算得上经典的主题广告语，但还是这句用的时间最长，最能代表可口可乐的精神内涵。

（四）选择广告媒体

1. 广告媒体的分类

广告媒体是指能够借以实现广告主与广告对象之间信息传播的物质工具。随着经济的发展和科技的进步，广告媒体日趋复杂。按照不同的分类标准，广告媒介有不同的类型。

(1) 按表现形式不同，可将广告媒介分为印刷媒体、电子媒体等。印刷媒体包括报纸、杂志、说明书、挂历等；电子媒体包括电视、广播、电动广告牌、电话等。

(2) 按功能不同，可将广告媒介分为视觉媒体、听觉媒体和视听两用媒体。视觉媒体包括报纸杂志、邮递、海报、传单、招贴、日历、户外广告、橱窗布置、实物和交通等媒体形式；听觉媒体包括无线电广播、有线广播、宣传车、录音和电话等媒体形式；视听两用媒体主要包括电视、电影、戏剧、小品及其他表演形式。

(3) 按广告媒体影响范围的大小，可将广告媒体分为国际性媒体、全国性媒体和地方性媒体。国际性媒体如卫星电视转播、面向全球的刊物等；全国性媒体如国家电视台、全国性报刊等；地方性媒体如城市电视台、报刊，少数民族语言文字的电台、电视台、报纸、杂志等。

2. 广告媒体的选择

不同的广告媒体，其特点和作用各有不同。在选择广告媒体时，应根据以下因素进行全面考虑，充分权衡各种媒体的优缺点，力求扬长避短。

(1) 消费者的媒体习惯。广告的目的就是对目标市场的潜在消费者产生影响，从而促进购买。因而，选择广告媒体时要考虑消费者易于接触并乐于接触的媒体。

(2) 媒体的传播范围。不同媒体的传播范围有大有小，目标市场的范围关系到媒体的选择。例如，开拓区域市场，可选择地方报纸、电台、电视台；如果是行销全国的产品或想提高在全国的知名度，则宜选择全国性的媒体。

(3) 商品的特性。不同商品的性质、性能、用途不同，宜选择不同的广告媒体。例如，对于需要展示的商品，可用电视、电影媒体，以强化视觉效果，增强吸引力；对于只需要通过听觉就能了解的商品，应选择广播作为媒介；对于专业技术性强的产品，则宜利用专业性报刊或邮寄广告形式，也可直接展示样品。

(4) 媒体性质。根据媒体性质选择广告媒体主要是考虑媒体本身的流通性、时间性、覆盖面和影响力等。

(5) 媒体成本。不同媒体费用不同，同一媒体在不同时间、不同地点的费用也不同。企业在选择时要根据自身财力和对广告效果的预期来选择适宜的媒体。

知识拓展3

"集五福"——支付宝"经典"的营销活动

第一年2个亿,第二年2个亿,第三年直接翻番升级5个亿……支付宝集五福的活动在2018年春节如期而至,从第一年争议颇多,到今年玩法多变,"集五福"已经成为支付宝"经典"的营销活动,而"集五福"最热闹的地方,是支付宝的对手微信的朋友圈。

微信是支付宝的竞争对手,尤其是在新零售渠道,微信支付的市场份额一度超过支付宝,而支付宝为了在新零售中独占鳌头,在支付应用上不惜以直接发红包撒钱的方式,直接抢"用户",培养用户线下使用支付宝的习惯。而有趣的是,支付宝的支付送红包的"推广"重地,是腾讯的QQ、微信,许多网友通过群发二维码的方式,主动推广支付宝,从而让自己获利,这也让支付宝支付送红包成为一场病毒营销。

而2018年初的支付宝晒年度消费单,也在朋友圈进行了一次成功的刷屏,这次消费账单用年度关键词,如"能干""颜值正义""温暖""爱""当家"……给每个消费者定义了一个标志,带有字谜的色彩,一度刷爆朋友圈。从营销角度来说,支付宝的晒账单活动差不多已经有将近十年的时间,已经让用户养成了一种习惯。

支付宝的集五福活动,最早的动机是为了阻击微信。当时,支付宝为了迎战微信,推出了"来往"软件,结果"来往"没有形成影响力。所以在微信用红包瞬间抢占移动支付市场的时候,支付宝在春节推出了集五福活动。虽然第一次集五福活动结果没达到预期,但是整个过程人们的参与度让支付宝窥到了移动社交的强大之处。然后第二年的集五福活动,就取得了成功,到今年已经是第三次了。而对于很多用户来说,对这个活动已经期待了好久,而且各大媒体,包括主流媒体、自媒体自动传播,在微信朋友圈,也开始以病毒营销的方式迅速传播,和往年比较,获得的参与度和关注度更高。

红包这个关键词,古已有之,在春节做好"春节"关键词,虽然微信撬动了这个市场,提早开启了微信发红包活动,但是,以红包为主题,不限于微信支付这个"玩法",可以生出很多新的"玩法",如支付宝的集五福就是一个变相的红包游戏。

一个游戏想要深入人心,需要两个硬性条件:一个是真实的,不是虚假的,和发放各种价值上百上千的礼券比较,根本没有给几元钱、几十元钱实惠;另一个是坚持,就是每年都搞一次这样的"烧钱"的活动,就像春晚一样,也是经历了多年的沉淀,才形成了用户的黏性。新年的主题之一是娱乐,"集五福"直接给用户送钱,没有比这个营销更能让用户喜闻乐见的了!

启示:新媒体的飞速发展令人瞩目,一系列数据不断被刷新,这给现代营销提出了新的挑战。如何运用新媒体开展营销,营造一个良好的企业生存发展空间成为当务之急。

知识拓展4

电影"囧妈"开创线上播出

一场突如其来的疫情让2020春节档还未开始就已结束,《唐人街探案3》《囧妈》《姜子牙》《夺冠》《紧急救援》等热门电影紧急撤档。然而就在大家以为这个春节档不能看电影的时候,徐峥导演的《囧妈》牵手字节跳动,电影登录西瓜视频免费提供给网友观看,成为第一部在互联网播放的春节档电影。此起事件也是多赢局面,制片方收回电影成本,字节跳动赢得了全网级的传播热度。

(五)评估广告效果

广告效果是指广告活动目的的实现程度,是广告信息在传播过程中所引起的直接或间接变化的总和,包括广告的经济效益、心理效益和社会效益。评估广告效果是企业制定广告决策的最后一个步骤,是完整的广告活动不可缺少的内容。广告效果评估一般包括两个方面的内容。

1. 广告传播效果评估

广告传播效果的评估实质上是对广告本身的评估,主要是判断广告活动是否有效传播了广告信息,实现了有效沟通。其具体的评估方法分为预先测评和事后测评两种。

(1)预先测评。广告预先测评是在广告正式投放之前的测评,主要有三种方法:①直接评分,即请一组目标顾客或广告专家来观看即将投放的广告,然后填写评分问卷,对广告做出评定。②组合测试,即请目标顾客观看广告后,让其回忆所看的内容,用以判断广告的突出性和易记程度。③实验室测试,即利用各种测量仪器来测试目标顾客对广告的反应。由于这些反应多为生理反应,因此该方法只能测量广告的吸引力,无法测出受试者对广告的信任和态度。

(2)事后测评。广告事后测评是在广告正式投放以后的测评,主要有两种方法:第一种是回忆测试,即让消费者回忆所看到的广告;第二种是识别测试,即让消费者指出所接触过的广告。

2. 广告销售效果评估

销售效果评估是指考核和评估企业产品做广告后其销售量的增长情况。对这项内容的评估是比较困难的,因为商品销售情况受多种因素的影响,很难分离出广告单独作用的结果。目前常用的评估广告销售效果的方法有历史分析法和实验分析法两种。历史分析法是运用回归分析的方法,将历史上企业的销售与广告支出联系起来进行相关分析,借以评估广告支出对产品销售的影响;实验分析法是通过在不同的地区投放不同支出水平的广告,观察不同广告支出对促进产品销售的影响。

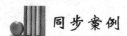 同步案例

抖音 App 广告精准营销

抖音 App 广告精准营销的特点如下:

(1)新型视频模式引发年轻人观看、模仿,以高流量、低成本、新模式的方式提高用户的转化率,达到精准引流用户的目的。

(2)以广告主需求设计广告落地页和推广模式,进行广告的宣传,达到引流的目的,让广告主的钱花在该花的地方。

(3)利用大数据信息,将用户精准分类,进行标签化、年龄化、地域化区分营销。智能数据可以根据用户的喜好进行信息的推送,广告主可以分析品牌人群的定位,抖音根据平台特性,联合品牌加话题,引发多人模仿,让广告主受益。广告主可以对数据流量进行监测,对转化率进行统计分析,最后得出成本和转化之间的关系,分析转化率,然后对广告费用进行把握。

结合案例思考：

如果你是一个企业的广告总监，该如何利用抖音 App 进行广告营销？

任务三　掌握营业推广促销

任务描述

本任务主要带领大家学习营业推广的概念与特点、营业推广的实施过程两大部分内容。

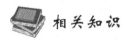

一、营业推广的概念与特点

(一)营业推广的概念

营业推广是指在销售过程或销售现场采取的促进销售额短期快速提高的促销活动，又称销售促进(Sale Promotion，SP)。营业推广是一种适宜短期推销的促销方法，是企业为鼓励购买、销售商品和劳务而采取的除广告、人员推销和公共关系之外的所有企业营销活动的总称。营业推广的目的在于打开销路，推出产品，提高市场占有率，击败竞争对手。一般来讲，其目标往往在于解决一些更为具体的促销问题，属于短期和额外的促销工作。

(二)营业推广的特点

1. 针对性强，效果明显

营业推广的对象是指与产品直接相关的消费者、渠道中间商，以及推销人员。通过一系列强有力的宣传推广，提供优惠条件，调动相关人员的积极性，达成促进销售的目的。

2. 方法灵活多样

营业推广的方式可根据商品性能、顾客心理和市场情况灵活设计，具有较强的适应性。它能吸引相关人员的注意，激发他们的欲望，并促使其产生购买行为，达到促销的效果。

3. 临时性和非正式性

人员推销和广告宣传是一种经常性、长期性的促销方式，而营业推广对顾客和推销人员则具有暂时和特殊的促进作用，是临时性的和非正式性的，是人员推销和广告促销方式的有效补充。所以，营业推广的运用应适时和谨慎。

二、营业推广的实施过程

(一)确定营业推广目标

具体的营业推广目标应针对不同的目标市场而有所差异。

(1)针对消费者的营业推广活动，通常要达到以下目的：鼓励消费者大量购买，争取未使用者试用，吸引竞争品牌的使用者，打击竞争对手，增强其他促销方式的效果等。

(2)针对中间商的营业推广活动，通常要达到以下目的：吸引中间商进货，提高市场铺货率,使中间商维持较高存货水平;促使中间商积极开展或配合生产企业开展广告、公关或其他促销活动;提高中间商的销售能力;使中间商建立品牌忠诚度等。

(3)针对推销人员而言,营业推广的目的是鼓励他们积极热情地推销新产品或处理某些老产品,或促使他们积极开拓新市场。营业推广的目标要与促销组合的其他方面结合起来考虑,相互协调配合。

(二)选择营业推广方式

根据营业推广的对象,可以将营业推广方式分为三大类。

1. 面向消费者的营业推广方式

面向消费者的营业推广经常采用的方式有以下几种。

(1)赠送赠品。向消费者赠送样品或试用品是介绍新产品最有效的方法,但其缺点是费用高。赠品可以选择在商店、闹市区散发或在其他产品中附送,也可以公开广告赠送或入户派送。

知识拓展

央视曝光免费领鸡蛋骗局,还有老人被骗!

前段时间,有人通过微信群宣传一款所谓的"太赫兹能量鞋",号称能缓解高血压、改善糖尿病,而且买鞋还返利,相当于免费穿。但真有免费的"馅饼"和如此疗效的产品吗?微信群里的人又是如何被拉进来的?这就要从一场"免费领鸡蛋"的活动说起。

2020年的一天,北京的伍女士在外出遛弯的时候,遇到了一场令她动心的免费领鸡蛋活动。伍女士抱着怀疑的态度,来到了这家做活动的公司,果真免费领到了10个鸡蛋,并登记了自己的电话号码。

随后,伍女士就被拉进了一个微信群,群里还有一些因为优惠活动加入的人,基本都是中老年人。这个微信群名为"太赫兹能量骨干群",群里共有169人。这个群的群主梁总,经常在群里给大家分享一些他口中的"好东西",比如"太赫兹能量鞋"。

这款"太赫兹能量鞋"究竟是什么?群主给大家介绍这款鞋的用意又是什么呢?据群里的另一名成员田女士介绍,刚开始只是领鸡蛋,后来就开始宣传鞋,买鞋之后会按照约定分期返钱。

果然,免费领鸡蛋只是吸引大家入群的手段,当大家进入微信群后,向群成员卖东西才是这家公司的目的。并且这家公司在卖东西时声称,这"太赫兹能量鞋"也相当于是免费穿。

据同样是群成员的温先生讲,他和爱人穿的两双鞋,返金都已兑现,还真是相当于没花钱。

温先生:这一双鞋是1380元,你买两双,然后我每月还你多少。比如说每月还你200元,最终把你这本钱又还给你,(相当于)白穿,就是这样。

除了"太赫兹能量鞋",这家公司还出售一款名为"富硒麦芽黑谷粉"的产品,称其为航天专供产品,售价398元一盒,如果购买25盒,价格为1万元,另外赠送25盒以及公司的1万元购物券。如果不打算购买也没关系,他们依旧可以领取免费的鸡蛋。

同时,部分以为占到便宜、买到宝贝的中老年人,真的相信这些产品可以治病,停掉了一直服用的药物。除了自己购买,他们还口口相传,把产品和活动推荐给身边的朋友。

田女士:那鞋还带芯片,带芯片的就暖和。夏天凉快,冬天暖和,反正治好多病吧。我血糖有点高,有的人说是治糖尿病,后来我穿上以后还真是,我反正也不吃药。我觉得挺好,穿上浑身有劲儿。

直到记者对这些被骗者进行采访时,他们还不认为自己是被骗了,手中留着字据,就会得到公司按月返还的钱款。即便是公司已经关门,拿不到返的钱了,他们也认为自己不亏,因为买到了所谓可以治病的神奇产品。产品真具备神奇功效吗?难道这位所谓的梁总真的是赔本赚吆喝吗?这家公司图什么呢?

2020年12月23日,北京市海淀区人民法院公开开庭审理了梁某、李某,也就是这家公司的老板、职工二人涉嫌诈骗一案,揭露了他们的诈骗套路。

经依法审查查明,2020年1月至5月,被告人梁某伙同李某通过赠送礼品等方式,吸引老年人客户,虚构所销售的"太赫兹能量鞋""富硒麦芽黑谷粉"等产品为宇航员专用,且能够治疗各种疾病的事实。利用老年人追求健康的心理,通过高价售卖产品的方式,先后骗取七名人员,被诈骗金额共计人民币49564元。

两名被告人不仅经常以讲课、分享的形式向群里的成员们灌输"太赫兹能量鞋"所谓的种种功效,被告人李某还声称,自己就通过穿这双鞋,治好了拇外翻。然而,在法庭上,被告人李某却改了口,说穿这款鞋并没有治好自己什么病。制鞋厂家证实产品无任何特殊功效。

公诉机关在法庭上出示的证据显示,生产这款鞋的鞋厂确实是正规厂家,鞋也是有注册商标的鞋。只是,这款鞋在出厂的时候,品牌名上并没有"太赫兹能量"几个字。

原本售价60元的一双普通鞋,被编造成有治病功效,从而卖到上千元。而受骗者穿上后感觉到有效果,其实不过是些心理作用。"黑谷粉"主要成分是五谷杂粮不能治疗疾病。

另外,"黑谷粉"生产厂家负责人在证言中表示:生产此款产品的成本是每盒20元左右,是按照每盒25元销售的。这个产品只是普通的食品,主要成分就是黑芝麻粉、黑米粉、黑豆粉等五谷杂粮,没有什么功效,更不能治疗疾病。

公诉机关指出,这款产品是由正规厂家生产的,并不是什么宇航员的专供产品。另外,两名被告人除了夸大、虚构两款产品的功效之外,还通过赠送免费小礼品、返现、优惠让被害人拉人头赚提成等方式,吸引人员,进行诈骗。

公诉机关指出,尽管这两款产品不会对被害人的身体健康产生副作用。但是,两名被告人在销售时,将成本价格翻几十倍向老年人进行出售,他们的态度和行为都十分恶劣,应从重处罚。

法院审理认为,两名被告人虚构事实、隐瞒真相、骗取他人财物的特征明显,符合诈骗罪的构成。因被告人诈骗老年人,在量刑时对被告人酌予从重处罚。

2021年1月15日,北京市海淀区人民法院对此案作出判决:以诈骗罪判处被告人梁某有期徒刑两年六个月,罚金8000元;判处被告人李某有期徒刑两年,罚金3000元。

(2)赠送优惠券。消费者在购买某种商品时,持企业赠送的优惠券可以免付一定金额的钱。优惠券可以通过广告或直邮的方式赠送。

(3)包装促销。包装促销是指以较优惠的价格提供减价包装、组合包装和简装的产品。

(4)抽奖促销。抽奖促销是指顾客购买一定的产品之后可获得抽奖券,凭券进行抽奖并获得奖品或奖金。

(5)现场演示。企业还可以派促销员在销售现场演示本企业的产品,向消费者介绍产品的特点、用途和使用方法等。

(6)联合推广。联合推广是指企业与零售商联合促销,将一些能显示企业优势和特征的产品在商场集中陈列,边展示边销售。

(7)参与促销。参与促销是指消费者通过参与各种促销活动(技能竞赛、知识比赛等)来获取企业的奖励。

(8)会议促销。会议促销是指企业在各类展销会、博览会、业务洽谈会的现场进行产品介绍,推广和销售自己的产品。

2. 面向中间商的营业推广方式

面向中间商的营业推广是生产企业对中间商,或上一级中间商对下一级中间商的推广,其目的是促使中间商更加努力地推销自己的产品,改善与中间商的关系,经常采用的方法有以下几种。

(1)批量折扣。批量折扣即对中间商达到一定数量的进货或第一次进货给予优惠,可以是按批量分段标明优惠价格或折扣,也可以在交易中面议。

(2)现金折扣。现金折扣是指在商业信用和消费信贷普遍使用的市场上,企业为了鼓励现金购货,对用现金购货的顾客给予一定折扣。

(3)推广津贴。生产企业为促使中间商购进自己的产品并帮助推销产品,可以支付给中间商一定的推广津贴。

(4)销售竞赛。生产企业可以根据各个中间商销售本企业产品的数量,分别给优胜者以不同的奖励,如现金奖、实物奖、免费旅游、度假奖等,以起到激励的作用。

(5)扶持零售商。生产企业对零售商专柜的装潢予以资助,提供POP广告,以强化零售网络,促使销售额增加;也可派遣厂方信息员或代培销售人员来扶持零售商。生产企业这样做的目的是提高中间商推销本企业产品的积极性和能力。

3. 面对内部员工的营业推广方式

面对内部员工的营业推广,常用的方式有以下几种。

(1)推销员红利提成。推销员红利提成是指对推销量超过一定数额的推销员,分发红利或提成。

(2)设置特别推销奖。特别推销奖是指对于开拓市场的推销员或有特殊贡献的推销员,给予一定的奖金、礼品或其他形式的奖励,以激励他们加倍努力工作。

(3)举行推销竞赛。举行内部推销竞赛,对成绩优异者给予奖励、休假、提升等。竞赛内容包括推销数额、推销费用、市场渗透、推销技巧等。

(三)制定营业推广方案

一个完整的营业推广方案是开展营业推广活动的指导性文件,主要包括以下几个方面。

1. 营业推广的目标

企业应根据目标市场和企业的整体营销策略确定营业推广的目标,依据营业推广的目标制订周密的计划。

2. 营业推广的对象

各种营业推广的手段针对不同的客户、中间商、推销人员所起的作用是不同的。因此,企业在进行营业推广时,应根据已确定的目标,因时、因地制宜地选择推广对象。

3. 营业推广的工具

营业推广的方式方法很多,但如果使用不当,则适得其反。因此,选择合适的推广工具是营业取得推广效果的关键因素。企业一般要根据目标对象的接受习惯、产品特点、目标市场状况等来综合分析选择推广工具。

4. 营业推广的途径

营业推广的途径即以什么方式将促销方案推向市场,如具体如何分发优惠券、如何宣传抽奖活动等。不同途径的有效性和成本都存在差别,营业推广一般可以利用广告宣传,如店内广播、随商品包装附送赠品等方式进行。

5. 营业推广的时机

营业推广的时机很重要,如果时机选择得好,能起到事半功倍的效果。企业应综合考虑产品的生命周期、市场的竞争情况、客户及中间商的营业状况等,以确定营业推广的合理时机。

6. 营业推广的期限

营业推广期限的选择必须符合企业市场营销的整体策略,并与其他经营活动相协调。时间太短会使一部分顾客来不及购买;时间太长,一方面使促销手段鼓励顾客购买的效用降低,另一方面可能会影响企业的利润,如果降价时间太长,甚至还会使顾客对产品质量产生怀疑,影响品牌的忠诚度。

7. 营业推广的经费预算

营业推广是企业促销的一种重要方式,可以使企业的营业额增加,但同时也增加了销售成本。企业应权衡推销费用与企业收益的得失,把握好费用与收益的比值,编制经费预算,从而确定营业推广的规模和程度。

同步案例

宝洁促销去库存可行?

2018年9月5日,《北京商报》记者发现,日用消费品巨头宝洁旗下多款产品正在打折促销,不仅力度大而且周期较长。但在上个月,宝洁才宣布已在北美市场提高旗下部分品牌的产品售价,并会考虑将提价范围扩大到美国以外市场及其余品牌。宣布提价后的促销更容易让人展开想象。

记者走访永辉超市发现,在日化区内,宝洁搭建了一个产品促销专区。促销产品中分列着宝洁旗下多个品牌的产品,包括舒肤佳、海飞丝、潘婷、沙宣等,导购员向记者介绍:"原价100多元的海飞丝洗发水现在只要59.9元;原价59.9元的潘婷洗发水现在只要39.8元;舒肤佳洗手液两瓶装现在售价为29.9元;潘婷新推出的无硅油洗发水虽然不打折,但是扫一下二维码购买可以立减15元。"

正值周末,宝洁虽然在超市内搭建促销区,且打折力度很大,但前来购买的消费者却屈指可数。记者随机采访了几位消费者,一位姓叶的女士表示:"现在新出来很多洗发水品牌,希望去尝试新的产品。"而对于潘婷新推出的无硅油洗发水,她说:"现在很多洗发水都是无硅油的,会去尝试潘婷的无硅油洗发水,但是得看效果好不好才会决定是不是继续使用。"

随后,记者在屈臣氏、华联超市等卖场发现,宝洁旗下的某些产品在进行促销,而且打折力度很大,有业内人士认为,降价主要分为两种情况:一种是主动性降价,即促销降价,目的是为了扩大市场占有率、挤压对手;另一种是被动性降价,一般是因产品滞销而清理库存,但无论是哪种情况,都显示出宝洁正面临着巨大压力。

结合案例思考：

促销去企业库存可行吗？

网店七夕情人节促销技巧

七夕情人节是中国传统节日中最浪漫的一个节日，同时也是商家应该把握促销的好时机。其具体的促销技巧如下：

1. 为网店做主题 LOGO

稍微细心的人都会发现，百度、谷歌每逢节日或大事件都会制作专门的 LOGO，这样既使自己的网站充满了节日气氛，又能引起更多的人关注。因此，第一步可以像大网站一样设计情人节的节日 LOGO。

2. 开设情人节专题

收集一些与情人节相关的文章，并进行编辑，最好是自己多创作一些原创文章。若自己的情人节专题内容足够丰富、原创内容足够多，一定会带来巨大的访问量。

3. 优化情人节图片

在网站上多放些精致的、原创的情人节图片，并在图片上打上水印。若自己的图片被转载，人们同时会通过图片上的水印看到自己的网址。

4. 网店推广

(1)巧用自定义表情。这是节日网络营销的一个小技巧，将自定义表情做成 gif 的动画图片，留下自己的网站名称或网址，也可以通过 QQ、MSN 等即时通信软件传播。

(2)贺卡传情。情人节给自己的用户发送贺卡是一件很有意义的事情，但应注意要组织好贺卡内容，包括称呼、署名等，新颖的内容能带来意想不到的效果。

(3)情人节祈愿传播网页。这是节日网络营销中最常用的一种形式，也是效果最快、最直接的形式，需注意网页要生成姓名及祝福语，且要保证效果，此网页也可通过 QQ、MSN 等即时通信软件传播。

5. 论坛推广

在国内比较知名的情感类社区，包括一些综合性娱乐社区，如贴吧等，找准目标群，制作好主题帖，从而引起网友的共鸣，带来访问量。

（四）实施与评估营业推广

在实施营业推广方案之前，要在较小的市场范围内进行测试，或请消费者对几种不同的方案做出评价并从中选出最优者。测试的目的是确认所选的营业推广方式是否恰当及实施的效果如何。

对营业推广活动效果的评估可以有多种方法。第一种是比较促销前后销售量的变化。这里分为促销前、促销期间和促销结束后三个阶段。企业通过对这三个阶段的比较，可以得出促销活动期间的效果，还可以用销售额与预设目标对比进行评估。第二种是观察消费者对促销活动的反映或抽样调查一组消费者来评估营业推广活动的效果。此外还可以进行定性评估，或定量分析，如统计消费者对营业推广活动的记忆程度、消费者对产品的满意度、营业推广活动对消费者今后购买行为的影响等。

任务四　分析人员推销

 任务描述

本任务主要带领大家学习人员推销的概念与特点、人员推销的方式、人员推销的实施过程三大部分内容。

一、人员推销的概念与特点

(一)人员推销的概念

人员推销是指企业通过派出销售人员与一个或一个以上可能成为购买者的人交谈，做口头陈述，以推销商品促进扩大销售。人员推销是销售人员帮助和说服购买者购买某种商品或劳务的过程。

(二)人员推销的特点

人员推销是一种最古老的促销方式，也是现代企业中最重要的促销手段之一，与其他促销手段相比，它具有以下特点：

(1)沟通的双向性。双向信息沟通是人员推销区别于其他促销手段的重要标志。在推销过程中，销售人员一方面把企业或产品信息及时、准确地传递给目标顾客，另一方面还承担了情报搜集任务，把市场信息及客户的要求、意见和建议反馈给企业，为企业调整营销方针和政策提供依据。

 知识拓展1

有位销售外围硬件设备的顶尖销售员正与顾客进行电话沟通，追踪售后情况，并趁此向这位顾客推销他可能需要的其他设备。请看以下两幕：

［第一幕］

他说："您好,是琼斯女士吗？我是 ABC 公司的史密斯,您的新销售代表。您刚购买的 123 型机,现在运行得怎样？"……"我打电话来主要是想进行自我介绍,并留下我的名字和电话号码,以便您有需要时和我联系。"

请注意，这位销售员打电话时完全按自己认定的结果去谈，并认为与琼斯女士的关系已很好，足以使她回电话。总之，带有太多的设想。

[第二幕]

还是这名销售人员,但在电话中谈的却是:"您好,我是 ABC 公司的史密斯,请问贵姓?"……"特纳先生,这是个服务电话。请问您的新设备运转如何?"……"听起来还不错,而且您的团队都在学着用了。在学习的过程中您需要什么支持?"……"看来您在公司中什么都不缺。那还有没有新员工要学这一设备的操作方法?"……"人还不少嘛,恐怕那么多用户不能共用一个设备了。"……"啊,还以为您知道呢。那您还需要什么来支持未来的运行环境?"……"添加设备的价格是×××美元。您现在有这个预算吗?"……"要做好这个预算,还有什么需要我效劳的?"……"当然,我会把价格和规格传真给您,还有别的需要吗?"

分析:在第一幕中,销售员的眼中根本没有顾客,第二幕却不同,买卖双方相互协作、相互信任,关系甚为融洽。

(2)销售的针对性。推销人员在每次推销之前,可以选择有较大购买潜力的客户,并对客户事先进行调查,拟定具体的推销方案和推销策略,从而有针对性地进行推销,提高推销的成功率。

(3)方式的灵活性。与顾客直接沟通是人员推销的主要特征。由于是双方直接接触,能够捕捉和把握态度、气氛、情感等方面的变化,有利于推销人员根据顾客的动机和特点,调整推销陈述和推销方法,以适合其情绪、心理的变化,帮助顾客明确需求,为其解除各种疑虑,引导购买欲望。

(4)销售的有效性。人员推销的另一个主要特点是提供产品实证。推销人员通过展示产品,解答质疑,指导产品使用方法,使目标顾客能当面接触产品,从而确信产品的性能和特点,易于引发购买行为。

然而,人员推销也存在一些不足之处:一是费用支出较大,由于人员推销直接接触的顾客有限、销售面窄、开支较大,增加了产品销售成本;二是对推销人员要求较高,人员推销的成效直接取决于推销人员素质的高低,尤其随着科技的发展,新产品层出不穷,对推销人员的要求也越来越高。

 知识拓展2

星巴克的人员推销

在星巴克,员工被称作"合作伙伴",他们是星巴克体验的核心所在。星巴克认为,站在咖啡店吧台后面直接与每一位消费者交流的"合作伙伴"在为消费者创造舒适、稳定和轻松的环境过程中起着关键的作用,决定了咖啡店的氛围。为此,在伙伴招募上,星巴克一贯坚持雇用对咖啡怀有热情和激情的人。当然,星巴克也为"合作伙伴"提供实现梦想的平台,坚持把伙伴利益放在第一位,尊重他们所做出的贡献,这些将会促使他们进一步带来一流的服务水平。

星巴克特别重视"合作伙伴"在提升消费者关系中的作用,将本来用于广告的支出用于员工的福利和培训,使员工的流动性很小。每个"合作伙伴"都要接受培训,培训内容包括消费者服务、零售基本技巧,以及咖啡知识等。"合作伙伴"还要预测消费者的需求,并在解释不同的咖啡风味时与消费者进行目光交流,员工犹如咖啡迷一般,可以对消费者详细解说每一种咖啡产品的特性。

二、人员推销的方式

人员推销的具体方式很多，主要有以下几种：

（1）上门推销。上门推销是最常见的人员推销形式，是指由推销人员携带产品样品、说明书等走访顾客，推销产品。这种推销方法可以针对顾客的需要提供有效的服务，方便顾客，受到顾客广泛认可和接受。上门推销的成败除了取决于产品本身的质量外，还在于推销人员能否与客户建立良好的人际关系。采用适宜的推销技巧以给对方良好的印象，可以促进销售，甚至可以建立长期固定的购销关系。而以情感为纽带巩固和维持这种关系不失为一个好方法。例如，在一些节日、顾客生日打电话送上祝福，或寄去贺卡、小礼物及礼券等。

（2）柜台推销。柜台推销又称门市推销，是指企业在适当地点设置固定门市，由营业员接待进入门市的顾客，推销产品。门市的营业员是广义的推销员。柜台推销与上门推销正好相反，它是等客上门式的推销方式。由于门市里的产品种类齐全，能满足顾客多方面的购买要求，能为顾客提供较多的购买方便，而且是顾客主动上门寻找需求的商品，一般态度会积极主动，故顾客比较乐于接受这种方式。

（3）会议推销。会议推销是指利用各种会议向与会人员宣传和介绍产品，开展推销活动，如在订货会、交易会、展览会、物资交流会等会议上推销产品。当前，人们逐渐意识到单一推销人员的力量有限，如果运用集体力量使不同部门的人员协调配合，则会使接触面更广、推销更集中，可以同时向多个推销对象推销产品，成交额较大，推销效果较好。

（4）电话推销。电话推销是指利用电话这种现代通信工具向目标消费者进行推销。该方式省时、推销范围广，但不能单独用于复杂的推销。

（5）信函推销。信函推销是通过名片、书信、便笺、订单及邮寄商品目录等书面形式与客户进行联络推销。该方式费用相对较低，但必须与其他方式并用才能突出效果。

 知识拓展3

两家粥店

有两家卖粥的小店，左边粥店和右边粥店每天的顾客数相差不多，然而晚上结算的时候，左边粥店的营业额总是比右边粥店多出百十元，天天如此。

一天，一位好奇的顾客走进了右边粥店，服务员微笑着把他迎进去，给他盛好一碗粥并问："加不加鸡蛋？"客户点头。于是服务员给顾客加了一个鸡蛋。每进来一个顾客，服务员都要问一句，"加不加鸡蛋？"有说加的，有说不加的，大概各有一半。

另一天，这位好奇的顾客走进左边粥店。服务员同样微笑着把他迎进去，给他盛好一碗粥并问："加一个鸡蛋还是加两个鸡蛋？"顾客笑了，说："加一个。"又进来一个顾客，服务员又问一句："加一个鸡蛋还是加两个鸡蛋？"爱吃鸡蛋的选择加两个，不爱吃鸡蛋的一般选择加一个，也有不加的，但这种情况很少。一天下来，左边粥店比右边粥店多卖出很多鸡蛋。

案例提示：

给别人留有余地，更要为自己争取尽可能大的领地。只有这样，才会在不声不响中获胜。销售人员在推销时不仅要注意方法，更重要的是要了解消费者的心理。

三、人员推销的实施过程

人员推销的基本工作过程主要有以下七个步骤：

(一)寻找潜在客户

推销过程的第一步就是找出有潜在购买力的客户。寻找潜在客户的方法有很多，既可以向现有客户了解，也可以通过参加社交活动、查阅工商名录发掘潜在客户，还可以通过朋友介绍或与社会团体协作等方式间接寻找。找到潜在客户后，再通过查看他们的经济实力、特殊需求、地理位置及发展前景等找出适合发展业务的潜在客户。

 资料卡

推销大王——乔·吉拉德

乔·吉拉德被誉为世界上最伟大的推销员。他在15年中卖出13001辆汽车，并创下一年卖出1425辆(平均每天4辆)的纪录，这个成绩被收入《吉尼斯世界大全》。以下是销售大王乔·吉拉德总结的七大推销利器：

第一是250定律，无论如何不要得罪任何一个顾客。

第二是名片满天飞，向每一个人推销。

第三是建立顾客档案，了解更多的顾客信息。高谈阔论、兴高采烈、手舞足蹈……心情舒畅之后顾客从不会让人失望。

第四是猎犬计划，将顾客变成下线。

第五是推销产品的味道，用体验打动顾客。

第六是诚实。诚实是推销的最佳策略，尤其是顾客事后可以查证的事。

第七是每月一卡，乔·吉拉德认为推销是一个连续的过程。

(二)推销准备

在接洽一个潜在客户之前，推销人员必须做好准备工作。准备工作做得越充分，推销人员在推销过程中信心就越足，就能够胸有成竹地去接近不同的目标顾客，为成功的推销奠定基础。推销准备工作的主要内容包括收集、整理、分析目标顾客的有关资料，进行推销预测，主要包括顾客资料的准备和推销工具的准备两个方面。

(三)约见客户

在做好推销准备工作之后，推销人员就要按计划约见客户。约见客户是指推销人员事先征得客户同意接见的行为过程。通常情况下，推销人员往往先与客户约好时间、地点等，然后登门拜访，与客户洽谈有关事宜。约见客户是整个推销活动的一个重要环节，它既是推销准备工作的延续，又是正式接近客户的开始。

(四)推销洽谈

推销洽谈是指推销人员运用各种方法、方式和手段，向顾客传递推销信息并进行双向沟通，旨在说服顾客购买的过程。推销洽谈的目的在于沟通推销信息、诱发顾客的购买动机、激发顾客的购买欲望。在整个推销过程中，洽谈是最重要的环节。能否达成交易往往取决于推

销人员在洽谈中的表现。为了达到洽谈的目的，推销人员必须善于倾听和提问，灵活运用洽谈的策略和技巧。

（五）应付顾客异议

在进行推销洽谈的过程中，客户几乎都会对推销人员的建议产生抵触和疑问，并把他们的看法、反对意见讲出来，这就是推销洽谈中常说的顾客异议。有异议表明顾客对产品感兴趣，意味着有成交的希望。推销人员通过对顾客异议的分析可以了解顾客的心理，知道顾客为何不买，从而对症下药。对顾客异议的满意答复有助于交易的成功。

（六）推销成交

在推销活动中，促成交易是推销人员所追求的目标。从识别潜在客户，到约见客户、推销洽谈、应付顾客异议，推销活动便进入了收获阶段。为了使顾客做出有利于购买的最后决定，使推销工作得以圆满成功，推销人员决不能坐等事态的演变，而应该采取积极的推销策略与措施，敦促顾客做出抉择，促成交易的成功实现。

（七）售后工作

双方达成交易并不意味着推销过程的终止，企业还应跟踪顾客对产品的使用情况，进行售后服务。售后工作首先是检查交易手续的完成情况，了解交易条款的履行情况。推销人员还应同顾客保持联系，了解顾客满意度，对顾客的建议、意见或退换货等要求应及时处理。其次，应建立顾客档案，以备今后查阅、使用。此外，推销人员对重点客户要深入分析，总结客户特征及销售经验和技巧。售后工作能加深顾客对企业和产品的依赖，促使顾客重复购买，同时也可获得各种反馈信息，为企业决策提供依据，为建立长期的合作奠定基础。

任务五　把握公共关系促销

 任务描述

本任务主要带领大家学习人员推销的公共关系的概念与特点、公共关系活动方式、公共关系的实施过程三大部分内容。

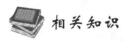 **相关知识**

一、公共关系的概念与特点

（一）公共关系的概念

公共关系是社会组织为了塑造组织形象，通过传播沟通手段来影响公众的科学与艺术。从沟通方式的角度看，公共关系指的是企业有意识地、自觉地采取措施改善企业与社会公众之间的关系情况，增强社会公众对企业的了解与支持，树立良好的企业形象与产品形象，从而提高社会公众对企业及其产品的接受程度。其含义可从以下几个方面理解：①公共关系是社会组织与其公众之间的关系，其中社会组织是主体，公众是客体。②公共关系的手段是传播

③公共关系具有明确的目的性,目的在于为社会组织建立良好的信誉,美化形象。

(二)公共关系的特点

公共关系作为一种沟通手段,能够获得长期效应,具有很高的可信度。公共关系具有以下特点。

(1)公共关系的着眼点是在社会公众中树立良好的企业形象与产品形象。企业开展公共关系活动,一般不直接推销产品,不以立即促成购买行为为目标,而是通过积极参与各项社会活动,宣传企业的经营宗旨,着眼于建立良好的公共关系,形成和谐的人事气氛与最佳的社会舆论,提高企业的知名度,树立良好的信誉和形象,以得到社会各界的了解、好感、信任、合作和支持,从而提高社会公众对企业及其产品的认同感与接受程度。

(2)公共关系的对象,不只是企业产品的购买者,还有各种社会关系。企业在其日常生产经营活动中,总要与协作者、竞争者、银行及其他金融公众、供应商和产品经销商、消费者和用户、政府部门、新闻界人士、各界社会团体,以及企业所处的社区产生种种复杂的社会关系。因此,企业的公共关系实际上指的就是该企业赖以生存、发展的整个社会关系网络。企业的生产经营活动形成了这些关系,这些关系又反过来影响和制约着企业的有关活动,成为企业生存与发展的人事环境和社会气候。企业通过有关的活动,建立良好的公共关系,不仅有助于产品销售,而且对企业的整个生存发展都是至关重要的。所以,公共关系的对象不单是企业产品的购买者,还包括企业面临的各种公共的社会关系。

(3)公共关系的基本方针是着眼于长远打算、着手于平时努力。企业与公众之间的良好关系,不是一朝一夕可以建立起来的。建立良好的公共关系需要长期的、有计划的、持续不懈的努力。为了长远的利益,企业要舍得付出眼前代价,要通过点点滴滴的工作去建立、维护、调整和发展与公众之间的良好关系。

(4)公共关系注重运用现代信息的沟通理论、方法和形式实现企业与社会公众之间的双向沟通。企业要建立并维护与社会公众的良好关系,创造企业运行的最佳社会环境,就必须运用现代信息沟通理论和方法,利用各种信息沟通工具和形式,建立企业同外部社会的信息沟通网络。在公共关系活动中,企业与社会公众之间的信息沟通是双向的。一方面,企业通过对外沟通,使公众认识和了解自己,引导和调整社会公众对自己的认识;另一方面,企业通过吸取舆情民意,根据顾客需求与公众意愿去设计自身的形象,使自己的方针、政策、产品和服务等更加符合公众的利益。

(5)公共关系的基本原则是真诚合作、互利互惠。企业的公共关系对象都是与企业有着一定的利益关系,对企业的生存发展具有一定制约力的组织或个人。这种以一定的利益关系为纽带的双方关系特别强调平等相待、互利互惠,企业只顾自身利益而不择手段、不顾后果就毫无公共关系可言。与自己的服务对象一同发展是公共关系的重要原则。

二、公共关系活动方式

1. 内部刊物

内部刊物是企业内部公关的主要内容,是企业各种信息的载体,是管理者和员工的舆论阵地,也是沟通信息、凝聚人心的重要工具。例如,海尔集团的《海尔人》就起到了这样的作用。

2.利用新闻媒体

企业应争取尽可能多的机会与新闻单位建立联系,通过新闻媒体向社会公众介绍企业及产品。这样,一方面可以节约广告支出;另一方面,由于新闻媒体具有较高的权威性,覆盖面广,企业借助于新闻媒体的宣传效果也很好。这方面的工作主要包括将企业的重大活动、重要的政策及各种新奇、创新的思路撰写成新闻稿件并借助媒体传播出去。另外,参加新闻媒体举办的社会活动和电视节目也是提高企业知名度的一个有效方法。

3.组织专题公众活动

企业可以通过组织或举办新闻发布会、记者招待会、展览会、联谊会、庆典、开放参观等专题公众活动,介绍并展示企业情况及产品,进而沟通感情、增进了解、扩大宣传、树立形象。

 知识拓展

老乡鸡"200元"战略发布会

一场品牌战略发布会能够实现全国刷屏实在少见,而"老乡鸡"却在2020年的3月份做到了。没有铺着红地毯的宽阔舞台,也没有金光闪闪的聚光灯,主讲人也并非西装革履,台上只有斑驳的墙面、一块破旧的黑板和怀旧的大喇叭。全国拥有800多家直营店的"老乡鸡"用一场"简陋"的发布会,成功地刷屏了朋友圈,也赢得了年轻人的五星好评,让品牌在全国得到一次巨大的曝光。

4.支持公益活动

企业通过赞助如体育、文化教育、社会福利等社会公益事业,使公众感到企业不仅是一个经济实体,而且也能肩负社会责任,为社会的公益事业做出贡献。这样必然能提高企业在社会公众中的声誉和地位。例如,跃众公司推出的"每售出一包手帕纸,捐赠一分钱"的公益活动获得了消费者的好评,产生的效果就是销量的提升,活动实施的当天,其诚信率就上涨了10%。

5.与地方政府建立良好的关系

地方政府的支持是企业长远发展的重要保证。企业应努力与当地政府建立良好的关系,争取得到政府各个方面的支持,包括资金扶持、场地优惠政策、客户开发及其他优惠政策扶持等。

6.散发宣传材料

公关部门要为企业设计精美的宣传册或画片、资料等,在适当的时机向相关公众发放这些资料,可以增进公众对企业的认知和了解,从而扩大企业的影响。

三、公共关系的实施过程

公共关系促销作为一个完整的工作过程,应该包括以下四个相互衔接的步骤:

1.市场调查研究

市场调查研究是做好公关工作的基础。为了使公关工作做到有的放矢,公关部门应先了解与企业实施的政策有关的公众意见和反映。公关部门要把企业领导层的意图告诉公众,也要把公众的意见和要求反映到领导层。因此,公关部门必须收集、整理、提供信息交流所必需的各种材料。

2. 确定公关目标

在调查研究的基础上明确问题的重要性和紧迫性,进而根据企业总目标的要求和各方面的情况确定具体的公关目标。一般来说,企业公关的直接目标是促进企业与公众的相互理解、影响和改变公众的态度和行为,建立良好的企业形象。具体来说,公关目标是通过企业传播信息,强化或转变公众态度。另外,必须注意的是,不同企业处于不同的发展时期,其公关的具体目标是不同的。

3. 信息交流

公关工作是以传播有说服力的信息去影响公众,因而公关工作过程也是信息交流的过程。企业面对广大的社会公众,其公众关系与小规模生产条件下简单人际关系大相径庭。企业必须学会运用大众传播媒介及其他交流信息的方式,从而达到良好的公关效果。

4. 公关效果评估

企业应对公关工作是否实现了既定目标进行评估,为今后的公关工作提供资料和经验。公关工作的成效可从定性和定量两方面评估。定性评估主要是分析由公共关系活动而引起的产品的知名度及公众对产品的理解程度、态度等方面的变化。定量评估主要是计算传媒宣传次数、销售额和利润的变化等。

 知识拓展1

天选之钉

钉钉被教育部选中作为给小学生上网课的平台,一时间天选之钉成了被网课支配的孩子们的出气筒。当得知App的评分低于一星就会被下架时,小学生们更是集体出征,疯狂打一星,评分从4.9一路跌到了1.6,意图将其喷下架。面对新增长的年轻用户,钉钉就采用了求饶的方式,表示"给我在阿里巴巴家留点面子吧""相识是一场缘分,不爱请别伤害我""我只是一个五岁的孩子,大家都是我爸爸"。同时阿里家族的其他应用也被炸了出来,纷纷出手捞一手被虐得寸草不生的钉钉。譬如:毫无面子可言的淘宝,没有缘分、牵手失败的支付宝,惊到笑错声的盒马。随后钉钉更是乘胜追击,推出了《甩钉歌》《你钉起来真好听》等一系列B站风格的视频,在视频里,钉钉用最软的态度唱出了最硬的事实,建构起品牌与B站的强关联度,成为了B站网红,成功拉升了品牌在年轻人中的好感度,钉钉的评分也就回暖了。

 知识拓展2

知错能改海底捞

伴随着疫情的向好发展,网红海底捞恢复营业后餐品涨价,毛血旺半份从16元涨到23元;8小片,半份土豆片13元,合一片土豆1.5元;自助调料10元一位;米饭7元一碗;小酥肉50元一盘。这一行为迅速将海底捞推向舆论风口,海底捞随后就发布了致歉信,并恢复到2020年1月26日门店停业前标准。虽然引起热议,但舆论环境并不负面,海底捞果断采取行动,重新赢回了大众的信任。相关部门借势进行公关处理,变相为自提业务打广告,话题不但冲上微博热搜,且赢得不少网友的好评,知错能改,才是最好的公关策略。

任务实施

为某一商家或某种产品制定促销方案

实训目标：

检验学生对促销策略的应用情况,提高学生的促销技能。

实训要求：

(1) 结合所选商家或产品的特点制定有效的促销策略。

(2) 灵活运用多种促销工具,方案要有可行性。

(3) 以小组为单位制作 PPT,在班里进行总结交流。

实训报告：

本次实训后,撰写项目实训报告。

自我检测

项目十一　营销新视野

项目导入

李学经过几年的营销历练,不仅积累了丰富的实践经验,而且掌握了很多市场营销的理论知识,明白了市场营销理论也在不断地丰富,接触了一些新的市场营销理念,想对其进行深入学习。

项目分析

随着时代的进步,市场营销理论也在不断地丰富,市场营销理论也迎来了新的发展,市场营销行业也有了新的发展趋势,本项目主要围绕营销的新视野展开,主要包括认识绿色营销观念、了解微营销观念、学习文化营销观念、分析新媒体营销观念。

学习目标

知识目标:
(1)了解市场营销的新发展。
(2)掌握市场营销行业发展的新趋势。

技能目标:
(1)能灵活运用各种市场营销技能。
(2)学会发展和创新市场营销技能。

素质目标:
(1)培养学生正确分析和解决市场营销管理问题的能力。
(2)培养学生自觉树立良好的职业道德和职业习惯意识。

知识框架

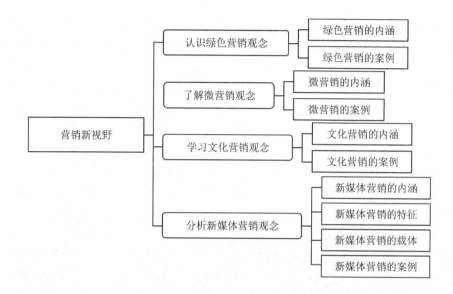

任务一 认识绿色营销观念

 任务描述

认识绿色营销,特别是了解绿色营销的内涵及学会分析绿色营销的相关案例,通过本任务的学习,学生能够了解绿色营销的相关概念,并能够了解市场营销观念的新发展。

相关知识

一、绿色营销

伴随着现代工业的大规模发展,人类正在以空前的规模和速度毁坏自己赖以生存的环境,给自己的生存和发展造成了严重威胁。大自然的"报复"促使人类清醒,绿色需求便逐步由潜在转化为现实,由消费需求的满足转向物质、精神、生态等多种需求和价值并重。有支付能力的绿色需求是绿色营销赖以形成的推动力,也决定了绿色市场的规模与发展。

1. 绿色营销的界定

"绿色"是一个形象用语,它泛指保护地球生态环境的活动、行为、计划、思想和观念等。何为绿色营销?对于绿色营销的定义,不同学者从不同角度进行了界定,具有代表性的观点有"产品中心论""环境中心论""利益中心论""发展中心论"等。

(1)产品中心论。产品中心论认为,绿色营销是指以产品对环境的影响作为中心点的市场营销手段。它强调以环境保护为宗旨,从本质上表明了产品的构成,以及与之联系在一起的产品的生产过程和消费后废弃物的处理方式。即为了保护环境,企业要设计生产绿色产品,从产品的设计、加工、包装到销售过程都要做到有利于环境的保护和改善,能够在创造内部经济价值的同时带来社会外部效益。

(2)环境中心论。环境中心论认为,绿色营销是以环境问题作为推进点而展开的营销实践。这条定义的着眼点是利用绿色问题来推销产品,并不是在真正意义上帮助解决环境问题。

(3)利益中心论。利益中心论认为,绿色营销是为了实现自身利益、消费者需求和环境利益的统一,而对产品和服务的观念、定价、促销和分销的策划和实施过程。它强调企业在实施绿色营销时,不仅要满足消费者的需求并由此获得利润,而且要符合环境保护的长远利益,正确处理消费者需求、企业利益和环境保护之间的矛盾,把三者协调起来,统筹兼顾。

2. 绿色营销的特点

绿色营销是在企业和社会生存环境发生变化的情况下提出来的、与知识经济和可持续发展密切相关的一种新的市场营销观念。绿色营销与传统的营销观念和方式相比,具有以下几个方面的特点。

(1)绿色营销具有鲜明的时代性。知识经济时代是社会经济发展的新时代,可持续发展是当代社会一种全新的发展观,而绿色营销的理论和实践必然要以知识经济和可持续发展为其指导思想;同时,以知识和科学技术发展为支持的知识经济,又为绿色技术的开发、绿色能源的采用、绿色产品的生产、绿色营销的实施创造了有利条件。

(2)绿色营销更加突出以顾客为中心的营销观念。随着经济的不断发展,人们的生活条件有了很大改善,生活水平有了很大提高,消费层次由低层次向高层次递进,人们的消费方式由简单的解决温饱型消费向小康富裕型消费转变。生活方式的改变和生活水平的提高,又使人们的健康意识、环保意识大大增强,人们形成了维护生态平衡的消费观。绿色营销正是迎合和满足这一消费需求变化的新的营销方式。

(3)绿色营销是可持续性营销。绿色营销的目的是实现社会资源、自然资源、生态资源的永续利用,保护和改善生态环境。要实现绿色营销,从技术开发、产品设计、物品采购、生产工艺、质量标准、包装材料、广告策划及促销方案等方面,都必须贯彻"绿色思想",从而带动绿色产业、绿色产品、绿色消费的发展,形成可持续发展的良性循环。

(4)绿色营销具有综合性。绿色营销对市场营销观念、生态营销观念、社会营销观念等进行了综合,吸收了各个观念的合理性部分,更加突出了资源持续利用、经济可持续发展、保护生态环境的核心思想,促进了企业进一步考虑消费者的利益和共同愿望,代表了企业生存发展的观念和企业未来的方向。

(5)绿色营销具有示范性。随着绿色营销的实施,绿色产业和绿色消费必将得到大力发展。绿色产业和绿色消费反过来又将进一步促进人们"绿色意识"和环保意识的提高,使消费者实现由"不自觉"到"自觉"消费绿色产品的转变,这对社会进步和经济的可持续发展也有一定的促进作用。绿色营销体现了社会发展和消费者需求转变的方向,必将成为未来主流的营销观念和方式。

二、绿色产品

1. 绿色产品观念

企业实施绿色营销必然要以绿色产品为载体,要为社会和消费者提供满足绿色需求的绿色产品。所谓绿色产品,是指对社会、对环境改善有利的产品,也称为无公害产品。这种绿色产品与传统同类产品相比,具有下列特征:①产品的核心功能是既要能满足消费者的传统需要,符合相应的技术和质量标准,更要满足对社会、自然环境和人类身心健康有利的绿色需求,符合有关环保和安全卫生的标准。②产品的实体部分应减少资源的消耗,尽可能利用再生资源。产品实体中不应添加对环境和人体健康有害的原料、辅料。在产品制造过程中应消除或减少"三废"对环境的污染。③产品的包装应减少对资源的消耗,产品的包装和报废后的残余物应尽可能成为新的资源。④产品生产和销售的着眼点,不在于引导消费者大量消费而大量生产,而是指导消费者正确消费而适量生产,建立全新的生产美学观念。

2. 绿色产品的价格观念

价格是市场的敏感因素,定价是市场营销的重要策略,实施绿色营销不能不研究绿色产品价格的制定。一般来说,绿色产品在市场的投入期,生产成本会高于同类传统产品,因为绿色产品成本中计入了产品环保的成本,主要包括以下几个方面:①在产品开发中,因增加或改善环保功能而支付的研制经费。②在产品制造中,因研制对环境和人体无污染、无伤害的产品而增加的工艺成本。③使用新的绿色原料、辅料可能增加的资源成本。④实施绿色营销可能增加的管理成本、销售费用。

但是,产品价格的上升是暂时的,随着科学技术的发展和各种环保措施的完善,绿色产品的制造成本会逐步下降,趋向稳定。企业制定绿色产品价格,一方面当然应考虑上述因素;另一方面应注意到,随着人们环保意识的增强、消费者经济收入的增加,消费者对商品可接受的价格会逐步与消费观念相协调。所以,企业生产绿色产品不仅能使企业盈利,更能在同行竞争中取得优势。

3. 绿色产品的渠道策略

绿色营销渠道是绿色产品从生产者转移到消费者所经过的通道。企业实施绿色营销必须建立稳定的绿色营销渠道,策略上可从以下几个方面努力:①启发和引导中间商的绿色意识,建立与中间商恰当的利益关系,不断发现和选择热心的营销伙伴,逐步建立稳定的营销网络。②注重营销渠道有关环节的工作。为了真正实施绿色营销,从绿色交通工具的选择,绿色仓库的建立,到绿色装卸、运输、贮存、管理办法的制定与实施,都要认真做好绿色营销渠道的一系列基础工作。③尽可能建立短渠道、宽渠道,减少渠道资源消耗,降低渠道费用。

4. 绿色营销的促销策略

绿色促销是通过绿色促销媒体传递绿色信息,指导绿色消费,启发引导消费者的绿色需求,最终促成购物行为。绿色促销的主要手段有以下几个方面。

(1)绿色广告。绿色广告是指通过广告对产品的绿色功能定位,引导消费者理解并接受广告诉求。在绿色产品的市场投入期和成长期,通过量大、面广的绿色广告,营造市场营销的绿色氛围,激发消费者的购买欲望。

(2)绿色推广。绿色推广是指通过营销人员的绿色推销和营业推广,从销售现场到推销实地,直接向消费者宣传、推广绿色产品的信息,讲解、示范绿色产品的功能,回答消费者的咨询,宣讲绿色营销的各种环境现状和发展趋势,激发消费者的消费欲望。同时,通过试用、馈赠、竞赛、优惠等策略,引发消费者的兴趣,促成购买行为。

(3)绿色公关。绿色公关是指通过企业的公关人员参与系列公关活动,如发表文章、演讲、播放影视资料,参与、赞助社交联谊、环保公益活动等,广泛与社会公众进行接触,增强公众的绿色意识。树立企业的绿色形象,为绿色营销建立广泛的社会基础,促进绿色营销的发展。

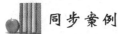 **同步案例**

蒙牛集团铝塑包装盒的回收

铝塑包装盒的回收情况:环保人士坦言废弃包装的回收系统是最让人头疼的。建有聚乙烯铝塑复合包装材料回收利用技术公司的大中城市回收率不到20%,普遍困扰这些企业的问题,就是利乐包回收数量的不足;没有建回收公司的中小城市回收率更低;城乡、农村三四级市场将废弃包装白送给收废品的都不要,马路边、水渠旁随处可见,又不易降解,问题连连。

离北京奥运会只有一年多了,蒙牛虽然没有拿到奥运合作权,但也可以在不"侵权"的情况下充分利用奥运商机给企业带来的营销机会。错过了就没有这么好的载体、这么大的号召力了。

"一件捆一盒奶、一件送一盒纸巾"的促销本身给人有点"费力不讨好"的感觉(在人们印象中只有低端产品才做赠品促销),以环保的名义用包装盒来换奶更能体现出企业的社会责任感,更能体现出蒙牛产品的价值(蒙牛是不轻易送的)。

"得人心者得天下",蒙牛为中小学生免费送奶计划也是为树立企业品牌形象,"包装盒换奶回收计划"适宜时代环保需求,更能笼络现代人对都市环保的心,从而赢得企业品牌形象,巩固消费者对企业的价值认定。

结合案例思考:

蒙牛集团铝塑包装盒的回收所使用的营销策略带给你什么启示?

任务二　了解微营销观念

 任务描述

了解微营销,特别是了解微营销的内涵及学会分析微营销的相关案例。通过本任务的学习,学生能够了解微营销的相关概念,并能够了解市场营销观念的新发展。

 相关知识

随着互联网技术和通信技术的深度发展,以消费者为中心的营销理念成为当下经济时代的主旋律,对产品或服务的精细化和多样化需求是网络环境下消费者需求的重要特征,消费者市场深度细分日渐明显。同时,在高度发展的互联网技术和通信技术的刺激下,整体网络市场的发展变化也在日益加快。这些不断变化的营销环境促使企业灵活运用管理思维,不断优化企业的组织结构。产品及相关服务轻装上阵,以便娴熟地应对瞬时即变的市场竞争与市场需求。科技日新月异,特别是电子科技和互联网经济的高度融合,使得手机等移动通信设备的网上购物变得更加普遍,再加上微博、微信、微店和 SNS(社交网络服务)网站等的兴盛,促进现代市场营销不断纵向发展,并逐步进入了微营销时代。在微营销时代,以互联网为传播平台的电商行业如同雨后春笋般迅速发展壮大起来。消费者可通过互联网直接与制造商联系,提出其个性化的需求。企业可根据每位消费者的差异性需求为其量身定做,使制造商针对不同消费者的个性化营销活动得以实现,这种根据消费者碎片化需求进行的营销活动就是微营销。

微营销是传统营销与现代网络营销的结合体,是通过预测消费者的需求来引导可以满足需求的商品和服务,使其从生产商流向消费者以实现组织目标的活动。微营销强调更多的用户参与,群智和分享的蛛丝马迹能让市场参与者有效地定位用户的行为,从而进行更精确的营销活动。微营销包括微博、微信、微信公众平台、微网站、App 等形式。微营销的核心特征是"微",即营销的内容是"微内容",如一句话、一张图片等;营销体验是"微动作",即简单的鼠标点击就能完成选择、评价、投票等功能;营销渠道是"微介质",如手机等;营销对象是"微受众",即小众传播。微营销的结果是去中心化和碎片化。

当今,4G 网络及相应的技术已经融入手机应用中,各类移动便携的终端体积大大缩小,各种物品智能化,兼具传播功能,人类的信息接收终端的种类不断增加。这些小巧便捷的信息接收终端使人类的营销活动范围大大拓展,进一步突破时空的限制,在这种情况下,原有的营销方式已经不合时宜,微营销因其传播速度之快、信息更新之快、信息发布之便捷将备受青睐。

不仅如此,信息接收或发送设备的体积将在一定程度上重新塑造受众的时空观。移动终端使得人类的营销方式更加流动,也将人们的营销时间分割得更加琐碎,人们会选择无聊或零散的时间进行营销活动和信息接收。时间的琐碎决定了人们不可能有大量时间来接受大篇幅的电影、电视剧、漫画或小说。此外,移动的信息终端也在无形中改变着人们营销活动的心态,人们更青睐一种快餐式的文化消费内容,没有耐心和精力接受冗长沉重的内容。

同时,数字技术使营销者与接收者位置互换、重叠,并且逐渐变得模糊,信息传播交互的每一个节点都可能是一个传送或接收的中心,营销活动早已不再是自上而下的单向式信息发布,而呈现为交流活动的双向结构、网状结构,每一个手持移动终端的个体都是一个传播节点,人们进行营销活动更加便捷、高效、平民化。微营销使得人们在对话中实现决策参与,成为营销活动的主体,营销效果更加明显。

星巴克猫爪杯

这辈子,你为星巴克猫爪杯拼过命吗?猫爪杯的拥趸者就拼过。2019 年 2 月 26 日,星巴克推出春季版"2019 星巴克樱花杯",其中一款粉嫩可爱的"猫爪杯"在网络迅速走红。为了能抢到这个杯子,有人连夜在星巴克门口排队,甚至搭起了帐篷。从门店开门到杯子售罄,只用了不到两分钟时间。更夸张的是,有的人因为抢杯子在星巴克门口大打出手,上演了全武行。

不只是线下,猫爪杯火了之后,线上猫爪杯的百度指数、淘宝搜索量和微信指数也都直线上升,出现了线上线下都"一杯难求"的局面。猫爪杯售罄之后,消费者抢购热情依然不减。在二手电商交易平台上,猫爪杯的价格从原价 199 元被炒到 1800 元。随之而来的,是商家的仿制品,价格也在 65~120 元不等。

每年的樱花季,星巴克都会推出应景限量的主题杯,这已经成为传统。但与往年樱花杯并未掀起波澜相比,今年的猫爪杯成功"出圈"了。

结合案例思考:

星巴克猫爪杯所使用的营销策略带给你什么启示?

任务三　学习文化营销观念

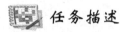 任务描述

学习文化营销观念,特别是学习文化营销的内涵及学会分析文化营销的相关案例,通过本任务的学习,学生能够了解文化营销的相关概念,并能够了解市场营销观念的新发展。

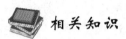 相关知识

一、文化营销的定义

文化营销强调企业的理念、宗旨、目标、价值观、职业行为规范、经营管理制度、企业环境、组织力量、品牌个性等文化元素,其核心是理解人、尊重人、以人为本,调动人的积极性与创造性,关注人的社会性。在文化营销观念下,企业的营销活动一般奉行一些原则:给予产品、企业、品牌以丰富的个性化的文化内涵。

例如,相机、月饼、粽子等产品的深处包含着一种隐性的东西——文化。企业向消费者推销的不仅是单一的产品,产品在满足消费者物质需求的同时还满足消费者精神上的需求,给消费者以文化的享受,满足他们高品位的消费。这就要求企业转变营销方式,进行文化营销。

物质资源是会枯竭的,唯有文化才能生生不息。文化是土壤,产品是种子,营销好比是在土壤里播种、耕耘,培育出品牌这棵幼苗。可口可乐只是一种特制饮料,和其他汽水饮料也没有太大的区别,但它之所以能够成为全球知名品牌,并有一百多年历史,是因为它与美国的文化有紧密的联系。可口可乐的每一次营销活动无不体现着美国文化,使其品牌成为美国文化的象征。

文化营销是指将商品作为文化的载体,通过市场交换使文化信息进入消费者的意识,它在一定程度上反映了消费者对物质和精神追求的各种文化要素。文化营销既包括浅层次的构思、设计、造型、装潢、包装、商标、广告、款式,也包含对营销活动的价值评判、审美评价和道德评价。

文化营销包括以下三层含义。

(1)企业需借助或适应不同特色的环境文化开展营销活动。

(2)文化因素需渗透到市场营销组合中,企业应综合运用文化因素,制定出有文化特色的市场营销组合策略。

(3)企业应充分利用CI战略与CS战略全面构筑企业文化。

二、文化营销应注意的问题

文化营销不是喊口号,它不仅是个形式的问题,更是一个内容的问题,它也不是企业心血来潮时的一时冲动。企业在进行文化营销时应注意以下两个方面的内容。

第一,处理好内容与形式的关系。内容决定形式,形式是内容的体现,二者辩证统一。许多企业在文化营销时往往只重视形式,而忽略了内容。有的企业只注重产品的包装,不重视产品的质量;有的企业在文化建设中只提出一些口号,但在实际中并不去执行;有的企业只知道做广告、做宣传,只重视企业视觉识别(Visual Identity,VI)系统,不强调企业理念识别(Mind Identity,MI)和企业行为识别(Behavior Identity,BI)建设,造成了"金玉其外,败絮其中"的结果。

第二,要用系统的观点对待文化营销。企业的文化营销是个整体、一个有机的系统。它包括三个方面的含义,我们不能断章取义,只抓一点,不及其余,而要把三者有机结合起来。

企业文化建设是企业文化营销的前提和基础,企业没有良好、健康、全面的文化建设,文化营销就成了无源之水、无本之木。企业分析和识别不同环境的文化特点是文化营销的中间环节和纽带。企业在文化建设的基础上,只有对不同环境的文化进行分析,才能制定出科学的文化营销组合策略;制定文化营销组合策略是前两者的必然结果。企业在进行文化营销时往往忽视了前两者,只重视文化营销组合策略的运用,结果收效甚微。

 知识拓展

东风雪铁龙营销案例:C5 上市文化营销

雪铁龙C5上市的时候,机遇与挑战并存。就挑战而言,C5作为雪铁龙引入中国的第一款中级车,担负着提升品牌形象的战略重任。在已有的中级车市场竞争格局中,日系车占据大部分市场份额,欧系车C5如何取得销量成功?就机遇而言,C5凝聚了雪铁龙9代高端车的精髓,其操控、安全等方面的6大前瞻科技在同级车中处于领先水平。C5在欧洲市场的销量非常成功,尤其在法国中、高级汽车市场的销量位居第一,并获得测试五星安全评级等10余项国际大奖。

针对上述情况,雪铁龙的推广策略是:以新儒学文化为载体,逐步展现C5"和而不同"的产品特质;通过与书法名家等的文化交流与互动,影响目标受众,让商务人群直观感受C5的品牌价值;借助与中国传统文化的结合,吸引媒体主动关注。具体的推广执行情况如下:

一是公司创造出能够体现深厚文化底蕴的产品宣传语——"逸天地,悦人生";二是邀请书法泰斗书写slogan(标语),演绎厚积薄发的大气;三是以大道无形、至柔至刚的水为主题召开新品发布会,演绎新品的和谐大气;四是邀请VIP嘉宾,在位于北京前门23号院(四合院)的布鲁克法餐厅鉴赏C5及中国书法艺术精品,吸引媒体和社会的关注,保持舆论热度;五是组织文化名家、行业领袖如上官洪夫、张颐武、钟师等进行文化品鉴活动,在鉴赏范增画作"逸天地,悦人生"的创意精髓的过程中,借助意见领袖的见解和肯定影响目标消费群体的认知。此外,公司还密切关注中法文化交流,通过赞助"中法文化交流之春"等活动的活动用车等形式,表达文化姿态。

这些策略为新品营销奠定了基础:东风雪铁龙C5上市后,3个月内平均销量即达4000台左右,并创下了在不到一个月的时间内接到万余张订单的销售佳绩。

任务四　分析新媒体营销观念

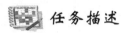 **任务描述**

数字技术和网络技术的快速发展催生了新媒体。时至今日,新媒体早已不仅仅是一个流行词语,它更是以无法阻挡的发展势头改变着越来越多的人的生活方式。在这种背景下,以顾客为中心的企业营销自然需要做出改变来积极顺应时代的发展潮流,因此利用以互联网、手机为代表的新媒体开展企业营销,探索新的营销模式,具有重要的现实意义。通过本任务的学习,学生能够了解新媒体营销的相关概念,并能够了解市场营销观念的新发展。

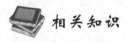 **相关知识**

一、新媒体营销的内涵

随着信息技术的发展进步,特别是 Web 2.0 技术引起的巨大变革,用户不仅可以不受时空限制地分享各种观点,而且还可以很方便地获取自己所需要的信息,发布自己的观点。这种变化使得企业的营销思维也随之发生了改变,企业变得更加注重消费者的体验和与消费者的沟通。新媒体营销就是在这种环境下产生的。

所谓新媒体营销,简单来说,就是企业通过新媒体渠道所开展的营销活动。具体来讲,新媒体营销则指的是信息化、网络化、电子化环境下展开的一种营销活动。新媒体营销属于营销战略的一种,是企业开展网络营销活动的一种重要活动方式,也是一种基于现代营销理论,利用新技术的企业经营手段,能够最大限度地满足企业及顾客的需要,从而带来最大化的利益。随着新兴媒介技术的不断发展,新的营销方式也变得越来越多,而新媒体营销正是在这种背景下出现的一种新兴媒体形态,它拥有传统广告媒体的各种优势,为人们提供了更便捷快速的交流方式,如数字广播、手机短信、移动电视、网络视频、数字报纸等。由此可以概括出:所有以有线或无线网络为载体的数据展示形式媒介统称为"新媒体"。新媒体也因此被称为继报刊、户外、广播、电视四大传统媒体之外的"第五大媒体"。

二、新媒体营销的特征

新媒体营销与传统媒体营销是有很大不同的,其区别主要在于新媒体营销更注重"关系"与"情感",它给人的感觉是"深度卷入"而不是"生拉硬拽"。那么,新媒体营销有哪些特征呢?

1. 成本低廉

这一特征主要表现在经济、技术、时间三个方面。

(1)经济成本低廉。新媒体营销固定成本低廉。由于新媒体营销是基于几大固有平台进行的,如微博、微信,所以不需要自己创建营销平台,从而减少了固定资金投入;在新媒体营销过程中,可以借助先进的多媒体技术手段,以文字、图片、视频等表现形式对产品、服务进行描述,基本上不需要什么费用,所以经济成本低廉。

（2）技术成本低廉。新媒体营销是科学技术发展到一定阶段的产物，其技术含量当然会很高，但与高端技术相比，新媒体营销的技术成本却不是很高。以微博为例，微博营销对技术性支持的要求相对较弱，具体表现为企业微博的注册、认证、信息发布和回复功能已经接近傻瓜化的使用程度。

（3）时间成本低廉。新媒体的信息传播无须经过相关部门的审批，简化了传播的程序。再者，网络信息传递的互动性使得营销信息能够获得"一传十，十传百"的效果，并且很多情况下传播过程都是自发性的，如某微信公众号的一篇文章被很多人转发到朋友圈，这种便捷的传播方式自然降低了新媒体的营销时间成本。

2. 应用广泛

随着新技术和新思维的不断涌现，新媒体的传播渠道也在日益增多，主要有博客、网络视频、网络社区、IPTV 和移动电视。

（1）博客。博客营销是公司、企业或个人利用博客，发布并更新企业、公司或者个人的相关概况及信息，并且密切关注和及时回复平台上客户对企业或个人的相关疑问及咨询，以期达到宣传目的的营销手段。

（2）网络视频。网络媒体中，信息传播模式变为双向的、互动式的，以受众为中心，受众可以随意选择自己需要的节目。随着网络媒体的不断崛起，网络视频开拓了很多新领域，主要有视频分享类、网络直播类、网络传媒类和企业视频类等。

（3）网络社区。网络社区是网站所提供的虚拟频道，供网民互动、维系情感及分享资讯，BBS、SNS、聊天室等是其最主要的表现形式。网络社区经营成功，可以带来稳定及更多的流量，增加广告收入，注册会员更能借此拥有独立的资讯存放与讨论空间。

（4）IPTV。IPTV 即交互网络电视，一般是指通过互联网络，特别是宽带互联网络传播视频节目的服务形式。数字交互电视是集合了电视传输影视节目的传统优势和网络交互传播优势的新型电视媒体，它的发展使传播者与接收者之间能够形成实时互动，而不像传统媒体那样接收者只能被动接收信息。

（5）移动电视。移动电视具有覆盖面广、反应迅速、移动性强的特点，同时也具有传统媒体的宣传和欣赏、城市应急、信息发布等功能。移动电视正是抓住了受众乘车、等候电梯等短暂的无聊时间进行强制性传播，使得消费者在别无选择时被它俘获。

3. 模式健全

新媒体营销目前主要有以下几种较为健全的运行模式。

（1）微博营销。受众最感兴趣的内容和最容易引起讨论的话题一经发布，就会引起快速复制、热烈讨论和积极参与的氛围，从而形成连绵不断的传播浪潮。企业只要创造出恰当的话题，再将话题发送到受众群体中，就可以作壁上观，等待受众在话题原始形态和构成上自由发挥、创造，不断扩充其内容，新浪微博是其典型代表。

（2）SNS 营销。SNS 全称为 Social Networking Services，即社会性网络服务，是指帮助人们建立社会性网络的互联网应用服务；也指社会现有已成熟普及的信息载体，如短信 SNS 服务。SNS 的另一种常用解释，全称 Social Network Site，即社交网站或社交网，"我的星巴克点子"是其典型代表。

（3）网站营销。企业网站是最突出的、能够同社会各个层面沟通的一种形态，也是企业所有营销传播的基础。它不仅可以塑造、传达品牌形象，而且可以利用新媒体平台为企业提供更多可控制的传播形态,以传播自己的品牌信息等。

(4)视频营销。将视频上传并进行视频互动的营销模式,启发了国内很多视频网站的开发和成长。新生代市场监测机构的调查显示,在网上浏览视频的消费者的比例已经达到全部网络用户的36.3%。而电视厂商互联网电视产品的推出,也让网络视频渗入传统电视终端。

(5)搜索营销。搜索引擎可以帮助网民从大量信息中快速获取所需信息,还能为企业带来巨大的商机。与传统营销方式相比,搜索营销大大降低了品牌建设的成本。企业可以通过搜索营销增加网站流量,也可以寻找企业伙伴,从而扩大品牌影响力。

4. 前景广阔

新媒体涵盖了丰富多彩的内容,多样的传播渠道也使得每个人都成了信息的发布及传播者,同时也使每个人对信息的解读和分析达到了前所未有的广度和深度。通过对社交平台上大量数据的分析,企业对用户需求的了解也越来越精准,从而使得未来市场越来越广阔。新媒体改变了以往传统的信息传播模式,其双向化的特点是一个很大的优势。新媒体营销模式也促使企业开始转变以往的营销理念,促使企业营销理念升级。长远来看,新媒体的迅速发展与被普遍接受是必然的。

随着新媒体时代的到来,众多基于新媒体应用的营销可能逐渐产生,企业应把握新媒体发展趋势,顺应新媒体格局的变化,促使企业营销理念升级。

(1)媒体传播的碎片化与受众重聚。新媒体的逐步发展演进,势必会产生两个革命性的突破:一是传播方式的转变,即在互联网技术的影响下,单向传播演变成双向传播,每一个信息接收者都有可能变为信息源或者传递者;二是移动网络的广泛应用使媒介更加趋向多元化、便利化。二者结合最终使相应的受众模式转变成为"碎片化"和"重聚"的不断转换。

(2)新媒体应用的策略与理念转化。新媒体内容及内容背后的价值观是左右受众"碎片化"和"重聚"的重要因素。举例来说,在传统电视走向双向机顶盒数字电视之后,电视观众不再受时间约束,没必要看即时播出的电视剧,而可以选择回放两周以前的电视剧或者在晚间收看中午播出的新闻节目。从收视率来看,晚间的收视率被分流了,从而表现出"碎片化"的特征。这个分化及重聚的过程显然是基于内容选择的,而这势必会催生新媒体营销领域中企业应用策略与理念的转化。

三、新媒体营销的载体

新媒体营销是借助新媒体而开展的营销活动,层出不穷的新媒体为企业开展新媒体营销提供了多样化的载体,并且伴随着近年来快速发展的移动互联网,新媒体营销的渠道也更加多元化。通常来说,新媒体营销的载体主要有以下几类。

1. 网络媒体

网络媒体是新媒体的主要形态,我们今天讲的新媒体主要以网络媒体为主。基于HTTP协议的Web页面的发明让人们只需轻轻一点就能打开互联网的多彩世界,而不需要专业的技能,不需要输入命令。互联网在中国近20年的发展历程早已让它完全获得了媒体的属性和地位。它的出现给世界带来了颠覆性的改变,成为当下人们生活不可或缺的重要元素。

2. 移动媒体

移动媒体主要是以智能手机、平板电脑等移动终端为传播载体的新兴的媒体形态。移动媒体的最大特点就是具有移动性、小巧、可随身携带。移动媒体的形式丰富多样,从早期的手

机短信、手机报到今天的资讯、视频、社交等 App 及二维码都成了移动媒体的媒介形式。另外,根据 CNNIC 发布的第 38 次《中国互联网络发展状况统计报告》(以下简称《报告》)统计数据,截至 2016 年 6 月,我国手机网民达 6.56 亿,网民中使用手机上网的比例由 2015 年年底的 90.1% 提升至 92.5%,手机在上网设备中占据主导地位,我国网民手机上网的趋势进一步强化。可以预见的是移动媒体将成为引领新媒体营销发展的重要动力。

3. **互动性电视媒体**

互动性电视媒体是传统的电视媒体结合互联网的 IP 特性后的升级形态,包括数字电视和 IPTV 两大类。

(1)数字电视。数字电视(Digtal TV,DTV)是一个从节目采集、节目制作、节目传输直到用户端都已实现数字方式处理信号的端到端的系统,与模拟电视相比,数字电视具有很多传播优势。我国近年来大力推行由电视模拟信号向数字信号的转换,未来几年将全部实现数字信号的覆盖。

(2)IPTV。IPTV 即网络电视,它指的是在互联网技术下,尤其是宽带互联网下的一种传播视频节目的服务形式,主要是通过电信运营商的宽带网络或有线电视来为用户提供多种交互式视频节目服务的一种新型的电视传播媒介。

IPTV 以多媒体技术、通信技术和互联网技术为支撑。在具体的使用中,通过加装 IP 机顶盒,用户能够搜索多个电视频道,并且和网络同步,还可以通过连接互联网实现网络搜索功能。因此,这种网络交互式电视不仅集合了电视传输影视节目的传统优势,还为电视的传播带来了一场新的发展革命。而通过网络电视,IPTV 所具有的节目交换平台还能为用户提供更多、更丰富的个性化和交互式的电视节目,让用户在观看电视的过程中能够拥有更加高度灵活的时间选择和内容选择空间,同时还为用户提供了更加多样化的交互式的数字媒体服务,如互联网浏览、电子邮件、数字电视节目、可视 IP 电话及多种在线信息咨询、娱乐等功能,给用户带来一种全新的电视体验。

4. **户外新媒体**

当视频技术走出固定场所,面向开放的户外空间、移动空间,借助无线网络时便出现了新的媒体形态,如户外新媒体、楼宇电视、车载移动电视等。这些都属于户外新媒体的形态,属于典型的"等候经济",等电梯、等飞机的情境下,以一种看似闲散的伴随性传播来及时地传递信息。

户外新媒体包括两方面含义:一方面,户外新媒体蕴含了"分众"内容,即在不同地点根据不同受众特点传播不同的内容;另一方面,户外新媒体的"新"将数字视频技术等革命性地引入到行业内,增强了其内容的表现方式。目前,户外新媒体的主要形式包括城市户外电子显示屏、楼宇电视、车载移动电视等。

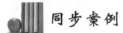 同步案例

菠萝蜜:直播成为跨境电商发展的新动力

近年来,跨境电商悄然兴起,越来越多的网民加入"海淘"队伍当中。许多商家将国外的商品卖到国内,满足不断升级的消费者的需求。但是在购买海外商品时,对商品质量的不确定,对商家的不信任,让消费者很难确信自己买到的就是货真价实的海淘商品。倘若不能消除消费者对商品货源、定价和海外团队的质疑,将会给跨境电商带来致命的打击。上海福乐网络科技有限公司打造的新型跨境电商菠萝蜜安全球购,提出了全新的跨境电商营销模式——视频直播。

为了消除消费者对海淘平台商品售价的质疑,菠萝蜜采用了一种"简单粗暴"的方法——直播商品的店头价。菠萝蜜的海外员工在当地拍摄每一件商品的店头价格标签,并在菠萝蜜App中直接呈现,实现价格完全透明,有了标准海外价格一览表,消费者就可以对所有商家在每件商品上的利润一目了然,这无疑给了传统跨境电商致命一击。不仅如此,菠萝蜜更是将店头价作为定价策略,喊出只卖当地店头价的品牌口号,即以原产地国的店面零售价格,零手续费、零加价卖到国内。

此外,为了追求最公开、透明、彻底的真实,菠萝蜜还通过直播的方式向用户展示海淘商与国外品牌商合作的全过程。用户可以跟着菠萝蜜海外员工的手机镜头,看到菠萝蜜的海外员工去办公室、研究所、工厂、商店进行采访,从而进一步消除疑虑,产生信任。在直播店头价和品牌合作之外,菠萝蜜还直播自己在海外及国内的各大仓库,这招更是让消费者吃了一颗"定心丸"。

2015年国内"双十二"当日,菠萝蜜做了12场直播互动狂欢,直播时同时在线人数达6万。直播地点分别位于宁波保税仓、东京和首尔的海外仓。正是因为现场直播的方式,毫无保留地展示了自己的仓库,才给了用户真实的感受,并成功获取了消费者的信任。

统计数据显示,"双十二"活动期间菠萝蜜订单转化率达30%。当天超过60%的用户下了2单,20%的用户下了3单及以上。其中一位用户半天内下单10次,共计5000多元。而这都要归功于视频直播本身的魅力;高参与度、强互动性带来的真实购物体验,让用户特别是女性用户产生极大信赖。在直播间,看到主播当刻的介绍和试验效果,消费者会按捺不住想立即拥有;一起参与直播互动的用户也在频发弹幕交流,如提醒某商品该补货,或讨论某些产品一起用效果好,这些都会引发购买欲望。这种场景消费赋予了传统海淘消费所没有的魅力,带来了高额的营业收入。

公司CEO张振栋表示:"2015年'双十二'的成绩主要归功于视频直播,用户的热情超出了我们的预期,较高的参与度和互动性受到了女性用户的青睐。让我们坚信菠萝蜜视频互动直播这条路走得很对。"

菠萝蜜以视频直播为核心竞争力,以"眼见为实"的方式给用户带来信任感,以互动交流的方式增强现场感,以场景消费的模式形成参与感,这种互动视频和跨境电商相结合的"新玩法",不仅给视频互动产业的发展带来了新思考,更是对整个跨境电商行业带来了积极的作用。

结合案例思考:

1. 常见的网络直播营销模式有哪些?菠萝蜜的直播活动属于哪种营销模式?请对活动效果进行分析。

2. 菠萝蜜运用的"电商+直播"营销模式与淘宝、京东等网购平台上的直播营销有何区别?请简要分析。

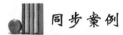

同步案例

背景资料:

"为发烧而生"的小米拥有着众多忠实用户,这些构成了小米可以为广告主提供营销解决方案的天然基础。秉持着"和用户做朋友"理念的小米,其用户是一个独特的圈层:这是一群热爱生活的人,也是一群酷爱科技的尝鲜者和智能生活的追求者。小米构建的智能生态营销体系,始终围绕着"米粉"进行全场景的展开,将营销内容结合用户特性和信息曝光场景进行有针对性地推送。对小米用户而言,营销显得不那么刻意,而成为众多品牌与用户之间"情投意合"的过程,其中小米则担当着重要的枢纽角色。这个枢纽之所以被信任,其源头为小米始终坚持"做感动人心、价格厚道的好产品"的精神。既然产品都处处为用户着想,那么推送营销信息,就不会显得那么生硬。小米的营销平台成为小米与用户对话的平台,在这样一种"朋友"的氛围中,营销成为一种服务和关怀,而不是一种打扰。

1. 以参与感为激活用户的引擎

强烈的参与感是小米能够凝聚"米粉"的重要原因,也成为小米营销得以高效开展的强力引擎。作为小米一直以来著称于业界的核心营销方法,参与感在小米的新资源推介中得到了进一步的深化:MIUI论坛和小米社区的开通,为"米粉"提供了一个能够交流、互动、分享的生活圈;"米车生活"这一媒体类产品的建立,为对"汽车"主题保有高关注度的"米粉"打造了垂直领域的交流平台。这两部分升级都是对参与感的深化升级,更重要的是,当小米营销将这种核心理念分享给其他品牌后,营销的价值就更具有可持续性了。

小米在"硬件、互联网、新零售"3项商业模式的基础之上,以全场景、参与感、大数据为方法论,以创新的营销形式服务"米粉",而全新升级后的"小米智能生态营销"服务体系2.0,则进一步拓展了服务场景。随着小米之家、小米有品、小米AI音箱等创新媒介资源的不断涌现和对已有媒介的创新应用,小米营销的场景开拓能力正经历着横向与纵向的升级。

2. 与用户建立"心"的连接

精准的信息和具有价值的内容服务是用户接受和需要的,因此,品牌在营销过程中,如何实现用户洞察的人格化、触达节点的精准化及营销的服务化,将会成为品牌未来营销发展的重要趋势。因此,要在这个信息爆炸的环境中通过营销在用户心中建立起品牌认同,就需要与用户建立起更深层次的"心"的连接,让营销的信息在触达用户的同时,也能让用户欣然接受品牌在其中所传递的信息。

小米将营销做成用户服务的同时,更为服务赋予了小米真挚的"爱",而这"爱"在小米的营销体系中能够得以长久的"保鲜",更是源自小米营销大数据以及对于桥计划、区块链等技术的应用,其不仅助力了营销效果,更重要的是实现了小米营销的数据安全,使小米营销的"爱"有了可依靠的坚实"臂膀"。

围绕营销和服务的核心,小米营销所关注的对于品牌的赋能,包括通过打造用户阵地来积累品牌的用户资产,将使如何用长远的眼光看待用户黏性价值,以及完成一系列的从触达用户到形成互动、再到建立认知进而培养喜好的过程,如何实现销售闭环的能力这两大问题有了新的解决思路。让人感到欣喜的是,小米无论是在传统优势领域还是营销领域,都在认真尝试提供多方面的服务,并对客户及用户的多方面体验及感受负责,这是社会各界都希望从一家优秀的企业身上看到的品质。小米的营销不只是品牌信息的传递,它更是基于"用户服务",在与用户成为朋友后,将最"可靠"的内容"转告"给值得信赖的伙伴。这个信息的传递过程,既是一种交流,更是一种"爱"的传递。品牌在这一过程中,能够有效地建立起对用户的"爱"。

小米营销在用户价值不断放大的未来,将会从服务于用户的营销平台,转变为每一个小米用户都会成为营销的节点,每一个用户都会成为信息生产与扩散的"站点";未来将不再是由生硬的媒介端口传递信息给用户,而是由忠实的"粉丝"用户掀起传播的"新声浪"。小米正在携手用户,点燃其"星火之力",势必开启一个全新的营销时代。

结合案例思考:
在这个案例中,小米成功的关键是什么?

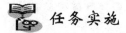 **任务实施**

请你根据所学知识思考一下,小米公司是如何利用营销策略来进行产品宣传的?

实训目标:
学生能分析企业使用营销活动,对企业生存发展有什么重要意义。

实训要求:
组内成员分工明确,团队协作,准确分析问题,以书面的形式提交分析报告。

实训报告:
学生以小组为单位提交实训报告,根据案例资料,分析营销策略对企业发展的重要影响。

自我检测

项目十二　营销技能综合训练

 项目导入

李学经过一段时间的学习和工作,他掌握了市场营销相关工作经验,并对自主创业萌发了浓厚的兴趣。摆在李学面前的首要问题是如何选择创业项目,怎么进行前期的营销调研,如何进行创业项目的策划。

项目分析

营销技能综合实训是学生在学完市场营销课程之后所进行的综合性实训练习,是学生实现所学知识的系统化,特别是技能培养的综合化,全面提高综合素质的基本途径。本项目设置了两个具体任务,分别为:营销实务文书写作训练;撰写创业计划书。

 学习目标

知识目标：
(1)把握营销实务文书的基本要求和写作技巧。
(2)熟悉创业计划书的策划和撰写技巧。

技能目标：
(1)能够根据企业实际需要撰写合适的营销实务文书。
(2)能够为初创企业撰写商业计划书。

 知识框架

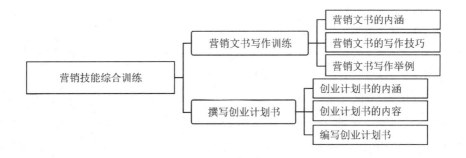

任务一　营销文书写作训练

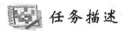任务描述

营销文书写作是高等职业院校市场营销专业学生必备的一项基本职业技能,通过完成本任务,学生能够熟练营销文书的写作技能和要求,完成营销计划、营销总结等常用文书的写作。

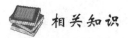相关知识

一、营销文书的内涵

(一)营销文书的含义

营销文书是在营销活动和营销工作中形成和使用,用于处理营销活动中的各种业务工作,具有特定的营销内容、惯用或规定格式的各种应用文章的总称,是对营销活动和营销工作进行记录、存储、总结、创新、交流、发展的重要工具。营销文书属于专业应用写作的范畴,是应用文写作的一个分支。

(二)营销文书的主要类型

(1)业务洽谈文书,主要包括业务洽谈方案、询价函、报价函、接受函、业务洽谈纪要等。

(2)促销文书,主要包括促销计划书、促销策划书。

(3)营销传播文书,主要包括商务信息、公司介绍书、营销广告等。

(4)市场调研文书,主要包括市场调查报告、市场预测报告、可行性研究报告等。

(三)营销文书的特点

(1)实用性。实用性是营销文书区别于其他文学作品的主要特点之一。营销文书是为解决实际问题而写的,其写作强调实用性。

(2)真实性。营销文书写作要坚持实事求是的态度,文章内所涉及的数据、事件、地点、人物、时间等内容要符合客观实际,核实无误,不能脱离实际。

(3)针对性。撰写营销文书要讲究针对性,要明确写作目的,选择相应的文种。

(4)时效性。市场信息瞬息万变,企业只有及时地进行市场调查、制订促销计划、推出营销广告等,才能及时抓住市场,抓住消费者。

(5)简洁性。营销文书的写作要分清主次、条理清晰、行文简洁、语言准确,并在适当的时候采用图表来说明问题。营销文书的语言表达应简洁明了,通俗易懂。

(四)撰写营销文书的一般原则

(1)对方本位原则。这是为了让对方了解、接受自己的主张,而站在对方的立场,慎重考虑对方权益的一种书写方式,以对方的利益为先。

(2)AIDA 原则。要达成交往,首先必须引起对方的"注意"(Attention),而后挑起对方的"兴趣"(Interest),如此方能激起对方的"意愿"(Desire),接下来采取令其满足的"行动"(Action)。

(3) 遵守 7C 原则。"完整"(Completeness)、"清晰"(Clearness)、"正确"(Correctness)、"简洁"(Conciseness)、"具体"(Concertness)、"礼节"(Courtesy)、"个性"(Character)。

二、营销文书的写作技巧

(1) 明确写作目的。写作者在写作时应确定一个单一明确的目标。

(2) 制作写作提纲。写作者明确了写作的目标后,为了进一步理清文书写作的脉络,应先列出一个写作提纲,确定文书写作的主要框架,为后期的正文写作奠定基础。

(3) 主题突出。任何营销文书都应有明确的主题,为了突出体现文书的主旨,写作者可以用标题点旨、开门见山、妙用小标题、首尾呼应、篇尾点题等方式。

(4) 挑选处理书面材料的原则:①准确性。文书写作采用的材料,必须做到真实准确、确凿无误。②切题性。材料既要有针对性,又要有实用性。③典型性。材料能深刻体现营销活动的内在规律。④新颖性。材料要与时俱进,具有时代感。

三、营销文书写作举例

(一) 促销信函

(1) 什么是促销信函?

促销信函是一种使用广泛的促销方式。它是指企业为了宣传自己的产品或服务项目,促进产品销售量的增加和服务范围的扩大,向客户发出的宣传性的信函。它可提供信息,沟通产需,方便经营者与消费者;激发对方购买欲望,联络情感,促进需求。

(2) 促销信函一般的特点。

①提供信息。促销信函中应含有对所促销产品的较详细介绍,比如产品的种类、品牌、特点、性能、价格,以及如何使用、保养方式等。促销信函中的信息量越大,越有助于客户了解产品,也就越能发挥促销的作用。

②引发欲望。促销信函必须体现"促"的特点,或以价廉吸引客户,或以物美取悦客户,总之,要抓住客户的心理,引发他们的购买欲望。

③语气亲切。促销信函语气要亲切,言词要诚恳,不仅让促销信函起促销作用,也要让它成为与客户联络感情的纽带。

(3) 促销信函的种类。

促销信函可以宣传产品,也可以宣传服务项目;可以是专为某种新产品而发,也可以是为公司的全部商品作宣传,以期获得稳定的客户。促销信函可以发给批发商,也可以发给零售商或个别用户。具体来说,促销信函可分为以下几种。

①写给老客户的促销信。②为完成一次促销活动而写的促销函。有时,企业为了宣传自己的产品,要举办一些促销活动,让推销人员现场演示或操作机械、仪器,以及某些生活用具介绍产品的性能、用法以吸引客户。而要完成这样的促销活动,常常要在事前写信给对方,联系确定的时间、地点。但这种信函又不仅仅限于告知对方促销的举办时间和地点,其中也应有推销产品、宣传公司的内容。因此,写这种信函要力求达到让对方盼着与你见面,听你说说的目的。③用于做好售后服务工作的促销信函。写好一封售后服务信函对于生产销售者与客户之间感情的建立往往会起到至关重要的作用。这样的信函发出后,应能让客户确信,买你的东西

就是买满意、买放心。但对超出服务范围的要求也不能一味敷衍,既要有原则,又要让顾客在心理上得到满足,并且促使顾客进一步消费你的产品。

(4)促销信函的编写原则。

①目标明确且易于被员工理解。②切合实际,有完成的可能性。③兼顾企业、消费者、员工与社会的利益。④所有表格要注重操作性与实用性。⑤计划正文叙述要简洁。⑥长期计划只列方向,构想蓝图即可。⑦短期计划宜详细、具体。

(5)促销计划书的格式和写作要点。

促销计划书由标题、正文、附件及落款四项内容组成。①标题:由单位名称、事由和文种组成,例如"××公司年度促销计划"。②正文:主要包括计划概要、计划的目标与方向、销售方法的改进、对促销实施的价格等。③附件:对促销计划的有效补充,有必要则加上,没有必要则不加。④落款:制订促销计划的主管部门的签名盖章、日期。

(6)促销信函的写作模式。

促销信函在写作上与一般书信的结构相同,有称谓,有正文,有落款,其正文部分应包括以下几项内容:①让客户知道他一直在你的心目中是位举足轻重的主顾,使他确信你做生意对他有利。②介绍你所推销的产品,包括名称、规格、质量,其目的是引起对方的注意。③介绍你的独特的售后服务,打消他可能对产品所抱有的偏见与疑虑。④充满信心地表示,一旦选用你所推销的产品,必定会让对方获益多多,从而给对方以足够的心理冲击力。

(7)写好促销信函的秘诀。

①讲究礼貌。信函中的措辞要平和,语气不能强硬。介绍产品时要注意分寸的把握,既要平易近人,又不能过于亲昵。

②注意简洁。没有客户喜欢读长篇大段的文字,促销信主要是介绍某种或某些商品,篇幅冗长只能让对方兴味索然。但是,也不能把促销信写得像电报一样,只寥寥数语,显得刻板、生硬,没有人情味。

③直截了当。不能让客户像猜谜语一样去猜你的意图。信要写得清楚明白,直截了当,这样会节省客户阅读的时间,从而给客户留下好的印象。

④设法弄清客户的心理。写促销信函最好以个人名义与客户联系交往。即使以公司名义发信,也要加上个人的名字。促销不是公事公办,切勿只寄通知或只发公函,否则,便会给对方留下冷冰冰的感觉。一旦给客户留下不好的印象,再向他推销产品和服务,往往就会出现这样或那样的障碍。

(8)促销信函的例文与简析。

①例文

×××先生:

本公司是北京市生产和经营酿造调味品的专业公司,所属×家酿造厂,×所食品酿造所和×所食品酿造技术培训中心,有职工×人。生产经营酱油、醋、酱、腐乳、味精以及各种汤料和饮料食品。其中有×种产品曾获商业部及北京市优质产品奖。产品远销海外,信誉极好。

我公司具有雄厚的技术力量,为促进我国食品酿造工业的发展,适应当前开放搞活的形势,下设三个服务部,为全国城乡各地开展服务。

A.技术服务部:可提供和转让各种酿造调味品、饮料和小食品的生产技术;为同行建设新厂进行可行性论证及筹划土建设计、设备选型;培训生产技术、化验检测人员;转让生产技术资料;承担科研项目;承接联营办厂事宜。
　　联系人:×××　　　　　电话:×××××××
　　B. 包装装潢设计服务部:设计制作各种商品商标及包装装潢,企业标志、样本及宣传册,设计布置展厅、展室,拍摄制作录像及幻灯片。本部还负责研制和转让包装设备及技术。
　　联系人:×××　　　　　电话:×××××××
　　C. 供销经理部:批发各种副食调料、汤料、豆奶制品、干鲜果品及粮油类原辅料。本部兼营代购、代销、代批业务。
　　联系人:　　　　　　　电话:×××××××
　　欢迎您来函洽谈业务。
　　谨致谢意。

北京市××食品酿造公司总经理:×××
营销部主任:×××
地址北京市××街×号
20××年×月×日

②简析

这是一封促销函,其特点表现为以下几个方面。

　　A. 促销主旨突出。

这封促销函的内容是综合性的,既宣传劳务,又推荐商品。它不同于单一的商品或劳务促销,内容涉及面广,文字多,但促销主旨仍很明确,即侧重于宣传本公司产品的良好信誉和雄厚的技术实力。

　　B. 正文结构完整、严谨。

本信函的正文由开端、中心段和结尾三部分组成。开端介绍了本公司概貌(包括公司性质、下属单位、职工人数)。然后先谈生产经营的产品及获奖情况、销售地区,并强调了产品的"良好信誉";后谈技术力量的雄厚,引出公司下设的三个服务部。中心段具体说明了劳务和商品的细节,全面介绍了三个服务部的服务项目和经营范围。结尾用简短而热情的语言提出联系方式和敦促国内外人士来函洽谈业务。可谓步步为营,环环相扣。

　　C. 语言朴实简明。

全篇使用的语言多为简明朴实、客观冷静的陈述性语言,仅在标题和正文结尾用语中带有感情色彩,于理性的介绍中注入一种感性诉求,这正是促销函所必备的。

(二)建立商务关系函

(1)什么是建立商务关系函?

为促进企业的生产与销售而广泛地同客户建立业务关系所使用的函,称为建立商务关系函。

(2)建立商务关系函的特点。

①主旨单一性。建立商务关系函是为了完成公务,而不是用来办私事。所以,不能言不及义,也不必过分客套,而要围绕公务,突出主旨。

②表述灵活性。无论是试探性建立商务关系函,还是同意建立业务关系函,都具备灵活性。试探性建立关系函,只能以试探性口吻征询对方意见,既要表明自己迫切的愿望,也要考虑对方的意愿。同意建立业务关系函中的"同意"一般是有保留的同意,是指在对方满足自己

要求的前提下的"同意"。总之,建立商务关系函既要给予对方一定的自由空间,也要为自己留下回旋余地;否则,不利于双方交往。

③格式规范性。建立商务关系函虽与私人信函在内容上有很大不同,但它毕竟属于函。因此,格式上要具备函的特点,如首行顶格写对方的称呼,右下角为落款和日期,适当运用一些礼节性词语等,总之函所具备的规范格式,它都一应俱全。

(3)建立商务关系函的种类。

建立商务关系函一般分为以下三种:

①试探性建立关系函。其指通过直接、间接的多种途径了解对方后,征得领导和有关部门的同意,写给对方的一种联系函。

②同意建立业务关系函。这是在接到对方试探性建立关系函后,向对方表明是否同意建立业务关系的复函。同意建立业务关系,复函要表明态度,即使本方不能完全满足对方的要求,也要及时复信告知对方,或婉言谢绝,或陈述原因,以求得对方的理解与谅解。在任何时候,都应留有余地,切忌置之不理。

③欢迎新客户函。这种商务函一般是由企业经理或营销部门负责人写给对方以联络感情的函。写这种函的目的,往往是通过情感联系获得新的客户,是以个人之间的感情关系来稳定企业和客户之间的关系,并尽可能地使对方满意。

(4)建立商务关系函的写作模式。

建立商务关系函一般由开头、正文和结尾组成。

①开头。在首行顶格写上受函者的姓名,姓名后面加冒号。

②正文。建立商务关系函的正文,内容较多,情况也较复杂,因此建立商务关系函分为三种,由于写作目的的不同,侧重点不同,正文的具体内容也不尽相同,下面逐一加以介绍。

试探性建立关系函,正文包括三部分:

A. 告知对方,我方是如何获悉其经营范围与地址的,同时向对方提出希望,希望与对方建立业务联系,并在某些具体方面进行合作。商业书信重在效率,但是,开头如果过于唐突地说出交易要求,未免冒昧,令对方不知所从,甚至反感,因此,开头宜略述事由。例如:

"××公司:

在《××××》杂志上获悉贵公司的名称及地址,我们非常希望与您建立商务关系。"

B. 向对方作详细的自我介绍。比如企业性质、企业现状、经营范围等均可向对方说明,尤其是希望推销什么商品,或者是希望购买对方的什么商品,都要将自己的意愿表达清楚。例如:

"本公司为……(性质、规模、声誉等),在60年的商务经验中,具有极为良好的信誉。

本公司近期引进……的先进生产设备,生产的……具有……性能(或作用)……我们确信,您将对我们的服务及货品的完美品质甚为满意,并有兴趣成为本公司该品牌产品的进口商。为了联系方便,兹附上回邮信封及地址。"

C. 以礼节性的语言结束正文。如:

"如蒙赐复,不胜感激""盼望能有为您服务之荣""特此函达""顺致商祺"等,但是要注意结尾语定要与信件整体气氛吻合,尽可能避免失礼。

同意建立业务关系函,正文也分三部分:

a. 引叙来函的日期或主要内容,作为复函的依据。
　　b. 表明自己的态度与意愿,并汇寄对方所需的有关资料。
　　c. 陈述本方的打算。
　欢迎新客户函的正文,也包括三部分：
　　a. 感谢对方在商务上的合作。
　　b. 明确提出向对方出售商品或提供服务的要求,并以对双方均有利的新举措来吸引对方与自己建立业务关系。
　　c. 表明自己的诚意。
　有必要强调的是,写欢迎新客户函,应注意语气的谦恭。因为这种函一般是以经理或营销部门负责人等个人名义写的,所以,信中应带有适当的恭维色彩,这样既可以表明对新客户的尊重,又能借此获取对方的好感。即使双方在某些方面意见不完全一致,但因为有了适当的恭维语,最终也不会影响双方的感情,所谓礼多人不怪。
　③结尾。
　建立商务关系的结尾与普通书信的结尾相同,由落款和日期组成。落款注明发函者的姓名、职务,日期为发函时间,要年、月、日俱全。
　(5)写好建立商务关系函的要求。
　①谨慎细心,主旨明确。建立商务关系函,要有有很强的务实性。其行文直接关系到商品、货币,以及商务往来方面的各种问题,直接表述决策者关于买卖上的具体意见、主张和要求。这些内容,往往左右生意的成败,影响商务活动的经济效益,关系到企业形象。因此,不论函件内容繁简,篇幅长短,也不论是以单位还是以负责人的名义发函,都应做到主旨明确,措辞严谨,格式规范。
　②以礼相待,恳切谦和。写各种建立商务关系函是参与市场竞争的一个重要手段,因此写这些信函也应注意以礼相待,恳切谦和。这不是形式上的客套,而是尊重对方,也是获得对方的信任、理解和支持,争取合作成功的基本条件。与国内的客户建立商务关系,起草往来信函要注重态度真诚,措辞谦恭；与海外交往的商务信函更应注意礼节,习惯上,常常使用一些敬辞、谦辞表示自己态度的谦虚恭敬,如"承蒙""贵公司""奉悉""非常抱歉地奉告"等。
　③格式规范,文面整洁。商务信函虽无法定的格式,但却有一个约定俗成的习惯格式,这个习惯格式不仅有利于重点突出、层次清楚地明确表达信函的内容,而且还蕴含着一些礼节性的意义。例如抬头称呼从信笺第一行写起,单独占一行,这便是一种尊敬对方的表示；而将自己的名字写在正文末尾的右下角,则是表示谦虚。所以,写函要遵守这些习惯性的规范格式,以免造成不必要的误会。
　写商务信函,字迹的工整美观、文面的整洁不仅能体现写信人的文化修养和对受函者的尊重,而且还有利于对方的阅读而不致产生误解。
　(6)例文与简析。
　①例文
亲爱的先生们：
　承蒙美国工商会介绍,我们欣悉贵公司愿意购买"××"牌中国台布,这正是我们公司的经营范围。今给贵方写信,寻求尽早与贵公司建立直接友好的贸易关系。鄙公司专营"××"牌出口台布已有三十年历史。我们的台布式样多,质量好,并且有传统的中国工艺,深受海内外客户的欢迎。现随信寄上商品册一份和几种样品,让您对目前我们能出口的几种台布有所了解。待收到您的询问信后,我们将寄上详细材料和价格单。

盼望您的答复,对您的要求我们一定给予认真考虑。

忠实于您的
×××(签名)
20××年×月×日

②简析。

这是封写给美国某公司谋略与其建立贸易关系的函。

一开头,撰写者开门见山,用恭敬的口吻表明自己的诚意,明确提出与对方建立贸易关系的期望。因为这是一封公务函,而并非私人信件,所以,撰写者无必要在开头写上一大堆客套的话,而是开宗明义,直奔主题。

接着,撰写者以极简短的文字,介绍了公司出售的商品"××"牌台布。虽然只有三句话,但对方最关心的三个方面,数量、质量、特色都作了交代,可谓言简意赅,要言不烦。

俗话说,耳听为虚,眼见为实,所以,寄样品是必需的,否则,对方也很难相信。最后,既表明自己对对方的急切期盼,又承诺本方的工作是高效率的。

因为这是写给外国客户的商务函,所以,签名便采用了"忠实于您×××"的方式,此为入乡随俗,也是对对方习惯的一种尊重。

任务二　撰写创业计划书

 任务描述

创业计划书是整个创业过程的灵魂,是创业者进入投资者大门的"敲门砖"。一份优秀的创业计划书往往会使创业者收获事半功倍的工作效果。通过完成本任务,学生能够进行创业项目策划,能够为初创企业撰写创业计划书。

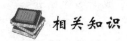 **相关知识**

一、创业计划书的内涵

创业计划书是根据国际惯例通用的标准文本格式形成的项目建议书,是全面介绍企业和项目运作情况,陈述产品市场及竞争、风险等未来发展前景和融资要求的书面材料。创业计划书是一份全方位的商业计划,其主要用途是递交给投资商,以便于他们能对企业或项目做出评判,从而使企业获得融资。

创业计划书有相对固定的格式,它几乎包括了投资商所有感兴趣的内容。创业计划书的好坏,往往决定了投资交易的成败。对初创的风险企业来说,创业计划书的作用尤为重要。当选定了创业目标与确定创业的动机后,在资金、人脉、市场等各方面的条件都已准备妥当或已经累积了相当实力,这时,就必须提供一份完整的创业计划书,创业计划书是整个创业过程的灵魂。

二、创业计划书的内容

创业计划书的内容往往会直接影响创业者能否找到合作伙伴、获得资金及其他政策的支持。因此，一份完整的创业计划书一般应包括封面、计划摘要、企业概况、产品与服务介绍、行业分析、市场预测与分析、营销策略、经营管理计划、团队介绍、财务规划、风险与风险管理等内容。下面就进行具体介绍。

（一）封面

封面的设计要给人以美感。一个好的封面会使阅读者产生最初的好感，形成良好的第一印象。商业计划书的封面应包括项目名称、团队名称、联系方式等内容，如果企业已经设计好Logo，也可以在封面中展示出来。

（二）计划摘要

计划摘要是创业计划书的主体也是投资者首先要看的内容，它是整个创业计划书的精华和灵魂。因此，创业者在撰写计划摘要时要反复推敲，并涵盖整个计划的要点，以便在短时间内给投资者留下深刻印象。

1. 概述项目的亮点

采用最具吸引力的话语来解释为什么该项目是一个商机。通常可以直接简洁地描述解决某个重大问题的方案或产品。

2. 介绍产品或服务

首先清晰地描述消费者当前面临的或未来将会面临的某个重大问题，然后说明该项目将怎样解决这个问题。最好采用通俗易懂的语言来具体描述企业的产品或服务，尽量不要使用复杂的专业术语。

3. 介绍行业前景

用科学、客观的语言来简要描述市场规模、增长趋势及美好前景。要有调查、有结论、有数据，必要时也可对调查的局限性做出说明。避免使用空洞、宽泛的语句。

4. 分析竞争对手

主要描述该项目的竞争优势和核心竞争力，当面对竞争对手时，创业团队预先设计了什么样的解决方案，每一种解决方案有什么优劣势等。此外，对如何保持该项目的核心竞争力也应该进行简短的描述。

5. 介绍团队

用简洁的语言展示创业者和核心管理团队的背景及成就。注意，不要用标准的套话，如"李萧，有8年的新媒体运营管理经验"。比较理想的描述为"李萧，曾在互联网公司从事8年数据存储方面的研究"。

6. 财务分析

一般使用表格（如现金流量表、资产负债表、利润表）将未来1~3年的核心财务指标展现出来。

7. 融资说明

陈述该项目期望的融资金额、主要用途及使用计划等。例如，融资100万元，出让10%的股权,用于新设备的购买。

小贴士

需要注意的是,上述计划摘要中的内容不能全部照搬,因为该模板不是适合所有创业企业的。对创业企业而言,需要考虑哪些要点是最重要的,哪些是无关紧要的,哪些需要强调,哪些可以略写,这些需要创业者根据企业实际情况进行判断。

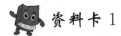资料卡 1

一页纸的计划摘要

大四学生张明首次参加了本地各高校联合举办的创新大赛。在大赛上,张明展示了和校友们共同研发的室内绿化项目,吸引了风险投资者的兴趣。尤其是张明的那份一页纸的计划摘要。那么,张明的计划摘要都有什么内容呢?下面让我们一起来看一看。

项目简介:本公司着力打造"人与自然"和谐共处的居住环境。随着社会经济的发展,人们的居住条件得到了改善,但生存环境却在不断恶化,尤其是装修污染问题日益严重。目前,绝大部分断装修的房屋的室内环境都达不到国家环保的标准,而由室内空气污染引起的支气管炎、肺癌、呼吸道疾病及白血病患者的数量也在不断增加。因此,如何通过室内绿化设计来美化环境、消除污染将成为人们在装修时最关注的问题。

项目进展:项目初始投资100万元。经过3年的发展,公司营业收入及利润将每年递增,第5年营业收入将达到460万元,税后利润达到120万元。

竞争优势:绿化环保产业是国家重点扶持和重点发展的产业。目前,市场上还没有将室内绿化设计与植物的特效功能(如吸收有害气体等)联系在一起的公司,该领域处于市场空白阶段。另外,地方政府对该产业有相关补贴政策。

产品介绍:通过室内绿化项目,消费者可以在健康与舒适的环境中生活,同时还能减少因室内空气污染而引发的疾病。

团队介绍:创业团队由一群充满激情与创新精神的大学生组成,该团队拥有国林植物与观赏园艺专业的研究生,技术经济及管理专业的研究生,以及植物相关专业的本科生。其中,团队创始人还取得了初级室内设计师证书。

点评:上述材料中张明的项目之所以能够吸引风险投资者的目光,原因就在于他的"一页纸的计划摘要"。通过这份计划摘要,张明不但让投资者明白了该项目的商业价值,还清楚地介绍了所提供的产品,以及该产品是如何解决消费者的问题的。由此可见,商业计划书中计划摘要的重要性。

(三)企业概况

企业概况是对创业团队拟成立企业的总体情况的说明,明确阐述创业背景和企业发展的立足点,以及企业理念、经营思路和企业的战略目标等。

资料卡 2

创业计划书之企业概况

(1)本企业所创建的项目名称为"时尚休闲小食吧"。

(2)企业理念：为学生提供吃饭及聚会聊天的空间；为社团、学生会提供举办小型活动的空间。

(3)经营思路：我们坚持以"服务消费者"为中心，将个性化与大众化结合起来开展业务，个性化与大众化相结合是指在以大众化服务为标准的同时，企业将会推出为消费者提供的个性化专属服务。

(4)战略目标：结合市场现状及企业自身的实际情况，企业每年获取利润大约3万元人民币，预计通过3年的经营可以收回全部前期投资。

(四)产品与服务介绍

在进行投资项目评估时，投资者非常关心产品或服务是否具有新颖性、先进性、独特性和竞争优势，以及该产品或服务能否或能多大程度地解决现实生活中的问题。因此，产品或服务介绍是创业计划书中不可或缺的内容。

通常，产品或服务介绍应包括以下内容：

(1)产品的概念、性能及特性。

(2)产品的研究和开发过程。

(3)使用企业的产品或服务的人群。

(4)产品或服务的市场竞争力。

(5)新产品的生产成本和售价。

(6)产品或服务的市场前景预测。

(7)产品的品牌和专利。

在产品或服务介绍部分，创业者要对产品或服务做详细的说明，说明要准确，也要通俗易懂，使非专业的投资者也能看懂。一般来说，产品介绍应附上产品原型、图片或其他介绍等内容。

小贴士

创业者在撰写产品或服务介绍时，要避免陷入一些误区。例如，苛求细节，过于细致地展现产品；追求大而全，目标太多，让项目失去焦点；只表述想法和创意，没有明确介绍实施过程。

(五)行业分析

一般来说，创业者在撰写商业计划书时，应该把行业分析写在市场分析前面。在行业分析中，创业者应该正确评估所选行业的基本特点、竞争状况和未来的发展趋势等内容。行业分析可以从以下4个方面展开。

(1)简要说明企业所涉及的行业。企业如果涉及多个行业，应该分别进行说明。

(2)说明该行业的现状。这一部分尽可能多用数字、图表等方式来展示所要传达的信息，如行业增长率、销售百分比等。

(3)说明该行业的发展趋势和前景。在预测行业的发展趋势时，创业者不仅要考虑微观的行业环境变化,还要考虑整个行业乃至整个社会的发展状况,并在此基础上对行业前景做简短的说明和预测。

(4)说明进入该行业的障碍及克服的方法。

(六)市场预测与分析

行业分析关注的是企业所涉及的行业领域,而市场预测与分析则是将产业细分并瞄准企业所涉及的细分市场。市场预测与分析应包括以下4个方面的内容。

1. 市场细分和目标市场的选择

市场细分和目标市场的选择是在商业计划书中的行业分析的基础上,找到企业具体的目标市场,它可以是一个细分市场,也可以是两个或者多个细分市场,在撰写商业计划书时,要对每个细分市场都进行详细的分析和说明。

2. 购买者行为分析

购买者行为分析是专门针对目标市场的消费者所进行的分析。只有对目标市场的消费者进行深入了解后,企业提供的产品或服务才能满足他们的实际需求。在商业计划书中,这部分内容通常采用调查问卷的形式对购买者行为进行分析。

3. 竞争对手分析

对市场的竞争情况进行分析,也就是确定竞争对手,分析竞争对手所采用的销售策略及其所售的产品或服务的优势等。对竞争对手进行详细分析有助于了解竞争对手所处的位置,使企业能更好地把握市场机会。

4. 销售额和市场份额预测

市场预测与分析的最后部分是销售额和市场份额预测。有的商业计划书中将这一部分内容放在财务规划中进行分析。对销售额和市场份额进行预测时,可采用以下3种方法。

(1)联系行业协会,查找行业相关的销售数据。

(2)寻找一个竞争企业,参考竞争企业的销售数据。

(3)通过网络、报纸、杂志渠道搜集行业内企业的相关文章,并从中找到可用数据。

资料卡3

分析市场的必要性

沈明华是室内设计专业的学生。凭着自身扎实的专业功底和对艺术的热爱,沈明华在大学时期就专注于装饰品的学习和研究,并且凭借自己所学的专业知识,拿下了多个室内设计比赛的大奖。

大学毕业前,沈明华仔细分析了自己学习的专业,发现该专业目前的就业形势并不乐观,他也不想在自己感兴趣的领域中止步不前,于是他想到了自己创业。在决定创业之前,沈明华首先对装饰行业进行了简单的市场调查,主要包括目标消费者、目标市场需求、市场规模及未来的发展趋势等。他发现在自己所在的城市,装饰品大多是一些装饰公司的附属产品,或者是没什么特色的批发小产品,由此他认为装饰品行业的发展空间还是很大的。

有了充分的市场调查,沈明华坚定决心毕业后就开始创业。公司主要从事装饰品和工艺品的创作与生产,并可以根据客户的需求进行定制。此外,沈明华在创作工艺品时,还将当下流行的时尚潮流元素融入其中,打造了一批极具个性和特色的产品,产品一经推出就受到了广大消费者的青睐。

点评:

上述材料中沈明华创业成功的原因之一是他进行了市场分析。创业者必须深入了解市场,并反复调整和修正才能明确市场的准确定位。在进行市场分析时,创业者应该寻找自身产品与其他产品的不同特点,以此为切入点进行深入分析,确定自身产品的特色,方能打入市场。

(七)营销策略

营销策略是商业计划书中最具挑战性且非常重要的部分,消费者特点、产品特征、企业自身状况及市场环境等各方面的因素都会影响企业的营销策略。商业计划书中的营销策略应当包括总体营销策略、定价策略、渠道与销售策略、促销策略等内容。

1. 总体营销策略

总体营销策略是简单介绍企业为销售其产品或服务所采用的总体方法。

2. 定价策略

定价策略是营销策略中一个非常关键的组成部分。企业定价的目的是促进销售、获取利润,这就要求企业既要考虑成本,又要考虑消费者对价格的接受能力。定价策略的类型有折扣定价、心理定价、差别定价、地区定价、组合定价及新产品定价 6 种。

3. 渠道与销售策略

渠道与销售策略主要说明企业的产品或服务如何从生产者处到达消费者手中,具体分为两种策略:直接式销售策略和间接式销售策略。

4. 促销策略

促销策略即企业打算采用什么方法来促销产品或服务。一般来说,促销方式有 4 种:广告、人员推销、公共关系,以及营业推广。在实际经营中,以上 4 种促销方式都是结合使用的,因此,促销策略又称为促销组合策略。

(八)经营管理计划

经营管理计划旨在使投资者了解产品或服务的生产经营状况。因此,创业者应尽量使经营管理计划的细节更加详细、可靠。经营管理计划一般包括生产工艺和服务流程、设备的购置、人员的配备、新产品投产的计划、产品或服务质量控制与管理等内容。

一般来讲,经营管理计划应阐述清楚以下 6 个问题。

(1)企业生产制作所需的厂房设备和设备的引进与安装问题。

(2)新产品的设计和研制、新工艺攻克和投产前的技术准备。

(3)物料需求计划及其保证措施。

(4)质量控制方法。

(5)产品单位成本计划、全部产品成本计划和产品成本降低计划等。

(6)生产计划所需的各类人员的数量、劳动生产率提高水平、工资总额和平均工资水平、奖励制度和奖金等。

(九)团队介绍

在创业计划书中,创业者还应该对团队成员进行简要介绍,对其中的管理人员要详细介绍,如介绍管理人员所具有的能力、主要职责及过去的详细经历与背景。此外,创业者还应对企业目前的组织结构进行简要介绍,具体包括企业的组织结构、各部门的功能和责任、各部门的负责人及主要成员等。

(十)财务规划

财务规划可以使投资者据此来判断企业未来经营的财务状况,进而判断其投资能否获得理想的回报。财务规划的重点是编制资产负债表、利润表及现金流量表。

(1)资产负债表。资产负债表反映企业在一定时间段的财务状况。投资者可通过查看资产负债表来得到所需数据值,以此来衡量可能的投资回报率。

(2)利润表。利润表反映的是企业的盈利状况,即反映企业在一段时期内的经营成效。

(3)现金流量表。现金流量表是反映企业在一定会计期间内,现金和现金等价物流入和流出的报表。现金流量表能够反映企业在一定期间内经营活动、投资活动和筹资活动产生的现金流入与现金流出情况,能够为企业提供收入和支出的信息,以及为企业提供该期间内有关投资活动和理财活动的信息。

(十一)风险与风险管理

在创业计划书中,创业者要如实向投资者分析企业可能面临的各种风险,同时还应阐明企业为降低或防范风险所采取的各种措施。投资风险被描述得越详细,交代得越清楚,就越容易引起投资者的兴趣。

企业面临的风险主要有战略风险、市场风险、管理风险、竞争风险、核心竞争力缺乏风险及法律风险等。这些风险中哪些是可以控制的,哪些是不可控制的,哪些是需要极力避免的,哪些是致命的或不可管理的,这些问题都应该在商业计划书中做出详细说明。

预估企业风险后,企业可以从以下角度来阐述风险管理的方式。

(1)企业还有什么样的附加机会?

(2)在最好和最坏的情形下,未来3年计划表现如何?

(3)在现有资本基础上如何进行扩展?

小贴士

创业者最好采取客观的态度,不能因为风险发生的可能性小而忽略不计,更不能为了增加获得投资的机会而刻意隐瞒风险。正确的做法是,对企业所面临的各种风险都要认真地分析,并对每种可能发生的风险提出切实可行的防范措施,这样才能取得投资者的信任。

三、编写创业计划书

创业计划书是一份规范的文件。要写出一份内容翔实、条理清晰、令人可信的创业计划书,就需要按照一定的步骤来完成创业计划书的编写。通常创业计划书的撰写可以分为以下6步。

1. 经验学习

大学生创业者大多数都没有撰写创业计划书的经验,此时,可以先通过网络搜集国内外较为成功的创业计划书范文、模板及相关资料,研究这些资料所包含的内容和写作手法后,吸收其中的精华,为自己编写创业计划书打下基础。

2. 创业构思

一个优秀的创业构思对创业企业的成败起着至关重要的作用,如果构思不正确,企业后期将很难经营,甚至可能会破产倒闭。创业者在进行创业构思时,要冷静分析、谨慎决策,考虑多方面的问题,包括团队的组建、资源的获取、企业的运作、盈利的模式,以及可能的问题及解决方案等。

3. **市场调研**

没有调查,就没有发言权。市场调研是创业者直接获取创业所需信息的方式,市场调研的结果是创业计划落实和细化的重要参考,因此,市场调研应该详尽、具体,尽量得到真实可信的数据。市场调研的主要内容包括市场环境调查、市场需求调查、市场供给调查、市场营销调查,以及市场竞争调查5个方面。

(1)市场环境调查。市场环境调查主要包括政治法律环境调查、社会文化环境调查、经济环境调查,以及自然地理环境调查等。具体的调查内容可以是国家的方针政策、法律法规、经济结构、市场购买力水平、风俗习惯、气候等各种影响市场营销的因素。

(2)市场需求调查。市场需求调查的主要目的是估计某个产品的市场规模的大小及产品潜在的需求量。市场需求调查的具体调查内容包括消费者的需求、消费习惯、消费者关注的产品属性,以及市场需求量、市场价格水平等。

(3)市场供给调查。市场供给调查主要包括产品生产能力调查、产品实体调查等,具体调查内容包括产品产量、生产周期、铺货渠道、市场接受度,以及产品使用寿命等。

(4)市场营销调查。市场营销调查是指针对目前市场上经营的某种产品或服务的促销手段、营销策略和销售方式等进行调查,包括促销方式、折扣水平、宣传手段等。

(5)市场竞争调查。市场竞争调查是通过一切可获得的信息来查明竞争对手的策略,具体调查内容包括竞争对手的规模、数量、营销策略,以及分布与构成等,市场竞争调查是创业者制定营销战略的重要参考。

4. **方案起草**

收集到足够的信息后,创业者即可开始起草创业计划书。创业计划书中包含内容较多,创业者应该明确各个部分的作用,以做到有的放矢。同时,在撰写创业计划书的过程中创业者还应该咨询律师或专业顾问的意见,以确保创业计划书中的文字和内容没有歧义,不会被他人误解或者招致法律风险。

5. **修饰**

在确定具体方案后,创业者还应该对创业计划书进行修饰,在撰写《创业计划书》的过程中,要注意控制篇幅,简要的创业计划书一般为4～10页,全面翔实的《创业计划书》一般控制在40页以内。

对于呈递给投资人的创业计划书,应该装帧精美,封面要简洁有新意,封面的纸质要坚硬耐磨;版本装订要精致,要按照资料的顺序进行排列,并提供目录和页码,最后还要附上《创业计划书》中支持材料的复印件。

6. **检查**

创业计划书应该规范而严谨,所以最后要对创业计划书的文本和内容进行检查,以保证创业计划书的正确和美观。

(1)对文本进行检查。主要是查看文字描述、语言措辞、数据运算等是否准确,以及表格图形、资料引用、版式、数据处理等是否存在不合理。

(2)对内容进行检查。主要是从投资者的角度进行审视,对《创业计划书》所反映的内容完整性、科学性和合理性等进行检查。

 **资料卡 4**

开店前的准备

赵小丽从小就喜欢烘焙,但她大学期间所学的是食品科学与工程专业,与烘焙还是有一些差别。因此,在大学暑假期间,赵小丽选择到专业的烘焙学校进行系统学习,并拿到了职业资格证书(高级技能)。在大四实习期间,她还到大型的蛋糕店实际接触烘焙工作。由于赵小丽工作出色,店长录用她为正式员工,但赵小丽选择了离开。因为她觉得凭借自己对烘焙事业的热爱和专业的烘焙技术,应该可以自己开店。在开店前,她尝试进行自我测试,以帮助自己理清创业构思。具体内容如下:

问:想要进入哪个行业?

答:我大学期间学的是食品科学与工程专业,而且烘焙是我从小的爱好,再加上我已取得了相应的烘焙师证书,因此烘焙行业比较适合我。

问:具体到哪个细分市场?

答:在大型蛋糕店的工作经历让我的理论知识和实践经验更加丰富,并掌握了相关的店铺运营知识,因此我想开一家蛋糕店。

问:自己有创业资金吗?需要投资者吗?

答:蛋糕店的资金投入较少,有父母的支持,再找朋友合伙,资金上完全没有问题。

问:店铺所需的食材找到合适的供货商了吗?

答:在蛋糕店实习的经历让我已经积累了一定的供货商资源,待实地考察后再确定最终的供货商。

问:这个店有消费者需求吗?

答:我们镇上类似的蛋糕店只有一家,竞争对手少;目前蛋糕等烘焙食品已经逐渐成为人们喜爱的食物,从消费者年龄段来说,蛋糕店的覆盖面较广,老人小孩都喜欢吃蛋糕。由此可以判断,烘焙食品的市场需求会越来越大。

问:怎么维护与消费者的关系?

答:以高质量和真诚的态度进行服务,并提供派送服务。

点评:

赵小丽的创业构思主要是从自身爱好和消费者需求出发的,这使她创业成功的可能性大大增加。一个好的构思还必须要有市场机会和利用这个市场机会的技能和资源。从上面的案例可知,赵小丽都具备这些条件。

任务实施

王创和张丽是某职业院校市场营销专业的学生,他们商定在明年毕业之后进行自主创业,他们计划在学校附近小区开设一家以绿色食品为特色的生鲜食品超市,并计划在未来增开 10 家连锁店。小王和小张的创业设想得到了学院、老师及同学在场地、专业和资金方面的大力支持。

实训目标：

通过实训，让学生了解如何创业、如何进行创业项目的选择与定位、如何进行创业项目可行性分析，同时，让学生掌握创业计划书的编写方法，并形成个人的创业计划文档。

实训要求：

要求学生为小王和小张撰写《绿色生鲜食品超市创业计划书》。

1. 本次实训以团队为单位，要求所有学生积极参与。
2. 团队成员要分工合作，注意团队合作意识的培养。
3. 制作《创业计划书》及PPT演示文稿，进行方案的讲解与答辩。

操作步骤：

(1) 学生依据创业项目，确定产品或服务，并进行相关调查分析。
(2) 学生确定目标市场，进行环境分析、市场分析、竞争分析。
(3) 学生对创业项目的选址。
(4) 学生明确财务需求与运作。
(5) 学生制定市场营销策略。
(6) 学生撰写《生鲜超市创业项目计划书》。
(7) 学生检查修改定稿《创业计划书》，并制作PPT演示文稿。
(8) 学生以小组为单位进行汇报。

实训报告：

实训结束后，学生以团队为单位撰写实训报告。实训报告的主要内容如下：

(1) 实训名称、实训日期、班级、实训组别。
(2) 实训目的。学生应简明概述本实训通过何种方法，训练了哪些技能，达到了什么目的。
(3) 实训心得。学生总结分析实训中的收获及存在的问题，提出改进建议。

自我检测

参 考 文 献

[1] 苗月新.市场营销学[M].4版.北京:清华大学出版社,2021.
[2] 熊国钺.市场营销学[M].5版.北京:清华大学出版社,2020.
[3] 孙金霞.市场营销基础[M].2版.大连:东北财经大学出版社,2020.
[4] 陈胜国,陈凌云.数字营销[M].大连:东北财经大学出版社,2021.
[5] 吴健安.市场营销学[M].北京:高等教育出版社,2017.
[6] 梁文玲.市场营销学[M].北京:中国人民大学出版社,2019.
[7] 毕思勇.市场营销[M].北京:高等教育出版社,2018.
[8] 高中玖,毕思勇.市场营销[M].北京:北京理工大学出版社,2020.
[9] 胡介埙.分销渠道管理[M].大连:东北财经大学出版社,2018.
[10] 张唐槟.市场营销学[M].四川:西南财经大学出版社,2016.
[11] 张丽,蔺子林.市场营销基础与实务[M].北京:人民邮电出版社,2019.
[12] 王水清.市场营销基础与实务[M].北京:北京邮电大学出版社,2019.
[13] 刘芳,李红梅.市场营销基础与实务[M].微课版第2版.北京:人民邮电出版社,2020.
[14] 孙晓燕.市场营销[M].2版.北京:人民邮电出版社,2021.
[15] 黎开莉,徐大佑,贾岚.市场营销学[M].4版.大连:东北财经大学出版社,2020.
[16] 孙金霞.市场营销基础[M].大连:东北财经大学出版社,2020.
[17] 秦勇.市场营销学[M].北京:北京邮电大学出版社,2017.
[18] 高凤荣.市场营销基础与实务[M].3版.北京:机械工业出版社,2021.
[19] 毕思勇.市场营销[M].5版.北京:高等教育出版社,2020.
[20] 肖涧松.现代市场营销[M].3版.北京:高等教育出版社,2020.